JN028762

財務会計・入門

第17版

企業活動を描き出す
会計情報とその活用法

桜井久勝・須田一幸［著］

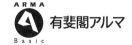

ARMA
Basic
有斐閣アルマ

　本書の初版を公刊してから，はや25年になるが，この間に本書が多くの読者を得ることができたことは，著者にとって望外の喜びである。それだけに著者としては，財務会計の最新の内容を解説すべく，改訂のたびに可能な範囲で解説上の不備を補正しつつ，2023年には第16版を刊行した。

　企業会計の世界では今もなお，会計基準の新設や改廃が精力的に推し進められており，ますます多くの新しいトピックスが登場している。中でも，資本の国際的な流通を促進すべく，会計基準の世界的な統合が推進された結果として，日本の会計制度がグローバル化への道を歩み続けていることが注目される。本書は入門書であるが，このような変貌する日本の財務会計について，可能な限り最新の知識を読者に提供することを心がけている。

　このため第17版では，次のような会計制度の変更を説明した。リースの借手がすべての契約について，資産の利用権とリース料の支払義務を資産・負債に計上する会計処理の導入，および四半期財務報告の見直しによる中間財務諸表の公表制度の開始がそれである。このほか，本書に掲載しているデータも，必要に応じて可能な限り最新のものへと更新した。

　本書が旧版と同様に多くの読者を得て，日本の最新の財務会計に関する知識の普及に役立つことを願っている。

　最後にあらためて，2011年5月31日に逝去された共著者の須田一幸元教授のご冥福を祈る次第である。

　　2024年1月　　　　　　　　　　　　　　　　桜　井　久　勝

　本書は，企業の財務会計をはじめて学ぼうとする大学生や，財務会計の概要を基礎から独学しようとするビジネスマンなどを読者として想定した，財務会計の入門書である。

　現代の社会で企業の影響力が増大するにつれ，人々は自己の利益を守って企業と賢く付き合っていくために，企業の動向に強い関心をもち，企業に関する情報を必要としている。そのような情報は多くの源泉から入手できるが，企業活動の経済的側面について総合的な知識を得るために最も優れた情報源泉は，企業の財務会計が生み出す会計情報である。本書は，企業の財務会計が，どのようにして企業活動の実態を会計情報へと描き出すのか，また人々はその情報をどのように利用して企業の状況を知ればよいかを総合的に解説している。

　したがって本書は，大学の経営学部や商学部で会計学を専門的に学習しようとする人々だけでなく，経済学部や法学部など幅広い分野の学生が一般教養として会計学にふれるためのテキストとしても適している。また学生にとどまらず，ビジネスマンはもとより，企業活動に関心をもつ社会人の方々の知的好奇心にも応えたいというのが著者の願いである。

　このため本書には次の5つの特長をもたせている。第1に，企業が営む主要な活動に焦点を当てて，その結果が情報へと集約されていく過程を説明するかたちで，財務諸表の作成プロセスを解説したことである。従来の類書では，財務諸表の主要な項目を順に取り上げて議論されることが多かったのに対し，初心者の直観

的な理解を促進する目的で，企業の活動別に説明するアプローチを採用したのが，本書の第1の特長である。

　第2に，会計情報の作成プロセスの説明に際しては，複式簿記の仕訳のような技術は使わずに，できるだけ図表を用いた解説を行っている。したがって簿記の知識のない初心者でも，本書の内容は十分に理解できるはずである。第3に，今日の企業にとっては，輸出入などの国際活動が日常化しており，また子会社や関連会社を利用したグループ経営も一般的である。このため本書は，外貨建取引や連結決算など，従来の入門書では説明されなかったトピックスについても，積極的に取り上げてわかりやすく解説した。

　また，財務会計のテキストの多くは，もっぱら財務諸表の作成プロセスだけを解説しているが，本書では，実際に公表される財務諸表を基礎として，利用者が企業の経営分析を行う方法についても説明した。これが第4の特長である。第5に，本書の全体を通じて，その解説には可能なかぎり現実の企業データを紹介しつつ具体的な説明を加えたので，読者は実感をもって興味深く本書を読み進んでいくことができるはずである。

　本書は次のように構成されている。第1章と第2章は，財務会計の社会的な役立ちや，利益計算の技術とルールなど，財務会計の総論的な知識を提供している。そのあと企業の設立に始まり，資金調達，仕入・生産・販売，設備投資，資金運用，国際活動など，企業の営む活動別に，その結果が財務諸表に要約されるプロセスを説明しているのが第3章から第9章である。そのうえで，第10章と第11章において，各企業別および企業集団全体としての会計情報の公表を説明し，最後の第12章で，それらの公表

情報を用いて経営分析を行う方法を解説している。これらの各章の冒頭にはサマリーとして要約が付され，重要な論点やケースが本文中にコラムで解説され，章末にはキーワード・演習問題・参考文献が示されるなど，さまざまな工夫が凝らされている。

　本書は，大学において財務会計を研究し教育する立場にある二人の共同作業によって誕生した。全体で 12 の章のうち，須田が第 1，2，5，6，9，10 章の執筆を担当し，桜井が第 3，4，7，8，11，12 章を担当したが，二人の執筆者は頻繁に原稿の読み合わせを行い，記述内容の融合をはかる努力をした。

　その間，本書の企画と編集はもとより，二人の原稿調整にもさまざまな便宜をはかっていただいた有斐閣書籍編集部の伊藤真介氏には心より感謝したい。本書が財務会計の基本的な入門書となり，多くの人々に財務会計の面白さを知っていただくことができれば望外の幸せである。

　　　1998 年 8 月

桜　井　久　勝

須　田　一　幸

桜 井　久 勝 (さくらい　ひさかつ)

1952 年生まれ

1975 年，神戸大学経営学部卒業

1977 年，神戸大学大学院経営学研究科博士前期課程修了

2016 年，神戸大学大学院経営学研究科教授を退職

2019 年，関西学院大学商学部教授を退職

2022 年，公認会計士・監査審査会 会長を退任

現在，昭和女子大学グローバルビジネス学部会計ファイナンス学科特命教授，神戸大学名誉教授

主著『会計利益情報の有用性』(千倉書房，1991 年)，『財務会計講義』(第 25 版，中央経済社，2024 年)，『財務諸表分析』(第 9 版，中央経済社，2024 年) など

執筆分担　第 3，4，7，8，11，12 章

須 田　一 幸 (すだ　かずゆき)

1955 年生まれ

1978 年，福島大学経済学部卒業

1984 年，一橋大学大学院商学研究科博士後期課程修了

最終職位，早稲田大学大学院ファイナンス研究科教授

2011 年 5 月 31 日，逝去

主著『財務会計の機能──理論と実証』(白桃書房，2000 年)，『会計操作──その実態と識別法，株価への影響』(共編著，ダイヤモンド社，2007 年)，『現代のディスクロージャー──市場と経営を革新する』(共編著，中央経済社，2008 年) など

執筆分担　第 1，2，5，6，9，10 章

●**本書とは何か**　　本書は，企業の財務会計論をはじめて学ぼうとする大学生や，財務会計の概要を基礎から独学しようとするビジネスパーソンを対象とした，財務会計の入門書です。企業が営む主要な活動に焦点を当てて，その結果が情報へと集約されていく過程を説明する斬新な構成に基づいて，財務諸表の作成プロセスをわかりやすく解説しています。また，近年，重要性を増している企業の国際活動や企業集団にかかわる財務会計などについても十分な説明を行っています。

●**本書の構成**　　本書は 12 章からなり，各章は「本章のサマリー」「本文」「Column」「本章で学んだキーワード」「演習問題」「参考文献」で構成され，財務会計の内容が立体的かつ確実に学習できるように工夫されています。

●**サマリー**　　各章の冒頭に「本章のサマリー」が付けられています。その章で学ぶ内容の概要や位置づけが的確に理解できるようになっています。

●**キーワード**　　重要な概念や用語は，ゴシック体で表示しています。また，その中で章のキーワードになる語は「本章で学んだキーワード」として各章末に一覧で示しています。

●*Column*　　各章に 1 つずつ「Column」が挿入されています。本文の内容に関連した論点やケースが解説され，本文の理解を深められるよう工夫されています。

●**演習問題**　　各章末に，その章の内容に関連した「演習問題」が付けられています。より進んだ学習やゼミなどでの討議課題として利用してください。

●**参考文献**　　各章について，さらに学習を進めるための「参考文献」がリストアップされています。日本語文献を中心に，読者が入手しやすいものが選択されています。

●**索　引**　　巻末には，キーワードを中心に基礎タームが検索できるよう「索引」が収録されています。学習に有効に役立ててください。

財務会計・入門 ● 目　次

第1章 会計の種類と役割 ... I

財務会計の位置づけ

1 アカウンティング・サーフィン ... 2
　●財務会計に押し寄せる大きな波

2 会計の種類 ... 3
　●企業会計とは？ 財務会計とは？

非営利会計と企業会計（3）　財務会計と管理会計（4）

3 財務会計への法規制 ... 6
　●トライアングル体制

金融商品取引法による会計（7）　会社法（商法）による会計（8）
2つの法律と株式会社会計（10）　法人税法と財務会計（10）

4 財務会計の役割 ... II
　●誰がどのように会計情報を使うのか

証券投資者――ファンダメンタル分析と財務諸表（12）　株
主――モニタリングと財務諸表（12）　社債権者――財務上の
特約と財務諸表（14）　銀行――貸付業務と財務諸表（15）
従業員――給与と財務諸表（17）　国および地方自治体――税
金と財務諸表（18）　その他の人々――サステナビリティ情報
（18）　企業統治指針（20）

第2章 財務会計のシステムと基本原則 ... 23

損益計算と資産評価のルール

1 財務会計のシステム ... 24
　●企業活動を数字で写す

資金調達活動の会計（24）　資金投下活動の会計（25）　営業
活動の会計（25）

2 複式簿記の構造　……………………………………………………… 27
　　　　●長い歴史があるデータ処理システム

仕訳帳への記入（27）　元帳への転記（30）　決算（31）

3 損益計算の方法　……………………………………………………… 33
　　　　　●フローによる計算とストックによる計算

損益法（33）　財産法（33）

4 会 計 基 準　………………………………………………………… 35
　　　　●秩序の形成

5 損益計算の基本原則　………………………………………………… 37
　　　　●経営成績を正しく示すために

費用・収益の認識基準（37）　費用・収益の測定基準（39）
費用収益対応の原則（39）

6 資産評価の基本原則　………………………………………………… 41
　　　　●財政状態を正しく示すために

資産の評価基準（42）　費用配分の原則（43）

第**3**章　企業の設立と資金調達　47
　　　　　　　　　　　　　　　　必要な資金をどう調達するか

1 企業の諸形態　………………………………………………………… 48
　　　　●有限責任と無限責任の区別が重要

2 株式会社の設立　……………………………………………………… 50
　　　　●株式発行で得た資金が資本になる

企業の設立（50）　株式会社の設立時の株式発行（51）　株式
会社の資本金（52）　創立費と開業費（53）　会社設立時の貸
借対照表（54）

3 企業の資金調達 ·· 56
　　　●借入金と社債は他人資本，増資は自己資本

自己資本と他人資本 (56)　借入金 (57)　新株発行による増
資 (58)

4 社　　債 ·· 59
　　　●普通社債，転換社債，新株予約権付社債

各種の社債による資金調達 (59)　普通社債の発行と償還 (60)
転換社債と新株予約権付社債 (62)　各種の資金調達後の貸借
対照表 (63)

第**4**章 ｜ 仕入・生産活動 67

営業活動のスタートは仕入と生産

1 営業循環と棚卸資産 ·· 68
　　　●仕入・生産・販売・回収の繰り返し

2 商品の仕入と買入債務 ····································· 69
　　　●商品の評価が利益に及ぼす影響

取得原価 (69)　各種の評価基準とその影響 (70)　買掛金と
支払手形 (72)

3 製品の製造原価 ·· 73
　　　●製品1個当たりのコスト計算

原価計算 (73)　製造原価明細書 (76)

4 人材の雇用と人件費 ······································· 76
　　　●月給とボーナスと退職金

各種の人件費 (76)　賞与引当金 (78)　企業年金と退職給付
引当金 (79)　株式による報酬 (80)　人件費と財務諸表 (82)

第**5**章 ｜ 販 売 活 動 85

売上の測定と代金回収

1 売上の認識と測定 ·· 86
　　　●いつ売上を記録するのか

営業循環と収益の認識基準（86）　収益認識の会計基準（88）
新基準による収益認識の概要（89）　一時点と一定期間の区別
（90）

2 売上原価の計算 ………………………………………… 90
●売った商品の数と金額を計算する

払出数量の決定（91）　払出単価の決定（92）

3 売上代金の回収 ………………………………………… 100
●回収の仕方と貸倒れの見積り

売掛金（100）　受取手形（101）　手形の割引と裏書譲渡（102）
貸倒引当金の設定（104）

4 棚卸資産の期末評価 …………………………………… 105
●在庫品の紛失と値下がりの取扱い

棚卸減耗費（105）　棚卸評価損（106）

5 販売活動と財務諸表 …………………………………… 107
●財務諸表のどこに示されるのか

第6章　設備投資と研究開発　111

有形固定資産と無形固定資産

1 製造業と商業の資産構成 ……………………………… 112
●固定資産に注目しよう

2 固定資産の種類 ………………………………………… 113
●形のあるものとないもの

有形固定資産（113）　無形固定資産（114）　投資その他の資
産（115）

3 有形固定資産の取得原価 ……………………………… 115
●固定資産の金額を決める

取得原価の決定方法（115）　資産除去債務（117）

4 減価償却の方法 ………………………………………… 118
●固定資産を費用に配分する

定額法（119）　定率法（120）　生産高比例法（122）

5 リースで使用する資産 ……………………………… 123
　　　●資産の使用権とリース料支払義務の計上

6 固定資産の減損 ……………………………………… 124
　　　●帳簿価額の臨時的な減額

7 研究開発活動と無形固定資産 ………………… 126
　　　●研究開発の努力と成果

研究開発費の会計（127）　特許権などの取得（130）

8 設備投資および研究開発と財務諸表 ……………… 131
　　　●財務諸表のどこに示されるのか

第**7**章　資金の管理と運用　　　　　135

本業をサポートする資金運用活動

1 余剰資金の運用 …………………………………… 136
　　　●財テクの資産とその成果

金融資産の種類と貸借対照表（136）　余剰資金の運用成果
（137）

2 現金及び預金 ……………………………………… 139
　　　●預金で利子を稼ぐ

現金預金の範囲（139）　現金預金の管理（139）

3 有価証券 …………………………………………… 140
　　　●証券投資の利益とリスク

有価証券の範囲と区分（140）　自己株式（141）　有価証券の
取得原価（142）　有価証券の期末評価（142）

4 キャッシュ・フロー計算書 ……………………… 146
　　　●資金繰りの評価に役立つ情報

キャッシュ・フロー計算書の役立ち（146）　資金の概念（147）
キャッシュ・フロー計算書の区分表示（147）　直接法と間接

法（148）

5 デリバティブ ･･ 150
　　　　●金融ハイテク商品の活用

資金運用のリスクとデリバティブ（150）　先物取引（152）
オプション取引（153）　スワップ取引（154）

第**8**章　国 際 活 動　　　　　　　　　　　　　157
　　　　　　　　　　　　外貨表示額を日本円に換算する

1 企業活動の国際化に伴う会計の問題　･･････････････ 158
　　　　●輸出入，在外支店，在外子会社

換算の必要性（158）　為替レートの変動と為替差損益（159）

2 輸出入取引の換算　･･････････････････････････････････ 160
　　　　●財貨受渡しと代金決済は別取引

為替差損益の区分把握（160）　決算時点での換算（161）　為
替レートの適用区分（163）

3 資金の調達と運用取引の換算　･･････････････････････ 164
　　　　●貨幣性項目は決算日レートで換算しなおす

4 為替リスクの管理　･･････････････････････････････････ 165
　　　　●為替差損を避けるには

為替差損の回避（165）　為替予約（167）

5 在外支店と在外子会社　････････････････････････････ 168
　　　　●財務諸表の全体を換算する

在外支店の財務諸表の換算（168）　在外子会社の財務諸表の
換算（169）

6 会計基準の国際統合　････････････････････････････････ 170
　　　　●グローバル企業の財務報告

国際統合のベネフィット（170）　国際会計基準の制定と適用
（171）

第9章 税金と配当　177
確定決算主義と剰余金の配当

1 企業活動と税金 ……………………………………… 178
　●どのような税金を何に基づいて納めるのか

税金の種類と会計処理（178）　企業利益と課税所得（181）
税効果会計（183）　確定決算主義（183）　企業集団の税金（186）

2 株主総会の開催と会計報告 ……………………… 187
　●経営者から株主への報告

計算書類の作成と報告のスケジュール（187）　計算書類の作
成と監査（188）　招集通知の発送と計算書類の間接開示（189）

3 剰余金の配当 ………………………………………… 189
　●企業のあげた成果を分配する

配当の決定（189）　配当の支払（190）

4 配当制限と債権者保護 …………………………… 191
　●株主と債権者の利害調整

配当における準備金の積立て（192）　分配可能額の規定（192）
分配可能額からの控除項目（194）　分配可能額と配当上限額
の計算（195）　中間配当の実施（197）

5 剰余金の処分 ………………………………………… 197
　●損失処理と積立金の設定

損失処理（197）　任意積立金（198）

第10章 財務諸表の作成と公開　201
会計情報の内容と意味

1 財務諸表の体系 ……………………………………… 202
　●財務諸表とは何か

2 財務諸表の公開 ……………………………………… 203
　●信頼を形成するディスクロージャー

強制されたディスクロージャー（203）　自主的なディスクロージャー（205）

3　損益計算書の内容　⋯⋯⋯⋯⋯⋯⋯⋯⋯⋯　208
　　　●どのような活動からいくら稼いだのか

A社の損益計算書（208）　営業利益の計算（209）　経常利益の計算（212）　当期純利益の計算（213）　包括利益（215）

4　貸借対照表の内容　⋯⋯⋯⋯⋯⋯⋯⋯⋯⋯　217
　　　●どのような財政状態なのか

A社の貸借対照表（217）　資産の項目（218）　負債の項目（221）　純資産の項目（222）

5　株主資本等変動計算書の内容　⋯⋯⋯⋯⋯　223
　　　●株主資本の変動などを伝える

株主資本等変動計算書の位置づけ（223）　株主資本（225）　評価・換算差額等（227）　株式引受権と新株予約権（228）

6　附属明細表と個別注記表　⋯⋯⋯⋯⋯⋯⋯　228
　　　●財務諸表分析のポイント

附属明細表（228）　財務諸表注記と個別注記表（229）

7　期中の財務諸表　⋯⋯⋯⋯⋯⋯⋯⋯⋯⋯⋯　231
　　　●上半期と四半期の財務報告

期中の財務報告（231）　期中財務諸表の開示（231）　実績主義（232）　期中レビュー（232）

第11章　企業集団の財務報告　　235
グループ全体を総合した情報

1　連結財務諸表の重要性　⋯⋯⋯⋯⋯⋯⋯⋯　236
　　　●親会社情報だけでは実態をつかめない

2　企業集団を構成する会社　⋯⋯⋯⋯⋯⋯⋯　237
　　　●企業集団＝親会社＋子会社＋関連会社

子会社（238） 関連会社（239）

3 連結貸借対照表 ……………………………………… 241
　　　●親子間の出資と債権・債務は除去する

4 連結損益計算書 ……………………………………… 244
　　　●親子間の取引と未実現利益は除去する

5 持分法による投資利益 …………………………… 249
　　　●関連会社の業績を反映させる方法

6 連結包括利益計算書 ……………………………… 250
　　　●国際会計基準との統合のために

7 連結株主資本等変動計算書 …………………… 252
　　　●純資産の内訳項目の増減を報告する書類

8 セグメント情報 …………………………………… 253
　　　●多角化した集団の業種別報告

9 会社の合併 ………………………………………… 255
　　　●法的にも1つの組織になる

第12章 | 財務諸表による経営分析 　　259

会計情報の利用法

1 分析の視点 ………………………………………… 260
　　　●収益性と安全性が重要

2 分析の方法と注意事項 …………………………… 261
　　　●比較対象を何に求めるか

　　時系列分析とクロスセクション分析（261） 会計方針に関す
　　る注意事項（262）

3 収益性の分析 ……………………………………… 264
　　　●経営の効率性を判断する

　　資本利益率——ROAとROE（264） ROAとROEの関係——

財務レバレッジの影響（266）　資本利益率の分解——売上高
利益率と資本回転率（267）　売上高利益率の分析（270）　資
本回転率の分析（270）

4 安全性の分析 ……………………………………………… 273
　　　●企業倒産の兆候をつかむ

安全性の意義と位置づけ（273）　ストック数値に基づく古典
的指標（274）　フロー数値に基づく指標の重要性（277）　損
益分岐点の分析（278）

索　　引 ——————————————————————— 285

Column 一覧

❶ レモンの市場と会計情報 ……………………………… 13
❷ 複式簿記の歴史と三式簿記 ………………………… 28
❸ 資産の概念と繰延資産 ………………………………… 55
❹ 引　当　金 …………………………………………………… 81
❺ 不良債権と貸倒引当金 ………………………………… 103
❻ 知的財産と研究開発 …………………………………… 129
❼ 事業用資産と金融資産の評価 ……………………… 144
❽ 日本企業が採用する会計基準 ……………………… 173
❾ 税効果会計の方法 ……………………………………… 184
❿ 電子開示システム ……………………………………… 207
⓫ 連結財務諸表の実例 …………………………………… 246
⓬ 企業の利益業績と株価 ………………………………… 268

第 1 章

会計の種類と役割

財務会計の位置づけ

本章のサマリー **S U M M A R Y**

　今，財務会計は激動期を迎えている。政治の場で，国際的な舞台で，あるいは情報化の波の中で，財務会計のあり方が論じられている。

　インターネットをうまく活用し，ネット・サーフィンができる企業人は，情報収集について比較優位性をもつ。激しく動いている財務会計を適切に理解し，会計情報を活用できる企業人は，企業評価と各種の交渉について比較優位性をもつ。アカウンティング・サーフィンの技術が必要になってきた。アカウンティング・サーフィンをマスターするには財務会計の基礎知識が必要である。本章で，まず会計の種類と役割を確認しよう。

　会計は非営利会計と企業会計に大きく分類される。企業会計はさらに財務会計と管理会計に区分され，その財務会計の中にも，制度会計と非制度会計という領域がある。それぞれの内容を明らかにし，本書全体で何を説明するのかを，最初に確認する。

　続いて，財務会計に関する法規制を説明する。財務会計は経済システムに組み込まれており，それだけに社会に及ぼす影響力が大きく，現代では法律で規制されるようになった。法規制の内容を簡単に説明し，財務会計のルールを大まかに理解してもらおう。

　最後は，財務会計の役割についてである。抽象論ではなく，具体的に財務会計がどのように役立つのかを述べる。たとえば，証券投資者と銀行あるいは地域住民に対して，財務会計はどのように役立つのか。このような原点に戻った問いかけは，会計情報の利用者に新たなアイディアを提供するかもしれない。

1 アカウンティング・サーフィン
●財務会計に押し寄せる大きな波

　今は，かつてないほど会計（accounting）が面白い時代である。また，今までにないほど急速な変化が会計に求められている時代でもある。その急激な流れは，会計の政治化，会計の国際化，会計の電子化，として示すことができよう。

　会計の政治化とは，会計制度の構築が各種の経済政策と一緒に論じられていることをいう。たとえば日本政府は，銀行借入への頼りすぎがバブル崩壊後の不良債権問題を深刻化させたとの反省から，証券市場を通じた企業の資金調達を促進するために，**会計ビッグバン**と呼ばれる会計改革を敢行してきた。

　また，各国の基準設定主体が協力し**国際会計基準**（国際財務報告基準）を作成しており，会計基準の国際的な共通化をめざした動きが進んでいる。その核となる国際会計基準審議会（International Accounting Standards Board：IASB）と日本の企業会計基準委員会（ASBJ）は，日本基準と国際基準の差異の解消へ向けて，今も精力的に調整作業を継続している。

　さらに，コンピュータの普及により会計情報の作成と開示が電子化されている。まもなくわれわれは，インターネットを通じて，世界中の企業の会計情報をどこからでも即座に入手し，そのままAIで加工して分析することができるようになるだろう。

　現代の企業人は，このような会計の政治化，国際化，電子化の波にうまく乗らなければならない。アカウンティング・サーフィンである。しかしアカウンティング・サーフィンには，基礎トレ

ーニングが必要とされる。いきなり大きな波に乗ろうとしても，基本技術をマスターしていなければ波にのまれるだけだろう。

　以下では，まず会計の種類を確認し，会計に対する各種の規制を説明する。そして会計がどのように役立っているのかを，利用者別に検討する。会計の種類と役立ち方がわかれば，アカウンティング・サーフィンの方向が見えるだろう。

2 会計の種類

●企業会計とは？　財務会計とは？

　一般的にいえば，会計とは特定の組織による経済活動を貨幣額で記録して計算し，その結果を報告するシステムである。

　会計を行う「組織」として，大きくは国や企業などがあり，小さくは大学のサークルなどが考えられる。われわれの身近なところでも，あるいは縁のないところでも，会計は行われている。

┃非営利会計と企業会計

　その組織が利益の獲得を目的として活動していれば，それを営利組織と呼び，一方，利益の獲得を目的としない場合は非営利組織（non-profit organization：NPO）という。

　非営利組織が行う会計は，**非営利会計** あるいは消費経済会計といわれる。非営利会計としては，国または地方自治体などの行政機関による会計（官庁会計または **公会計** と呼ぶ）や，学校法人とか宗教法人の会計，あるいは大学のサークルで行われる会計を想定すればよい。非営利会計の中心目的は財産の計算であり，主に資金の収支を記録し報告する。

　営利組織は一般に企業と呼ばれ，そこで行われる会計を **企**

業会計 という。企業会計の中心目的は利益の計算と財産の計算にある。利益計算の内容を示す報告書は損益計算書（income statement）と呼ばれ，財産計算の詳細を表す報告書が貸借対照表（balance sheet）である。これらをまとめて **財務諸表**（financial statements）という。損益計算書は企業の 1 会計期間の経営成績を表し，貸借対照表は期末における企業の財政状態を示す。

　最近，地方自治体も企業会計を導入すべきであるという意見が広がりつつあることに注目したい。たとえば地方自治体は，償還期限が迫っている地方債の金額と，支払に充当できる資産の額を住民に知らせる必要がある。しかし，資金の出入りだけを記録する会計では，資産と負債の有高が正確には把握できないため，企業会計の適用が望まれてきた。これに対応して，総務省は全国の地方自治体の首長に宛てて，「統一的な基準による地方公会計の整備促進について」（2015 年）と題する文書や，そのマニュアル（最終改訂 2019 年）を発出し，企業会計に準じた財務書類の作成と公表を呼びかけてきた。総務省の調査によると，2022 年 3 月現在，この要請に沿って一般会計等の財務書類を作成済の全国の自治体の数は，1788 のうち 1676（94％）に及んでいる。

財務会計と管理会計

　企業会計は，さらに財務会計と管理会計に区分される。**財務会計** は，株主と債権者（社債の所有者や銀行）など企業外部の利害関係者に報告することを目的にしており，外部報告会計ともいわれる。そして，法律の規制に準拠して実施される財務会計を **制度会計** という。会社法の規制に従った会計と，金融商品取引法の規制に従った会計は，制度会計にほかならない。法的規制を超えて行われる財務会計もある。たとえば，海外の投資者向けに英文財務諸表を

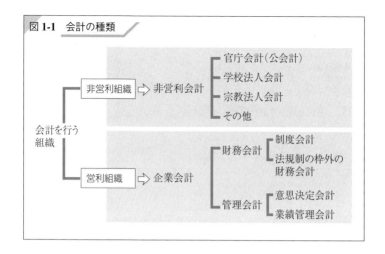

図 1-1　会計の種類

```
                                    ┏ 官庁会計(公会計)
                    非営利組織 ⇨ 非営利会計 ┣ 学校法人会計
                                    ┣ 宗教法人会計
会計を行う                              ┗ その他
組織
                                    ┏ 財務会計 ┏ 制度会計
                                    ┃        ┗ 法規制の枠外の
                    営利組織 ⇨ 企業会計 ┃          財務会計
                                    ┗ 管理会計 ┏ 意思決定会計
                                             ┗ 業績管理会計
```

作成したり，自然環境保護や社会貢献の程度（企業の社会的責任：corporate social responsibility）を計測し財務報告する。

　管理会計 は，経営管理に役立つ資料を企業内部の経営者に提供することを目的としており，内部報告会計とも呼ばれる。管理会計は大別すれば，意思決定会計と業績管理会計からなる。ある投資プロジェクトに対して経営者が意思決定するための資料提供を目的とした会計が，意思決定会計としての管理会計である。言い換えれば，経営計画のための会計である。これに対して，生産活動や販売活動などの業績を評価しコントロールするための会計が，業績管理会計としての管理会計である。そこでは予算と実績の比較がポイントになる。

　このように管理会計は個別目的に対応し，その内容は企業の任意であり，情報の適時性が重視される。他方，財務会計は一般目的で行われ（したがって一組の財務諸表が作成される），その内容は社会的制約を受け，情報の信頼性が重視されるのである。

以上で述べた各種の会計を要約して図示すれば，**図 1-1** のように
なる。

　本書では企業会計を対象にし，とりわけ財務会計にスポットライ
トを当てる。前節で述べた，会計の政治化と国際化および電子
化は，主に財務会計の領域で問題になる。

3 財務会計への法規制
●トライアングル体制

　イギリスやアメリカなど財務会計の歴史が古い国では，債権者
と株主に対して企業の経営者が自主的に（あるいは契約に基づい
て）会計報告をしていた。そうすることで，経営者に対する不信
感は解消され，資金調達が円滑に行われたからである。つまり財
務会計は，法的規制が行われる以前から，経済的な動機で実施さ
れていたのである。

　しかし，経済社会において企業の影響力が増大し，株主・債権
者・経営者の利害調整が必要となるにつれ，財務会計に対して法
的規制が加えられるようになった。さらに，資金調達の場として
証券市場が重要になればなるほど，投資者の意思決定に活用され
る財務諸表が重視される。その結果，財務諸表の作成と開示を法
的に規制する必要が生じたのである。

　わが国では，会社法と金融商品取引法が財務会計を直接規制し
ている。さらに，財務会計が課税所得計算と密接に関連している
ため，法人税法も財務会計の実務に大きな影響を与えている。わ
が国の財務会計が，これら3つの法律に制約されていることか
ら，日本の制度会計の体系を「**トライアングル体制**」と呼ぶ人も

いる。以下で，トライアングル体制の実際を説明しよう。

金融商品取引法による
会計

企業は活動資金を，銀行から借り入れた
り株式を発行して調達する。銀行から借
り入れて資金を調達することを間接金融
といい，株式などを発行して証券市場から資金を調達することを
直接金融という。かつて，わが国の企業は間接金融を多用してい
たが，最近，直接金融を多く行うようになった。証券市場を通じ
て，ますます多くの資金が調達されているのである。

　証券市場で資金を提供する人を **投資者** と呼ぶ。投資者は証券
投資に際し，適切な意思決定をするために情報を必要とする。も
し会計情報が一般に公開されていれば，投資者はその情報を用い
て，より合理的な投資意思決定をすることができる。個々の投資
者の意思決定が合理的に行われれば，証券市場全体の効率性が高
まる。ここに，金融商品取引法に基づく会計情報開示の意義があ
る。

　金融商品取引法 は，多額の有価証券を発行して資金調達を行
う企業に対して，「有価証券届出書」の作成と開示を求め，さら
に，有価証券が証券取引所に上場され流通している企業につい
て，「有価証券報告書」を毎期作成し開示することを要求してい
る。この届出書と報告書に財務諸表が含まれており，投資者は証
券投資で適切な意思決定をするために財務諸表を活用する。

　この財務諸表は，「財務諸表等規則」と略称される内閣府令や，
企業会計審議会による「企業会計原則」，および企業会計基準委
員会の「企業会計基準」などに従って作成されなければならない。
さらに金融商品取引法は，作成された財務諸表の内容が公正妥当
であることを保証するため，公認会計士または監査法人の監査証

明を受けるよう，財務諸表の作成企業に求めている。

会社法（商法）による
会計

金融商品取引法が主に上場会社を規制対象としているのに対し，商法はすべての商人や企業を規制の対象とし，会計帳簿と貸借対照表を作成すべきことを定めている。中でも会社に対しては，2005年に商法から独立する形で**会社法**が制定され，そこでは株式会社の会計が特に詳しく規定されている。株式会社では，株主・債権者・経営者の利害が複雑に絡みあっており，会計がその利害調整手段となるからである。

〈株主と債権者の利害調整〉　たとえば会社法は，株主に配当できる剰余金の額を規制することで，株主と債権者の利害を調整しようとする。これは，株式会社の特徴の1つである株主の有限責任制度に由来する。

株主の**有限責任制度**によれば，会社が倒産しても株主は自分の出資額を失うだけであり，会社の債務をすべて弁済する責任はない。債権者は，株主の個人財産を当てにすることができず，会社の財産からのみ債権を回収する。その財産が配当により過大に流出すれば，債権者の権利は著しく害される。そこで会社法は，債権者の権利を保護するため，会社の財産が不当に流出しないように，分配可能額を規定しているのである。会社法による分配可能額の規定については，第9章で解説する。

〈経営者と株主の利害調整〉　また会社法は，会計報告を通じて経営者と株主の利害を調整しようとしている。

株主で構成される**株主総会**は，株式会社の最高の意思決定機関である。株主は株主総会で取締役を選任し，取締役が構成する**取締役会**に業務の執行を委ねる。そして取締役会で代表取締役

が選任される。会社の経営者と呼ばれる人は，代表取締役を中心にしたこれらの取締役である。2002年の商法改正以後，取締役会の中に指名委員会・報酬委員会・監査委員会を設置することが認められた。また2015年5月から施行されている新しい会社法では，指名委員会と報酬委員会は設置せず，監査の委員会だけを設置することも認められた。3つの委員会を設置する前者は，**指名委員会等設置会社** と呼び，後者を **監査等委員会設置会社** という。監査等委員会設置会社の場合，業務執行を行うのは代表取締役を中心とした取締役であるが，指名委員会等設置会社の業務執行は，取締役会で選任される **執行役** が担当する。

経営者は，株主から委託された資金を誠実に管理運用する責任（受託責任）がある。しかし，経営者が常に株主の利益を最大にするように活動するとは限らない。そこで会社法は，経営者に対して，会計報告書を作成し受託責任の遂行状況を株主に説明することを求めている。

経営者が株主に対して会計報告を行う責任を **会計責任**（アカウンタビリティ〔accountability〕）という。会計報告を受けた後に，株主は経営者の誠実性と経営能力を評価し，その経営者に引き続き業務の執行を委ねるか否かを株主総会で決定する。会社法が定める取締役の任期は，原則として2年であるが，指名委員会等設置会社と監査等委員会設置会社の場合は1年に短縮されている。

以上のように，会社法に基づく会計は，債権者・株主・経営者の間で，潜在的に存在する相互不信や利害対立を解消したり調整するために役立てられる。

〈会社法の会計規制〉　会社法は，第431条から第465条までの「計算等」で，株式会社に対し，損益計算書や貸借対照表などを

作成し報告することを求めている。会社法では損益計算書や貸借対照表などを，まとめて **計算書類** と呼ぶ。その計算書類の記載方法は，「会社計算規則」という法務省令で規定されている。またこの規則は，大会社が作成する計算書類に対して，公認会計士または監査法人による監査を求めている。

2つの法律と株式会社会計

　会社法と金融商品取引法の目的は異なる。したがって，それぞれが会計に期待する役割も違う。端的にいえば，金融商品取引法では，会計情報の開示を通じ合理的な証券投資意思決定が行われることを期待し，会社法は，経営者・株主・債権者などの間に存在する利害対立の調整機能を期待している。

　ここで注意すべきは，上場会社でもある株式会社は，会社法と金融商品取引法の両方の規制を受ける，ということである。このため2つの法律による会計規制の関係が問題となる。

　会社法と金融商品取引法の間で会計に期待する役割は異なる。しかし現在作成される財務諸表または計算書類の実質的内容に差はない。1つの企業で2通りの利益が算定されれば，社会的な混乱を招くからである。

法人税法と財務会計

　企業が経営活動の結果あげた所得に対し，国は一定率の税金を課す。法人税がこれであり，課税所得の計算などについて規定したのが **法人税法** である。したがって，もともと課税所得計算と財務会計は別個の目的に従って行われ，法人税法が財務会計を規制するという関係は存在しない。

　しかし企業会計の利益と税法上の所得を，まったく別々に計算するのは，二度手間となり不合理である。そこで，法人税法は課

税所得計算において，株主総会での報告または承認により確定された損益計算書の当期純利益を基礎にして，それに法人税法で定めた調整項目をプラス・マイナスすることにより，課税所得を算定することにした。これを **確定決算主義** という。

しかも多くの費用項目について，それらが損益計算書で費用または損失として計上されている額までしか，課税所得計算でも費用として認めない。

この結果，課税所得計算を意識した財務会計が行われ，法人税法の規定が財務会計に多大な影響を及ぼしているのである。課税所得計算については第 9 章で解説する。

4　財務会計の役割
●誰がどのように会計情報を使うのか

ここまでは，主に財務諸表の作成者を念頭に置いて会計を説明した。次は，財務会計とその会計情報の役立ち方を，情報利用者の視点で考えることにしよう。

財務諸表の利用者として，ここでは証券投資者，株主と債権者，銀行，従業員，国と地方自治体，および地域住民をはじめとするその他の人々を想定する。

証券投資者は株式や社債を購入すると，株主または社債権者になる。しかし，財務諸表の活用法は証券の購入前と購入後では異なるので，購入前の情報利用者を「証券投資者」とし，購入後の利用者を「株主または社債権者」と呼び，両者を区別して説明する。

株式投資者が得る主な投資収益（リターン）は，配当と株価の値上がり益からなる。普通社債の投資者が獲得する投資収益は，利息と社債価格の値上がり益である。

　財務論の教えるところでは，多くのリターンを得ようとすれば高いリスクを負担しなければならず，リスクを回避しようとすれば小さなリターンに甘んじなければならない。「ハイリスク・ハイリターン」と「ローリスク・ローリターン」という関係がある。

　したがって証券投資者は，目標にするリターンと負担できるリスクを比較考量し，投資意思決定をしなければならない。このリターンとリスクを投資対象企業の個別要因から推測しようとするのが，**ファンダメンタル分析** である。ファンダメンタル分析においては，その企業の財務諸表が重要な地位を占めている。

　たとえば，企業の「収益性」「安全性」「成長性」を財務諸表数値から判断し，企業間比較と期間比較を行うのである（詳細は第12章を参照）。企業間比較は同一時点における他企業との比較であり，その企業の相対的な位置づけを明らかにする。期間比較は，一企業の当期の数値を過去の数値と比較するものであり，企業業績のトレンドを明らかにする。

　財務諸表に基づいて収益性などを分析し，さらに新製品情報などを加えてファンダメンタル分析を行えば，各企業の将来業績が推定でき，その比較が可能となる。そのうえで投資者は，自分の望むリターンとリスクが期待できる証券に投資をするのである。

投資者が多様な銘柄の株式を購入し，その全体でリターンを獲得しようとするのであれば，投資者の関心は個々の銘柄の

　財務会計には，証券市場を適切に機能させるという大きな役割がある。この役割が理論的に解明されるきっかけとなったのは，2001年のノーベル経済学賞を受賞したアカロフ（G. A. Akerlof）の「レモンの市場」という1970年の論文だった。

　見かけはきれいでも中身は酸っぱいレモンを，欠陥品あるいは低品質の商品にたとえ，アカロフはレモンが市場を潰すことを証明した。市場が崩壊する根本的な原因は，売り手と買い手の間にある情報の差であるという。

　アカロフは中古車市場を例にあげる。日本では車検制度があるので中古車の品質にそれほどバラツキはなく，しかもディーラーを通して購入するので，一般に価格相応の品質は保証されている。他方，アメリカでは車検制度がなく，しかも情報誌などを通じて直接取引が行われるので，ひどいもの（レモン）をつかまされる可能性が大きい。

　中古車の売り手はその車の品質をよく知っているが，買い手は知らないという状況を想定しよう。中古車の価格は市場における平均的な品質に対応して決定され，高品質の車にも低品質の車にも同じ価格が設定される。なぜなら，高品質の車の売り手がその品質を買い手にいかに説明しても，買い手は真偽のほどがわからず，レモンをつかまされる可能性を織り込んだ価格となってしまうからである。

　高品質の車を売りに出しても低品質の車と同じ価格になるので，所有者は，高品質の車をできるだけ売らずに自分で使用し続けた方がよい。他方，低品質の車は高品質の車と同じ価格で売却可能であるから，所有者には売却する強い動機がある。この状態が続けば，中古車市場に売りに出される車は低品質の車が多くなり，結局，中古車市場が崩壊してしまうのである。

　証券市場もその例外ではない。証券の品質を最もよく理解しているのは発行企業であり，投資者は常にその品質に対して懐疑的である。したがって，発行企業に情報が偏在する場合，結果として低品質の証券だけが市場に出回る可能性がある。それは証券市場崩壊の危険性をはらんでいる。

　ここでディスクロージャー制度が注目される。有価証券が発行されるときに会計情報が開示され，その後も定期的に会計情報が開示されれば，情報の偏在は緩和される。つまり，ディスクロージャー制度は証券市場からレモンを駆逐する方策として意義づけられるのである。

リスクとリターンだけに集中し，株主として経営者の行動を監視するという動機は生まれない。ある銘柄は全体の中の1つでしかなく，仮に経営者の行動に不満があれば，その銘柄を売却すればよいからである。

しかし，大株主であったり長期投資を旨とする機関投資家の場合，簡単に保有株式を組み替えることはできない。むしろ投資先企業をモニターし，影響力を行使する方を選択する。アメリカでは，年金基金と投資信託，および生命保険などの機関投資家が膨張し，大企業1000社について，発行済み株式の約6割を機関投資家が握っているという。その状況は日本でも同様である。

そこで金融庁は，機関投資家の行動規範に関して，「『責任ある機関投資家』の諸原則〈日本版スチュワードシップ・コード〉——投資と対話を通じて企業の持続的成長を促すために」と題する文書を2014年に公表した（最終改正2020年3月）。そこでは機関投資家が，投資先の企業や事業環境の深い理解に基づき，企業との建設的な対話によって企業価値の向上や持続的な成長を促し，機関投資家に資金を委託した人々の中長期的な投資利益の拡大を図るべきことが求められている。この文書は，329の機関投資家に受け入れられている（2023年9月現在）。

機関投資家は，投資先企業をモニターし影響力を行使するため，その企業の財務諸表に目を光らせている。この活用法は，投資銘柄の決定などに財務諸表を利用する場合とは異なる。

社債権者——財務上の特約と財務諸表

1998年の国内公募普通社債の発行総額は初めて10兆円を超えた。そして2021年の日本企業の発行額は，外貨建てのものも含めて，ついに31兆円を超えて過去最高を更新したとい

う（『日本経済新聞』2022年1月18日付）。社債は企業の重要な資金調達手段である（社債の会計は第3章を参照）。

社債の多くは無担保社債として発行され，その際，企業は社債投資家の信頼を確保するため，通常「**財務上の特約**」として純資産額維持条項などを設定する。すなわち，一定水準の純資産額などを維持する特約を設け，それに抵触すれば社債を繰上償還するか，または担保権を設定する契約を結ぶのである。

発行会社は一定水準の純資産額などを維持するため，社債発行後に過大な配当をしたり無謀な投資をすることは控えるだろう。それが社債権者の保護に結びつく。

しかし，財務上の特約に用いられる数値が正しく算定されなければ，その条項は無意味となる。そのため，条項の判定に使用する数値は通常，直近の監査済み財務諸表によっている。財務諸表は監査を受けており，その数値を用いて条項の遵守状況を判断すれば，特約条項は適切に機能すると考えられる。

こうして社債権者は，会計数値を用いた特約条項に保護され，条項の遵守状況を毎期の監査済み財務諸表から判断するのである。これは，社債購入後の社債権者による財務諸表の事後的活用である。投資銘柄を決定するため財務諸表を事前に利用する場合とは，利用の仕方が異なっている。

銀行——貸付業務と財務諸表

銀行の業務は，①固有業務，②付随業務，③証券業務，④その他の法律により営む業務，に分類される。②には有価証券の売買が含められ，③の業務として国債の取扱いが認められている。したがって，銀行についても前述の証券投資者による財務諸表の活用が当てはまる。しかしここでは①の業務に着目し，銀

行に固有の財務諸表の利用法を説明する。

　固有業務とは銀行にとって最も基本となる業務を意味し，預金の受入と資金の貸付，手形の割引，および為替取引からなる。とりわけ財務諸表を活用するのは，資金の貸付業務においてである。

　資金の貸付業務では，ⓐ 融資を希望する企業に資金を貸し付けていいか，ⓑ どのような条件で貸し付けるか，ⓒ 貸付後の債権管理をどのように行うか，などを決定しなければならない。**融資決定** の適否すなわち銀行の審査能力と，債権管理の巧拙が銀行経営を左右するといっても過言ではない。

　融資案件の審査では，融資資金の使途と返済計画，担保の有無とその評価額などとともに，融資先の経営成績と財政状態が重要なポイントとなる。そして経営成績と財政状態の分析は，その企業の財務諸表を用いて行われる。

　たとえば，ある銀行の審査部では少なくとも過去3年度分の財務諸表を入手し，場合によっては月次試算表などを併用して，会社全体の財務分析と事業所別・主力製品別の収益力などを分析している。それらの分析に基づいて，融資先企業の債務返済能力を評価するのである。

　さらに，融資決定後の債権管理でも会計情報は重要な役割を果たす。銀行は融資先企業に年次財務諸表や四半期財務諸表あるいは月次試算表の提出を求め，融資先企業の経営成績や財政状態を監視している。もし経営成績や財政状態が極度に悪化すれば，その企業に役員を派遣する場合もある。

　1980年代後半，わが国の銀行は審査部を廃止あるいは縮小したため審査能力が全体的に低下し，土地と株式の担保に依存した審査と債権管理が中心となった。それが原因でバブル経済崩壊後

に不良債権が多発したといわれている。その反省のもと，財務分析を重視した審査と債権管理が今再び注目されている。そこでは財務諸表が重要な役割を演じているのである。

従業員――給与と財務
諸表

日本企業の多くは，毎年春に労使間で賃上げ交渉を行う。いわゆる春闘であり，これによって従業員の賃金が一律に増加する（ベース・アップ）。交渉の主体は労働組合で，組合はその年度の会計情報を事前に入手し，企業の財務分析をしたうえで賃金交渉に臨むのが通例である。企業側も会計情報に基づいて組合を説得する。従業員の賃金決定に会計情報は不可欠なのである。

このようにベース・アップ交渉の場で会計情報が用いられている限り，その情報を正しく理解し適切に活用できれば，交渉力が強まることは間違いない。

さらに最近は，**成果配分制度**や業績連動型報酬制度と呼ばれるシステムが多くの企業で採用され，会社の利益と従業員の給料が直接的に結びつけられる関係となっている。

たとえば日本経済団体連合会は，企業におけるボーナスの支給実態を把握する目的で，東京経営者協会とともに会員企業を対象として毎年調査を実施している。2022年4月に公表された結果によると，賞与や一時金の決定方法として，業績連動方式を導入している企業の割合が，2016年から6年連続で回答企業の5割を超えているという。基準とする業績指標（複数回答）は，営業利益が回答企業の60%，経常利益が34%であった（『2021年夏季・冬季　賞与・一時金調査結果』2022年4月）。

これらの企業の社員は，会社の利益の額を常に意識しているにちがいない。成果配分制度を設けている企業の従業員にとって，

企業の利益の減少は自分の収入減に直結する。したがって企業の利益が算定されるプロセスを知ることは，自分の生活を守るために不可欠なのである。

国および地方自治体
──税金と財務諸表

国や地方自治体の活動資金は税金で賄われている。税金は，給与所得者たる個人だけでなく，企業にも課せられる。企業の支払う税金で最も多いのは，法人税と住民税および事業税である。法人税は国が賦課し徴収する国税であり，住民税と事業税は地方自治体が賦課し徴収する地方税である。

　いずれの税額も企業の所得に基づいて決定されることに注意したい。徴税にあたっては，課税所得の計算が決定的に重要なのである（課税所得については第9章を参照）。

　すでに述べたように，課税所得は確定決算主義で算定される。つまり，株主総会で確定した当期純利益を基礎とし，これに税法の「別段の定め」による調整を加え，誘導的に課税所得を計算することになっている。

　したがって徴税の立場にある人は，少なくとも企業会計で損益計算がどのように行われるのかを知らなければならない。徴税の立場にある人が企業会計に精通すれば，課税の公平と効率的徴税に結びつくであろう。

その他の人々──サス
テナビリティ情報

ここまでは，企業への資金提供や財・サービスの売買など，企業と直接的な取引を行う利害関係者の集団ごとに，会計情報の役立ち方を考えてきた。しかし現代社会にあっては，地域住民のように企業とは直接的な取引関係がない人々にまで，企業の影響が拡大している。したがって，それらの人々との間で良好な

信頼関係を構築して企業を繁栄させるには，人々が企業について関心をもつ諸問題についても，積極的に情報を提供することがますます重要になっている。

　万一，その企業の活動が社会の利益に反するとみなされ人々から敵視されると，企業の経済活動は持続可能性（sustainability）を失うことになる。そのような事態を避けるために，企業が公益を促進する目的で行う活動に関する情報を，特に **サステナビリティ情報** という。

　その必要性は古くから認識され，これまでもさまざまな試みが行われてきた。たとえば企業による大気汚染・汚水排出・騒音問題などの公害に関連して，環境保全に向けた企業の取組み，コスト負担，達成した成果などを金額的に測定した「環境会計情報」の公表がそれである。

　この問題は，やがて自然環境保全にとどまらず，欠陥商品対策や従業員の人権と福利厚生など，企業に対応が求められる広範囲の課題を企業の社会的責任（CSR: corporate social responsibility）として認識し，それに関する財務情報の提供を求める「社会責任会計」へと発展した。

　こんにち企業の社会的責任の範囲は，さらに広く理解されるようになり，持続可能な社会の形成に寄与するために企業が配慮すべき課題として，環境（E：environment）・社会（S：social）・企業統治（G：governance）という3つの要素が重視されている。この3要素は頭文字から ESG と総称され，これに関する企業の情報は **ESG情報** と呼ばれており，これが前述のサステナビリティ情報の中心となる。たとえば環境面では，二酸化炭素の削減や資源のリサイクルが含まれ，社会に関しては，人材育成や多様性の推

表 1-1　財務諸表の利用

利用者	利用目的	利用法
証券投資者	投資収益の予測	ファンダメンタル分析による企業評価
株　主	経営者をモニター	会計数値を分析し意見表明する
社債権者	経営者をモニター	財務諸表に基づいて特約の遵守状況を確認
銀　行	貸付業務の適切な遂行	会計数値に基づく融資決定と債権管理
従業員	給与と賞与の獲得	会計数値を分析しベース・アップとボーナスの交渉をする
国と地方自治体	課税の公平と効率化	財務諸表の数値から課税所得を分析する
その他の人々	社会貢献への誘導	環境・社会・企業統治に関する貢献を評価

進への貢献も注目され，企業統治に関しては，贈収賄の防止など高い倫理観での企業経営が重視されている。

　投資者の中にも，サステナビリティ情報が示す企業活動の持続可能性を重視して投資銘柄を選択する人々が増えている。このため日本の金融庁は，証券投資を行う人々への情報提供を目的として，金融商品取引法が上場会社などに作成と公表を要求している「有価証券報告書」の中で，財務諸表とは別に，サステナビリティ情報の記載欄を新設して報告するよう求めている。

　以上の説明を要約したものが表**1-1**である。財務諸表の利用者別に，その利用目的と利用方法を示した。

企業統治指針

　このように企業は，大勢の多様な利害関係者の中で事業を営んでおり，特に上場

会社が経済社会に及ぼす影響は非常に大きい。そこで金融庁は東京証券取引所と共同して，企業統治に関するガイドラインとして上場会社が参照すべき原則を取りまとめ，2015年に「コーポレートガバナンス・コード」（企業統治指針）として公表した（最終改正2021年6月）。そこでは，企業の持続的な成長と中長期的な企業価値の向上が目標として掲げられ，株主の権利と平等性の確保や，取締役会の機能と責務などが記述され，財務諸表をはじめとする適切な情報公開の重要性が強調されている。

本章で学んだキーワード KEYWORD

会計ビッグバン　　国際会計基準　　非営利会計　　公会計
企業会計　　財務諸表　　財務会計　　制度会計　　管理会計
トライアングル体制　　投資者　　金融商品取引法　　会社法
有限責任制度　　株主総会　　取締役会　　指名委員会等設置
会社　　監査等委員会設置会社　　執行役　　会計責任（アカウンタビリティ）　　計算書類　　法人税法　　確定決算主義
ファンダメンタル分析　　財務上の特約　　融資決定　　成果
配分制度　　サステナビリティ情報　　ESG情報

演習問題　Exercises

1　非営利会計の種類を示し，非営利会計と企業会計の共通点と相違点を述べてみよう。

2　財務会計の特徴を示し，財務会計と管理会計の共通点と相違点を述べてみよう。

3　金融商品取引法と会社法による財務会計の相違を，その機能

について説明してみよう。

　財務会計の文献は，①初心者向けの「入門書」，②入門的知識を前提として財務会計の各領域をさらに詳しく解説した「基本書」，および③特定のトピックスを学術的に論じた「専門書」に区分することができる。本書は入門書であるが，本書の各章の内容をさらに詳しく学習しようとする場合には，次のような基本書を読めばよい。

◉桜井久勝［2024］『財務会計講義（第25版）』中央経済社。
◉伊藤邦雄［2022］『新・現代会計入門（第5版）』日本経済新聞出版社。

　また専門書のうち，この章で説明した財務会計の役割を，日本のデータに基づいて科学的・実証的に分析した専門書として，次のものが推奨される。

◉桜井久勝［1991］『会計利益情報の有用性』千倉書房。
◉須田一幸［2000］『財務会計の機能――理論と実証』白桃書房。
◉須田一幸編著［2004］『ディスクロージャーの戦略と効果』森山書店。
◉大日方隆［2013］『アドバンスト財務会計（第2版）』中央経済社。
◉柴健次・須田一幸・薄井彰編著［2008］『現代のディスクロージャー――市場と経営を革新する』中央経済社。
◉須田一幸編著［2008］『会計制度の設計』白桃書房。
◉桜井久勝編著［2010］『企業価値評価の実証分析』中央経済社。

第2章 財務会計のシステムと基本原則

損益計算と資産評価のルール

本章のサマリー **SUMMARY**

　第3章以降で企業の活動別に財務会計が説明される。これらの各論を通じて財務会計の全体像が明らかになるだろう。本章では各論の基礎となる事項を述べる。いわば各論への橋渡しを本章で行いたい。

　はじめに財務会計のシステムを概説する。ポイントは，①資金調達→資金投下→営業活動という企業の活動プロセスが，会計数値でどのように示されるのか，②その会計数値がどのような基準で外部に報告されるのか，ということである。

　この財務会計システムを動かしているのは複式簿記である。簡単な数値例で複式簿記のメカニズムを説明しよう。簿記を多少なりとも知らないで財務会計を勉強するのは，「どしゃ降りの雨の中を傘もささずに歩くようなものだ」という人がいる。せめて折りたたみ傘くらいは準備したい。

　次に，利益計算の方法を示す。損益法による計算では，収益と費用の認識および測定の仕方しだいで利益の額が異なる。収益と費用は一般に，消費基準と実現基準で認識され，その金額は収入支出額基準で測定される。それぞれの内容を具体的に説明する。また，資産の評価基準もこれらの基準と整合的でなければならない。そのため多くの項目に対して，時価基準ではなく取得原価基準が適用される。なぜ取得原価基準が適用されるのか，取得原価基準に欠点はないのか，を考えよう。

1 財務会計のシステム

　財務会計は，営利企業の経済活動を貨幣額で記録・計算し，その結果を報告するシステムである。経済活動を，①資金調達活動，②資金投下活動，③営業活動に大きく分け，その記録・計算と報告のプロセスを確認しよう。これによって，財務会計システム全体の理解が可能となる。ただしここでは，それぞれの活動について記録・計算・報告のプロセスを，ごく簡単に示す。①の資金調達活動の会計に関する詳細は第3章，②については第6章と第7章，③については第4章と第5章で詳しく説明する。

　　資金調達活動の会計

　企業は資本主（株主など）の出資により成立する。出資された資金は会計上，**資本**（capital）または自己資本と呼ばれる。企業が成立後，資本主が出資額を追加すれば資本の額は増加する。もし自己資本だけでは活動資金が不足するなら，企業は銀行などから資金を借り入れる。この借入金を，**負債**（liabilities）または他人資本という。負債の項目は借入金のほかにもいろいろあるが，順次学んでいこう。

　要するに，企業が資金を調達すれば，資本または負債の増加が記録される。今，株主からの1000万円の出資によって，S株式会社が設立されたとする。S株式会社は，さらに銀行から500万円を借り入れ，合計1500万円の資金を調達した。この場合，S株式会社の資本構成は，自己資本（株主資本）が1000万円，他人資本（負債）が500万円になる。

S株式会社は1500万円の資金を投下し，経営活動に必要な **資産**（assets）を購入する。S株式会社が商業を営むのであれば商品を購入し，製造業を営むのであれば設備と原材料を購入するだろう。

ここでは商業を営むと仮定し，S株式会社は20＊1年4月1日に1000万円の商品を仕入れ，残りの500万円を現金で保持しているとしよう。これら資産の合計額は，株主資本と負債の合計額と一致する。すなわち次のような式が成立するのである。

　　資産＝負債＋株主資本（1500万円＝500万円＋1000万円）

この等式に基づいて作成されるのが **貸借対照表** である。貸借対照表では資産・負債・株主資本の内訳が示される。具体的には次のようになる。

貸借対照表

S株式会社　　　　　　　20＊1年4月1日　　　　　　　（単位：万円）

資　産		負　債	
現　金	500	借入金	500
商　品	1,000	株主資本	
		資本金	1,000
資産合計	1,500	負債資本合計	1,500

貸借対照表は資金の調達源泉（右側）と運用形態（左側）を示すものである。資金調達と資金投下の関係を，企業の **財政状態** と呼ぶ。財政状態の分析は，企業の安全性（倒産の危険性の程度）を判断する際に欠かせない。安全性などの分析については，第12章で解説する。

S株式会社は500万円の現金と1000万円の商品を用いて利益獲得活動を行う。

仮に1年間の活動で，商品1000万円のうち600万円分を，売価700万円で掛売りしたとする。これは，600万円の商品が700万円の売掛金に転化したことを意味し，1年間の活動で100万円の利益（income）を獲得したことになる。その利益は出資者たる株主に帰属し，株主資本の増殖分として認識される。したがって，期末（20*2年3月31日）におけるS株式会社の貸借対照表は次のようになる。

貸借対照表

S株式会社		20*2年3月31日		（単位：万円）
資 産			負 債	
現 金	500		借入金	500
商 品	400		株主資本	
売掛金	700		資本金	1,000
			当期純利益	100
資産合計	1,600		負債資本合計	1,600

期末の貸借対照表をみれば，1年間の営業活動の結果として株主資本が期首の1000万円から期末の1100万円に増加し，100万円の利益を獲得したことがわかる。しかし，その原因あるいは利益が算定された損益計算のプロセスを知ることはできない。利益の獲得プロセスを示すのが **損益計算書** である。

S株式会社は，600万円で仕入れた商品を700万円で販売して100万円の利益を得た。つまり600万円の費用をかけて700万円の収益を獲得し，その差額が利益となったのである。損益計算書は，この関係を次のように表示する。

損益計算書

S株式会社　　20*1年4月1日から20*2年3月31日まで　（単位：万円）

費　用		収　益	
売上原価	600	売上高	700
当期純利益	100		
	700		700

　この例では当期純利益が算定されているが，もし費用が収益を上回っていれば当期純損失になる。損益計算書で示される損益の状態を企業の **経営成績** と呼び，そのデータが利益獲得能力の分析に用いられる。損益計算書の分析は第 **12** 章で説明する。

2 複式簿記の構造
●長い歴史があるデータ処理システム

　財務会計は，企業の経済活動のすべてを記録・計算するものではない。企業の資産・負債・資本に影響を及ぼす活動だけを記録・計算の対象とする。つまり，簿記でいう「取引」が財務会計の対象である。

　前節で示した取引の例は，ごく簡単なものだった。しかし実際に企業で行われる取引は複雑で膨大な量になる。当然，取引を効率的かつ体系的に記録する手法が必要となる。その手法として 500 年以上前から用いられているのが **複式簿記**（double-entry book-keeping）である。複式簿記は，長い歴史を経た企業家による知恵の結晶だといわれる。そのメカニズムを概観しよう。

仕訳帳への記入

　複式簿記では，個々の取引が二面的に把握される。たとえば，従業員に給料を現

　複式簿記は，13 〜 14 世紀の間にイタリア商人の実務の中から徐々に生成し，15 世紀には体系的な技術に発展したといわれる。1494 年にベネチアの数学者ルカ・パチョーリ（Luca Pacioli）が『算術，幾何，比および比例のすべて』という本を出版し，「計算および記録」の章で複式簿記を説明した。その内容は現在の複式簿記とほぼ一致しているという。この本が，現存する世界最古の複式簿記書である。

　その後，イタリア商人の活動により複式簿記はヨーロッパ各地に伝わり，イギリスからアメリカを経て，日本には明治時代の初期に西洋式の複式簿記が導入された。

　1994 年には世界各地で複式簿記書生誕 500 年記念祭が催された。1 つの技術体系が 500 年も続けて用いられた例は多くないであろう。複式簿記の合理性と理解のしやすさを歴史が証明している。コンピュータが普及した現在でも，手書きからキーボードによる入力へ変化しただけで，複式簿記は相変わらず活用されている。

　では，企業会計のシステムとして複式簿記は完全無欠，唯一無二なのだろうか。簿記を複式すなわち 2 次元の空間から 3 次元の空間に拡張し，三式簿記の可能性を追求した研究者がいる。日本人ながらアメリカ会計学会の会長も務めた井尻雄士教授（2017 年没）である。教授は『三式簿記の研究』（中央経済社，1984 年）と『「利速会計」入門』（日本経済新聞社，1990 年）を著し，そこで利益の時間に対する変動率（利益の速度＝利速）を測定し簿記を 3 次元で構成することを論じた。

　このアイディアは，自動車の速度計を考えれば理解しやすい。車のドライバーが運転の効率性と安全性を判断するとき，何キロ走ったかを距離計で知るよりも，今，時速何キロで走っているのかを速度計で知る方が重要である。企業の純資産額と利益の測定は距離計に相当し，利速の変化は速度計に該当する。利益が計上されていても利速が増加しなければ，その企業の経営者はいい業績をあげたとはいえない。前任者の築いた組織が利益を獲得できる体制になっており，現在の経営者はその惰性で利益をあげているかもしれないからである。

　500 年以上の歴史をもつ複式簿記が三式簿記にとって代わられる日がくるのだろうか。興味は尽きない。

金で支払えば，給料という費用の発生と，現金という資産の減少が，同一金額で記録される。日々のすべての取引が，収益・費用・資産・負債・資本の項目で，仕訳帳（journal）に二面的に記録されるのである。これを 仕訳 という。

仕訳には一定のルールがある。前節で，期末の貸借対照表が，資産＝負債＋（資本金＋利益）になっていることを確認した。利益は 利益＝収益－費用 という式で算定されるから，これを上の式に代入すれば，資産＝負債＋資本金＋収益－費用 となる。費用を左辺に移項すれば，資産＋費用＝負債＋資本金＋収益 という等式が得られる。

この等式に従い，資産の増加と費用の発生は左側（借方という）に記録し，負債と資本金の増加および収益の発生は右側（貸方という）に記録する。逆に，資産が減少すれば右側（貸方），負債と資本金が減少すれば左側（借方）に記録する。

前節第1項の資金調達の取引は，現金という資産が増加し，資本金および負債たる借入金が増加したので，仕訳は次のようになる（単位：万円，以下同じ）。

　　　（借方）　現金　1,500　　（貸方）　資本金　1,000

　　　　　　　　　　　　　　　　　　　　借入金　　500

前節第2項の資金投下の取引は，商品という資産が増加し，現金という資産が減少したので，仕訳は次のようになる。

　　　（借方）　商品　1,000　　（貸方）　現金　　1,000

前節第3項の営業取引は，売掛金という資産が700万円増加し，収益たる売上が実現したので，まず次のような仕訳をする。

　　　（借方）　売掛金　700　　（貸方）　売上　　700

同時に，商品600万円が減少し，これが売上原価という費用

になるので，次のような仕訳をする。

（借方）　売上原価　600　　（貸方）　商品　600

　以上のような仕訳が，取引の発生順に仕訳帳へ記録される。したがって，仕訳帳は取引を発生順に示したデータベースの役割を果たす。

元帳への転記

　取引を発生順に示した情報は生のデータである。これを項目別に集計する作業が次に行われる。仕訳で用いた各項目（これを勘定科目という）の金額を，その勘定が設けられている元帳（ledger）に書き写すのである。これを 転記 という。それぞれの 勘定（accounts）は，借方・貸方の2つの欄から構成されるT字型の形をとり，トップに勘定科目が示されている。

　たとえば前節第1項の仕訳は，現金勘定の借方に1500万円，資本金勘定と借入金勘定の貸方にそれぞれ1000万円と500万円が転記される。前節の第2項と第3項の仕訳の転記もあわせて示せば，以下のようになる（単位：万円）。

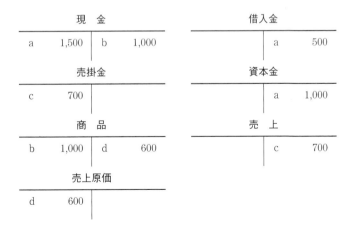

現　金		
a	1,500	b　1,000

借入金	
	a　500

売掛金	
c	700

資本金	
	a　1,000

商　品		
b	1,000	d　600

売　上	
	c　700

売上原価	
d	600

| | 決　算 | | 仕訳と転記は，経理部における日々のルーティン・ワークである。決算を迎えれ |

仕訳と転記は，経理部における日々のルーティン・ワークである。決算を迎えれば，次のような作業をする。①仕訳と転記の正確性をチェックし，②記録と事実の整合性を確認し，③帳簿を締め切り，④損益計算書と貸借対照表を作成する。それぞれを簡単に説明しよう。

　3月31日または12月31日を決算日にする企業が多く，各企業は決算日時点で，元帳におけるすべての勘定の金額を集め**試算表**（trial balance）を作成する。そして試算表の作成により，上記の①が実施される。各勘定の借方と貸方を相殺し，その残高を集めた表が残高試算表である。前記の例に従った残高試算表は次のようになる（単位：万円）。

残高試算表

500	現　金	
700	売掛金	
400	商　品	
	借入金	500
	資本金	1,000
	売　上	700
600	売上原価	
2,200		2,200

　試算表の借方と貸方の合計額（2200万円）が一致すれば，記録の正確性は確認されたとみなし，続いて上記②の調査を行う。たとえば，帳簿上は期末の商品有高が100個であるが，実際には盗難により98個しかない場合がある。この場合，事実に合わせ記録を修正しなければならない。この手続きを**決算整理**という。

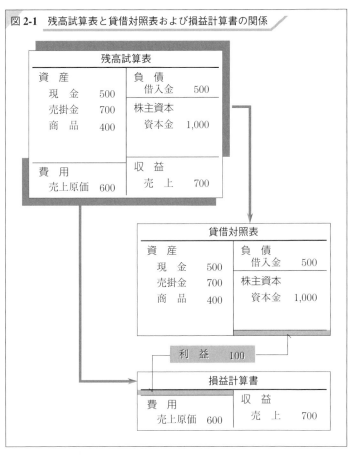

図 2-1 残高試算表と貸借対照表および損益計算書の関係

残高試算表

資　産		負　債	
現　金	500	借入金	500
売掛金	700	**株主資本**	
商　品	400	資本金	1,000
費　用		**収　益**	
売上原価	600	売　上	700

貸借対照表

資　産		負　債	
現　金	500	借入金	500
売掛金	700	**株主資本**	
商　品	400	資本金	1,000

利　益　100

損益計算書

費　用		収　益	
売上原価	600	売　上	700

　決算整理が終われば，帳簿を締め切り，収益と費用の勘定が損益計算書にまとめられ，資産・負債・株主資本の勘定が貸借対照表に要約される。

　前記の残高試算表の数値には決算整理が不要であると仮定すれば，残高試算表と損益計算書および貸借対照表の関係は，図 2-1 のように示される（単位：万円）。

3 損益計算の方法
●フローによる計算とストックによる計算

　企業は営利組織であり，利益の獲得を主たる目的として活動しているから，財務会計の中心課題も利益計算にあるといえよう。ただし，利益ではなく損失をこうむる場合もあるので，会計ではこれを「損益計算」と呼ぶ。しかもその計算では，企業の設立から解散までの全体損益計算ではなく，期間を区切った（たとえば1年の）**期間損益計算** が重要なのである。努力と成果を測るとき，測定期間が長すぎては動機づけにならず，短すぎても功を焦るだけである。1年くらいが適切なのだろう。

　期間損益計算の方法は2つに大別できる。1つは **損益法** で，もう1つは **財産法** である。

> **損 益 法**

損益法は，1期間の収益の総額から費用の総額を差し引いて損益を計算する方法である。算式で示せば次のようになる。前記の例で用いた数値を，式の下に示した（単位：万円）。

　　　損益＝収益－費用

　　　100　＝ 700 － 600

　すべての収益と費用を発生のつど記録しなければ損益法による損益計算は不可能である。したがって損益法は，簿記の記録を前提とする。損益法では記録されたすべての収益と費用が計算要素となるので，利益の発生原因が明らかになるという長所がある。

> **財 産 法**

財産法は，期首と期末の純財産額（＝資産－負債）の比較により，その期間の損

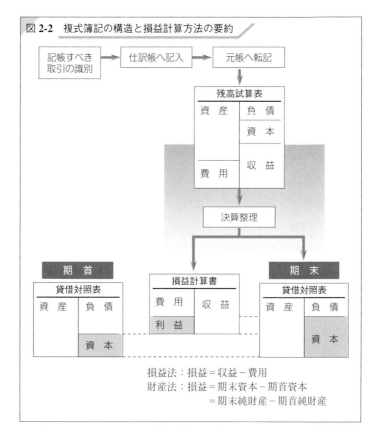

図2-2　複式簿記の構造と損益計算方法の要約

記帳すべき取引の識別 → 仕訳帳へ記入 → 元帳へ転記

残高試算表

資　産	負　債
	資　本
	収　益
費　用	

決算整理

期　首

貸借対照表

| 資　産 | 負　債 |
| | 資　本 |

損益計算書

| 費　用 | 収　益 |
| 利　益 | |

期　末

貸借対照表

| 資　産 | 負　債 |
| | 資　本 |

損益法：損益＝収益－費用
財産法：損益＝期末資本－期首資本
　　　　　　　＝期末純財産－期首純財産

益を計算する方法である。すなわち，期首と期末における資産と負債を実地調査して，両時点の純財産額を算出し，その差額として損益を計算する。算式で示せば次のようになる。前記の例で用いた数値を式の下に示した（単位：万円）。

損益＝期末純財産－期首純財産
　　＝（期末資産－期末負債）－（期首資産－期首負債）
100＝（1,600 － 500）－（1,500 － 500）

財産法は総括的な損益計算方式であるため，利益の発生原因が明らかにされないという欠陥をもつ。しかし，実地調査に裏づけられた確実な計算である，という長所を備えている。

現在の企業会計は複式簿記による記録をもとに，損益法中心の期間損益計算が行われている。ただし，記録と事実が一致しない場合が多く，期末に実地調査（棚卸）をして事実を確認し，決算整理を行い，事実を反映した期間損益計算が実施される。つまり，損益法による期間損益計算に財産法の手続きが一部組み込まれているといえよう。この融合により，利益の発生原因がわかり，かつ確実な計算を可能とする期間損益計算が行われるのである。

ここまで述べた複式簿記の構造と損益計算の方法をまとめて図示すれば，**図 2-2** のようになる。現在はコンピュータが普及し，財務会計のアプリケーション・ソフトも多数あるため，帳簿に手書きで記入することはほとんどない。そのため，財務会計の流れがつかみにくくなっている。図 2-2 を参考に，財務会計の流れを正しく理解してほしい。

4 会 計 基 準

●秩序の形成

損益計算の結果は，収益・費用や資産・負債の測定のために企業が行う会計処理の方法いかんで相違する。したがって企業が的確な会計処理を行うように規制するには，公正妥当なルールとして社会的な承認を得た会計基準が必要となる。そのような会計基準は，「一般に認められた会計原則」とか，「一般に公正妥当と認められる企業会計の基準」と呼ばれている。

そのための会計基準として日本で最初に制定されたのは，1949年に当時の経済安定本部・企業会計制度対策調査会（現在の金融庁・企業会計審議会の前身）が制定した **企業会計原則** である。この会計基準は，第二次大戦後の日本経済の再建を目的として作成されたものである。**企業会計審議会** は，その後も必要に応じて企業会計原則の改正を行い，またこれを補足する各種の基準や意見書を公表してきた。製品1単位当たりの原価を算定するための「原価計算基準」や，外貨で契約された取引を日本円に換算する方法を定めた「外貨建取引等会計処理基準」がその一例である。

　近年には，経済活動のグローバル化に伴い，会計基準を世界的に統一しようとする試みが推進された。その過程で，会計基準は各国の経済政策の影響を受けやすい政府機関ではなく，それとは独立した民間団体が設定すべきであるという意見が国際的に強まった。そこで日本でも，そのような組織として **企業会計基準委員会** が2001年に設立され，「**企業会計基準** 第○号」という名称で会計基準を設定するようになった。この企業会計基準は2024年1月末現在で第31号まで公表されている。したがって現行の日本の会計基準は，企業会計審議会が制定し効力を保持している会計基準と，企業会計基準委員会が制定した基準から構成される。

　このほか企業会計基準委員会は，会計基準を制定するための概念的な基礎を提供し，基準の開発に指針を与える目的で，「**財務会計の概念フレームワーク**」という討議資料も公表している。

　会計基準の設定は多くの効用をもたらす。企業に会計処理の秩序を守らせ，適正な財務諸表を作成させるのに役立つ。また財務諸表の利用者の理解を促進する。公認会計士が監査で行う判断の拠り所としても活用されている。

5 損益計算の基本原則

●経営成績を正しく示すために

　企業会計原則は，一般原則と損益計算書原則および貸借対照表原則という3つの部分から構成されている。このうち損益計算書原則では，〈損益＝収益－費用〉として表される損益法に準拠して，損益計算を行うべきことが規定されている。

　この結果，損益の金額は，収益と費用の項目を「いつ」「いくらで」計上するかによって異なることになる。収益・費用を「いつ計上するか」は認識基準により決定され，「いくらで計上するか」は測定基準で決定される。

　　　　　　　　　　　　　　現金収入があったときに収益を認識し，
　費用・収益の認識基準　　　現金支出が生じたときに費用を認識する
方法を，**現金主義会計**（cash basis of accounting）という。素朴でわかりやすい損益計算法である。すべての資産をリースで賄っているサービス業の会社（たとえば映画興行会社）などは，現金主義会計が適用できるかもしれない。

　しかし建物や設備などの固定資産を所有し，商品の在庫を抱え，掛取引を行い，手形の受取と振出をする企業に，現金主義会計は不適切である。なぜなら，現金主義会計によれば，固定資産や商品を購入したときに支出額がすべてその期の費用に計上され，販売しても売掛金または手形を受け取った場合は，収益に計上されない。したがって現金主義会計のもとでは，利益獲得活動に払った努力（費用）とその成果（収益）が適切に対応せず，企業の会計期間ごとの経営成績が損益計算書に正しく示されない

からである。

　現在の多くの企業について，適切な期間損益計算を可能にするのは **発生主義会計**（accrual basis of accounting）である。

　発生主義会計によれば，費用は，現金支出の時点と無関係に，利益獲得活動において財やサービスの消費という事実が発生したときに計上される。したがって生産設備は，その購入時に全額を費用とするのではなく，それが使用される期間（耐用年数）にわたり分割して，減価償却費として計上される。商品も，仕入時に全額を費用とするのではなく，販売された分だけが売上原価になる。このように，財やサービスの消費という事実の発生に基づいて費用を認識する取扱いを，**発生基準** という。財やサービスの消費に注目するこの考え方は，**消費基準** とも呼ばれる。

　収益も同様に，現金収入とは無関係に，利益獲得活動において経済価値の流入を意味する重要な事実が発生した時点で計上される。多くの企業にとって，販売取引の成立に伴う商品の引渡しやサービス提供が，経済価値の流入を意味する最も重要な事実である。したがって販売の対価が売掛金や手形であり，いまだ現金を回収していなくても，収益は販売という事実が生じた時点で認識することになる。

　これを裏返せば，販売されない限り収益を計上しない，つまり未実現の収益は認識しないことを意味する。販売の見込みだけで収益を認識すれば，売上高の計上が不確実になるからである。このように，現金収入の有無にかかわらず，販売という事実が生じた時点で収益を計上し，未実現の収益は認識しない取扱いを，**実現基準** による収益認識という。

　つまり現代の損益計算は発生主義会計で行われ，費用を消費の

事実の発生に基づいて認識し（発生基準，消費基準），収益を販売という事実の達成によって認識するのである（実現基準）。ただし短期利殖の目的で保有する株式などの金融資産は，いつでも時価で自由に販売して値上がり益を実現させることができるから，いまだ販売していなくても，時価が上昇しただけでその金額を当期の損益として認識する（第7章参照）。この取扱いも実現基準の延長線上にある。

| 費用・収益の測定基準 | 記録すべき費用・収益が発生基準ないし消費基準と実現基準で把握されたならば，次にその金額を測定しなければならない。

費用の額は，消費した財貨やサービスに対する過去または現在の支出額に基づいて決定される。たとえば売上原価の額は，その商品の仕入時点の支出額で決定され，減価償却費の額は，その設備を購入した時点の支出額に基づいて算定される。

収益の額は，販売した財貨やサービスに見合う現在または将来の収入額に基づいて決定される。たとえば売上の額は，売掛金が将来現金で回収される収入予定額に基づいて決定される。

このように費用・収益の測定は，過去・現在・将来における支出額と収入額に基づいて行われる。これを 収入支出額基準 による測定という。

| 費用収益対応の原則 | 費用の計上は発生基準ないし消費基準と収入支出額基準に基づいて行うが，ここで注意すべきは，①発生額がすべて当期の費用になるわけではなく，②消費基準だけですべての費用の発生額を認識することはできない，ということである。この問題を解決する鍵となるのが，費用収益対応の原則である。

〈期間費用の把握〉　　たとえば製造業の場合，原材料を製造工程に投入すれば材料費が発生し，それが当期製品製造原価になり，その中で当期に販売された製品に対応する部分が当期の費用（売上原価）となる。販売されずに残った部分は資産として次期に繰り越され，次期以降の費用になる（詳細は第4章で解説する）。

このように，費用の発生額のうち当期の収益獲得に貢献した部分を抜き出し，それを当期の費用とする原則が，**費用収益対応の原則**（matching principle）である。費用の発生額を当期の収益獲得に役立った部分と，次期以降の収益獲得に貢献する部分とに区別し，前者を当期の損益計算書に費用として表示する。後者は資産として貸借対照表に示す。すなわち発生費用の中から，費用収益対応の原則に基づき，期間費用が把握されるのである。

〈費用収益対応の原則による費用の認識〉　　通常、費用は財やサービスの消費の事実に基づいて認識される。しかし、財やサービスが未消費でも、費用を計上すべき場合がある。

たとえば，従来は設備の修繕を毎期行っていたのに，今期は操業上の理由で実施せず，次期に延期したとする。その修繕の費用は，次期の収益ではなく当期の収益に対応するものなので，たとえ当期に修繕のために財貨を消費していなくとも，当期に修繕費用を見越計上すべきである。そこで，従来の計上額を参考にして修繕費用を当期に見積計上し，その相手勘定科目を修繕引当金にする。これは，費用収益対応の原則による費用の認識である。

つまり費用収益対応の原則は，発生費用から期間費用を把握する原則として機能し，さらに一部の費用を認識する原則としても機能するのである。

〈直接的対応と間接的対応〉　　収益と費用を対応させる方法は大き

く分けて2つある。第1は **直接的対応** または個別的対応と呼ばれるものであり，売上高と売上原価のように，製品という特定の財貨を媒介にして，収益と費用の対応関係を直接的かつ個別的に把握する方法である。

しかし，たとえば支払利息や受取利息は，特定の財貨を媒介にして直接的に対応させることはできない。そこで，同一期間に計上された収益と費用は，その期間の利益獲得活動について対応していると理解し，会計期間を媒介にして対応関係を把握する。これが，**間接的対応** または期間的対応と呼ばれるものであり，収益と費用を対応させる第2の方法である。

発生主義会計が現金主義会計よりも優れている最大の点は，期間ごとの収益と費用が適切に対応づけられ，その結果，企業の経営成績が損益計算書で適切に表示されるということにある。したがって，費用収益対応の原則が正しく適用されることは，発生主義会計の合理性を高めることに結びつく。

6 資産評価の基本原則
●財政状態を正しく示すために

前節では損益法による損益計算を説明した。もう1つの損益計算法である財産法は，すでに述べたように，以下の式で損益計算を行う。

損益＝期末純財産−期首純財産

＝（期末資産−期末負債）−（期首資産−期首負債）

この計算式が示すように，資産と負債の金額決定が損益計算を左右する。資産と負債の金額決定を **評価**（valuation）という。

注意すべきは，複式簿記に基づく限り，損益法で算定された利益額と財産法で算定された利益額は一致する，ということである。したがって，費用・収益の認識測定基準と資産・負債の評価基準は整合的でなければいけない。

資産の評価基準

現在，貸借対照表に記載される負債の多くは，契約により返済額が確定した項目（買掛金や借入金）であり，契約額がそのまま評価額になる。したがって負債の評価は，今のところさほど問題にならない。評価額が問題となるのは資産の項目である。

資産の評価基準を大きく2つに分類すれば，**取得原価基準**（acquisition cost basis）と **時価基準**（current cost basis）からなる。

取得原価基準は，資産を取得した時点の価格に基づいて，その貸借対照表価額を決定するものである。過去の歴史的な事実に基づくことから歴史的原価基準（historical cost basis）とも呼ばれる。

これに対して資産の時価を貸借対照表価額とする基準が，時価基準である。たとえば商品の時価を貸借対照表価額にし，時価が取得原価を上回れば評価益を損益計算書に計上する。

しかし取得原価基準によれば，商品の貸借対照表価額は商品の取得原価になり，それが販売されるまで収益は認識されない。したがって，取得原価基準は実現基準と整合するのである。

また資産の取得原価は，契約書や送り状などにより客観的に把握でき，検証可能だという点にも注目したい。市場で取引されない資産の時価評価には主観が入りやすく，その価額の妥当性を事後的に検証することも難しい。財務会計システムに客観性と検証可能性を求めるならば，時価基準よりも取得原価基準の方が優れているのである。

ただし，取得原価基準で作成された貸借対照表は現在の価格水準を反映しないという問題がある。とりわけわが国では，土地と有価証券の貸借対照表価額が時価と大きく離れていることが問題となり，取得原価基準に代えて時価基準を適用する道が開かれた。1998 年 3 月に「土地の再評価に関する法律」が制定され，大企業に限り 2002 年 3 月末までのうちの 1 会計期間においてだけ，事業用土地の時価評価が認められたのである。有価証券の時価評価については，第 7 章で詳しく説明する。

費用配分の原則

　多くの資産は，原則として取得原価基準に従い，貸借対照表に記載する。いろいろな資産の中で，設備や建物などは将来の費用になる資産である。将来の費用になる資産を，「費用性資産」という。費用性資産の取得原価は，いったん資産計上された後，その消費に応じて各事業年度の費用として配分されなければならない。これを**費用配分の原則**（principle of cost allocation）という。

　たとえば設備の取得原価は，定額法や定率法などの減価償却の方法により，設備の耐用年数にわたって各事業年度に配分される。配分された額がその期の減価償却費になり，取得原価から減価償却累計額を差し引いた額が，設備の貸借対照表価額となる。この貸借対照表価額は，将来計上されるであろう減価償却費を示している。減価償却の詳細については，第 6 章で解説する。

資本	負債	資産	貸借対照表	財政状態	損益計算
書	経営成績	複式簿記	仕訳	転記	勘定　試算
表	決算整理	期間損益計算	損益法	財産法	企業
会計原則	企業会計審議会	企業会計基準委員会			企業会
計基準	財務会計の概念フレームワーク		現金主義会計		
発生主義会計	発生基準	消費基準	実現基準		収入支
出額基準	費用収益対応の原則		直接的対応		間接的対応
取得原価基準	時価基準	費用配分の原則			

演習問題 Exercises

1. 従業員に対する給料を，現金で支払ったときの仕訳と転記を示してみよう。

2. 損益法と財産法による損益計算を示し，それぞれの長所と短所を指摘してみよう。

3. 費用・収益の認識基準と測定基準を述べてみよう。

4. 費用収益対応の原則が果たす役割を説明してみよう。

5. 取得原価基準と時価基準の内容を説明し，それぞれの長所と短所をまとめてみよう。

参考文献 Reference

企業の利益計算は複式簿記の技術を用いて行われるので，簿記を通じて財務会計を学習するのも有効な方法である。以下の文献では，簿記の基本をわかりやすく説明している。

◉中村忠［2008］『新訂 現代簿記（第5版）』白桃書房。

●武田隆二［2009］『簿記Ⅰ（カラー版　第5版）』税務経理協会。

●大藪俊哉編著［2010］『簿記テキスト（第5版）』中央経済社。

　こんにち世界の会計先進国では，会計ルールを設定する場合に参照すべき財務会計の基本的な考え方の枠組みを，「概念フレームワーク」として要約するのが一般的になっている。次の文献は，日本とアメリカのそのような基礎概念を論じている。

●斎藤静樹・徳賀芳弘編著［2011］『企業会計の基礎概念』中央経済社（体系現代会計学　第1巻）。

●斎藤静樹編著［2007］『詳解　討議資料・財務会計の概念フレームワーク（第2版）』中央経済社。

●斎藤静樹編著［2003］『会計基準の基礎概念』中央経済社。

●斎藤静樹［2019］『会計基準の研究（新訂版）』中央経済社。

●米国財務会計基準審議会編（平松一夫・広瀬義州　訳）［2002］『FASB財務会計の諸概念（増補版）』中央経済社。

●桜井久勝［2024］『財務会計講義（第25版）』中央経済社，第1章〜第4章。

第3章 企業の設立と資金調達

必要な資金をどう調達するか

本章のサマリー SUMMARY

　前章までは財務会計の総論的な説明を行ったが，いよいよこの章からは，企業が営むさまざまな活動を順に取り上げて，それらが財務諸表へと集約されていく姿を描写する。この章で取り上げる企業活動は，企業を設立すること，および必要な資金を調達することの2点である。

　企業にはさまざまな形態があるが，こんにち，最も繁栄しているのは株式会社であり，株式会社の設立には特別な手続きを要する。株式会社は設立時に株式を発行して，株主からの出資を受け入れ，これを貸借対照表の純資産の部に計上する。

　会社成立後にも必要に応じて資金調達が行われるが，調達された資本は自己資本と他人資本に大別される。会社設立後に自己資本を追加的に調達する最も一般的な方法は，新株発行による増資であり，こんにちの大企業では株式を時価で発行して多額の資金を調達するのが一般的である。

　他方，他人資本を調達する伝統的な方法は，銀行などからの借入金であるが，大企業では社債の発行による資金調達も盛んに行われている。わが国で発行される社債には，普通社債，転換社債，新株予約権付社債の3種類がある。

1 企業の諸形態

●**有限責任と無限責任の区別が重要**

　財務会計の対象となる企業は，その法的な形態の観点から次の6つに分類することができる。①個人企業，②組合企業，③合名会社，④合資会社，⑤合同会社，⑥株式会社という区分がそれである。したがって企業を設立するにあたっては，このうちどれを選択するかを考える必要がある。しかし多くの場合は，①の個人企業から始まり，⑥の株式会社へと成長していくのが普通である。

　こんにち，世界的に有名な巨大企業も，その大部分は，ただ1人の事業主自らが自己の資金を出資し，自らが経営を行う「個人企業」として開始されている。しかし個人が出資できる資本額には，おのずから限界がある。

　この限界を克服する1つの方法は，気心の知れた2人以上の者が共同して出資し経営を行うという「組合企業」の形態をとることである。たとえば友人同士が資金を出しあってベンチャー・ビジネスを始める場合がこれである。しかし組合企業の取引は，構成員全員の名前を示して行うとともに，財産の所有についても全員の共同名義で登記しなければならない。したがって構成員の数を増やして企業規模を拡大しようとすると，企業経営上の事務手続きは非常に煩雑なものになる。

　これを避けて企業名で経営活動を遂行できるようにするには，会社という法人格を取得する必要がある。会社には，合名会社，合資会社，合同会社，株式会社という4つの種類があることは前述のとおりである。**表3-1**は，会計の観点を中心として，これら

表 3-1　会社の種類と特徴

種　類	合名会社	合資会社	合同会社	株式会社
出資者の責任	全員が無限責任	一部が無限責任，残りは有限責任	全員が有限責任	
出資者の人数	1 人でも可	無限・有限各 1 人以上	1 人でも可	
出資内容	労働出資や信用出資も可能		金銭出資と現物出資のみ可能	
持株譲渡	他の出資者の全員の承認が必要			原則として自由
実在数	3,325	12,482	160,132	2,612,677

（注）　実在数は「税務統計から見た法人企業の実態（令和 3 年度分：2023 年 5 月公表）」国税庁ホームページによる。合同会社は 2006 年 5 月施行の会社法により新設された制度である。それ以前に存在した有限会社は，株式会社の制度に吸収された（上記の実在数はこれを含む）。

4 つの種類の会社の特徴を相互に比較している。

　表 3-1 で示した相違点のうち最も重要なものは，会社が倒産した場合に，会社が銀行や取引先などに対して負っている債務について，出資者が負担しなければならない責任の内容である。これには無限責任と有限責任という 2 通りの場合がある。**有限責任**であれば，出資者は自分が会社に出資した金銭を放棄すれば足り，自分の個人財産を処分してまで会社の債務を返済すべき義務は負わない。これに対し無限責任の場合は，出資者は個人財産を投げ売ってでも会社の債務を返済しなければならないのである。

　合名会社ではすべての出資者がそのような無限責任を負い，合資会社でも一部の出資者が無限責任を負わなければならない。これに対し合同会社と株式会社の出資者は有限責任しか負わない。したがって合同会社と株式会社は，出資者に安心して出資をしてもらえるから，出資者からの資金調達に関して有利な企業形態で

あるといえる。このうち合同会社は，相互に親しい関係にある出資者が全員一致で会社のあり方を決定し，出資者みずからが業務を執行するタイプの企業に適する。これに対し株式会社は，不特定多数の人々が出資者として参加してもかまわないような大規模な公開会社へと発展するタイプの企業に適した会社形態である。

2 株式会社の設立

●株式発行で得た資金が資本になる

| 企業の設立 |

誰でも1人で事業を起こせば，法律上は個人企業とみなされる。また2人以上が相互の契約に基づいて事業を開始すると組合企業が成立する。個人企業や組合企業では，会社の場合のような設立のための法的手続きは必要とされない。

これに対し会社は，「定款」という書面をつくり，設立登記をすることによって初めて成立し，会社自体が権利・義務の主体となって経済活動を遂行することが法的に認められるようになる。ここに定款とは，会社の設立と運営に関して出資者同士が合意した事項を記載した契約書である。合名会社・合資会社・合同会社の設立では，所定の事項を記載した定款があれば，設立登記の申請が受理されて会社が成立する。

他方，株式会社の設立には，さらに次の2つの追加的な手続きが必要となる。1つは，定款を法務局または公証人役場へ持参し，その記載内容について公証人の認証を得ることである。今1つは，銀行などの金融機関の所定の口座に対し，出資者からの払

込を受け付け，これが完了するとその金融機関から出資払込金保管証明書を受領する。ただし会社の設立にあたる発起人が全株式を引き受ける場合は，金融機関の残高証明書で足りる。公証人の認証を受けた定款と，出資払込金保管証明書または残高証明書は，会社の設立登記の申請をするのに不可欠な添付書類とされている。

　出資者が有限責任しか負わず，利害関係者の人数も多い株式会社では，会社設立時によりいっそう厳密な手続きが必要とされるのである。

株式会社の設立時の株式発行

株式会社の設立に際して出資が行われると，それと見返りに出資者に対して株式が発行される。株式会社の定款には，会社が発行できる株式の総数（発行可能株式数という）が記載されるが，その全部を設立時に発行する必要はなく，発行可能株式数の4分の1以上を発行すればよいことになっている。残りの未発行株式は，自己資本を追加的に調達する必要が生じた時点で発行される。また未発行株式数が少なくなってくれば，株主総会での決議を経て定款を変更することにより，発行可能株式数の枠をその時点での発行済み株式数の4倍まで増加することができる。これを **授権資本制度** という。

　かつて株式は，その券面上に額面金額が印刷されているか否かにより，額面株式と無額面株式に分類された時代があった。そして当時は，会社設立時に発行する株式は額面株式であれ無額面株式であれ，その発行価額が5万円以上でなければならず，会社設立後に発行する額面株式も5万円以上で発行しなければならないとされていた。しかしこのような規制は，会社が株式発行によって自由に資金調達を行う妨げとなるおそれがあることから，

2001 年 10 月以降は，株式の額面制度が廃止され，また株式の最低発行価額を 5 万円とする規制もなくなった。

　出資により株式を取得した者は株主となり，株主総会に出席して議決権を行使する権利と，利益の配当や残余財産の分配を受ける権利を取得する。これらは 1 株式につき 1 つずつ平等に与えられた権利である。

　しかし会社は，これらの権利内容に差異がある数種の株式を発行することができる。優先株式，**普通株式**，劣後株式などの区分がそれである。**優先株式** は，利益配当や残余財産の分配について，普通株式よりも優先的な地位を認められた株式であり，**劣後株式**は普通株式よりも不利な取扱いを受ける株式である。株主の中には，株主総会での議決権行使よりも，配当を優先的に受ける方を好む者が存在することから，利益配当に関する優先株式は無議決権株式として発行される場合が多い。

| 株式会社の資本金 |

　会社が発行する株式に対して，株主が会社に払い込んだ金額は，その全部を **資本金** とするのが原則である。しかし発行価額の 2 分の 1 までは資本金としないことが，会社法によって許容されている。たとえば 1 株式を 8 万円で発行した場合は，半分の 4 万円だけを資本金とすればよく，残りの 4 万円は資本金に組み入れなくてもよいのである。

　後で説明するように，会社法は現金配当など会社の財産の社外流出を伴う分配を行うつど，利益の一部を利益準備金として社内に積み立てることを要求している。この積立は，後述する資本準備金と利益準備金の合計額が，資本金の 4 分の 1 に達するまで行われなければならない。しかも会社法はこれを分配不可能な部

分としている。このため資本金の額が多いほど分配不可能とされる利益も多くなる。したがって，企業はそのような拘束額を最小にする目的で，会社法上の最低限度しか資本金に組み入れないのが普通である。かつて株式会社の資本金は，1000万円以上でなければならないとされていたが，会社設立の妨げとなるため，この最低資本金制度は2006年5月から廃止された。

資本金に組み入れた部分は，会社法上の法定資本となる。資本金に組み入れない部分は **資本準備金** として積み立てなければならない。

創立費と開業費

会社を成立させるには種々の支出が必要となる。①定款作成費・株券印刷費・銀行手数料・事務所賃借料など，会社が負担する設立費用，②会社の設立を企画し実行した発起人への報酬，および，③設立登記の登録免許税がそれである。

これらを負担しなければ会社は法的に成立せず，収益を獲得することもできないから，その支出の効果は会社の存続期間の全体に及ぶ。したがってこの場合には，支出額をいったん **創立費** という名前の資産として繰り延べたうえで，それを徐々に取り崩して費用に計上することにより，将来の収益に分散して負担させるのが合理的である。

会社は法的に成立した後にも，営業を開始するまでの間に，開業準備のためにさまざまな支出を行う。たとえば開業準備中の建物賃借料，広告・宣伝費，借入金利息，電気・ガス・水道料などがこれである。これらの支出をしなければ，営業を開始して収益を獲得することはできないから，このような支出もまた創立費と同様に，**開業費** という名前で資産計上するに値する。創立費や開

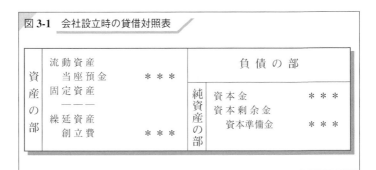

図 3-1　会社設立時の貸借対照表

資産の部			負債の部		
	流動資産				
	当座預金	＊＊＊	純資産の部		
	固定資産			資本金	＊＊＊
	───			資本剰余金	
	繰延資産			資本準備金	＊＊＊
	創立費	＊＊＊			

業費を貸借対照表に資産として計上するには，資産の部の最後に**繰延資産**の区分を設け，ここに記載することになる。

　しかしこれらの項目は換金価値を有しないため，債権者保護の観点から，支出の時点で営業外の費用として会計処理するのが原則とされている。また収益との対応関係を重視して資産計上した場合でも，早期に取り崩すのが望ましい。このため資産計上した創立費については会社の成立後5年以内に，また開業費については営業開始後5年以内に，毎決算期において規則的な方法で償却を行うことが求められている。これらの償却費は営業外の費用として処理される。

会社設立時の貸借対照表

　株主の払込額は，それを受け入れる銀行の特別な口座に蓄積された後，会社の設立時には当座預金の口座へ振り替えられる。その一部が創立費として支出され，繰延資産の1項目として取り扱われたとしよう。また株主からの払込額は，会社法の規定に従い，資本金と資本準備金に区分されたとした場合，会社設立時の貸借対照表は**図 3-1** のようになる。

会計上の資産とは何か。歴史的にみた場合，資産の概念は次の3つの段階を経て，こんにちの考え方に進化してきた。

まず最初に登場した資産概念は，換金可能性をもった財貨や権利を資産とする考え方である。ここでは財務諸表の目的が企業の債務弁済能力の表示に求められ，資産は債務弁済の手段となる換金可能性をもった項目だけに限定される。したがって創立費・開業費・社債発行費などの繰延資産は，転売して換金することができないから，資産には含まれない。

第2の資産概念は，会計の目的を利益計算に求め，貸借対照表を利益計算の補助手段として位置づける考え方のもとでの概念である。ここでは資産は，収入・支出の計算と収益・費用の計算の期間的な食い違いを調整するために，貸借対照表の借方に計上される項目であると定義される。これには，①商品や機械のように，支出されたがまだ費用になっていないもの，②売掛金のように，収益に計上されたがまだ収入として回収されていないもの，および，③貸付金のように，支出されたがまだ収入として回収されていないもの，という3種類の項目が含まれる。繰延資産も①に該当する項目である。

こんにち，最も多くの支持を得ている第3の概念は，資産とは**用役潜在力**（service potentials）であるとする考え方である。この概念のもとでの資産には，収益の獲得のために直接的なサービスを提供する項目や，それらを購入する手段となって間接的なサービスを提供する項目が含まれる。したがって繰延資産のうち，収益の獲得への役立ちが合理的に期待できないものは，資産の範囲から除かれることになる。資産を経済的資源とみる現在の考え方は，この概念から発展してきたものである。

企業会計基準委員会による『財務会計の概念フレームワーク』は，「資産とは，過去の取引または事象の結果として，報告主体が支配している経済的資源をいう」と定義している。

3 企業の資金調達
●借入金と社債は他人資本，増資は自己資本

自己資本と他人資本 ）企業はその設立時に出資者から払い込ま
れた資金を用いて営業活動を行うが，そ
れだけで十分でなければ，銀行からの借入など他の手段によって
も資金を調達する。また事業が成功して工場などを新増設しよう
とすれば，そのための追加的な資金調達が必要になる。

　企業が調達する資金は，それが株主から調達されたものである
か，株主以外の債権者から調達されたものであるかにより区別さ
れる。株主から調達された資金は，返済の必要がなく，企業の盛
衰と運命をともにすることから「自己資本」と呼ばれる。これに
対し株主以外の債権者から調達された資金は，所定の期限までに
返済されて企業から出ていくことから「他人資本」と呼ばれ，貸
借対照表に負債として計上される。

　会社の設立後に自己資本を調達する最も一般的な方法は，通常
の新株発行による増資である。すなわち会社が新たに発行した株
式を売りに出し，その購入者から払込金を受け入れて，会社の資
本金を増加させるのである。他方，他人資本を調達する伝統的な
方法は，銀行などの金融機関からの借入金である。また社債とい
う名前の有価証券を発行して他人資本を調達する方法も認めら
れている。

　株式と社債はともに有力な資金調達の手段であるが，両者の間
には次のような相違がある。①株式に対しては，会社の利益に応
じて配当が支払われるが，社債には利益に関係なく前もって定め

られた率によって利子が支払われる。②株式で調達した資金は返済の必要がないが，社債の場合は償還期限までに額面金額の払戻しをしなければならない。③株式の所有者は株主総会で議決権を行使できるが，社債の保有者は経営に参加できない。

| 借　入　金 |

借入金で資金を調達すると，契約に応じて所定の利子を支払うとともに，期日には返済しなければならない。借入金で調達を行うには，証書借入および手形借入と呼ばれる2通りの代表的な方法がある。

証書借入は，借用証書を相手に渡して行う借入の方法であり，その利子は元金の返済期日に元金に追加して後払されるのが通常である。他方，手形借入とは，自分が振り出した，たとえば額面100万円の約束手形を銀行へ持ち込んで，利息に相当する2万円を差し引いた98万円で買い取ってもらうことによる資金調達方法である。したがって利息は前払されていることになる。

手形を自社の取引銀行に持ち込んで融資を受けるのではなく，金融市場で機関投資家に対して発行して資金調達するのに利用される手形を，特に **コマーシャル・ペーパー**（CP）という。この手形の法律上の性質は有価証券とされることから，CP は短期社債とも呼ばれる。近年における紙の手形の電子化により，CP も電子 CP として発行されることが多い。

証書借入であれ手形借入であれ，相手に返済すべき金額は，借入金として貸借対照表の負債の部に計上する。CP は一般の借入金と区別して，短期社債やコマーシャル・ペーパーという項目名で表示される場合がある。これらの借入金のうち，決算日からみて将来1年以内に返済期日が到来する金額は，**短期借入金** として流動負債に分類する。決算日からみて返済期限が1年を超える

金額は，**長期借入金** と呼ばれ，固定負債として取り扱う。

他人資本を調達するもう1つの手段である社債については，次節で解説する。

```
新株発行による増資
```

会社は資金調達の必要が生じたとき，取締役会の決議を経て，発行可能株式数の範囲内で新株式を発行して，自己資本を増加させることができる。このような新株発行は，新しく発行される株式の引受権を誰に与えるかにより，株主割当，第三者割当，募集という3つのケースに区分される。

「株主割当による新株発行」は，すでに株主である者に対して，その持株数に応じて新株式を優先的に引き受ける権利を与えて行う新株発行である。このケースでは，新株式を取得するために株主が払い込む金額は，時価よりかなり低く設定されることが多い。たとえば証券市場での相場が1000円であっても，わずか50円を払い込めば，1株式を引き受けることができるという場合がそれである。すべての株主がこの取扱いを受ける限り，株主間での不公平は生じない。この方式は，かつて株式に1株50円というような額面金額が存在していた時代のうち，1970年頃までは広く採用されていたが，最近ではほとんど行われなくなっている。

「第三者割当による新株発行」は，株主以外の第三者に新株引受権を与える方法である。たとえば関係強化のためにメインバンクや取引先に新株式を引き受けてもらったり，経営が悪化した会社の再建のために特定の株主や銀行に出資を求める場合などに利用される。このケースでは，旧来の株主との間で不公平が生じないようにするために，新株式の発行価額は時価に近い金額でなければならず，時価よりかなり低い価額で発行するには，株主総会

の特別決議を経なければならない。

　最後に,「募集による新株発行」は公募増資とも呼ばれ,特定の者に新株引受権を与えるのではなく,広く一般に呼びかけるなどの方法で,応募者を募って行う方式である。この場合も,旧来の株主との公平を保つため,新株式の発行価額は時価に近い金額とされる。この方式は **時価発行増資** と呼ばれ,同じ数の新株を発行しても,よりいっそう多くの資金を調達できるため,最近の上場会社などの新株発行では,この方式が主流になっている。

　会社が採用する増資の形態がいずれであれ,新株の発行価額は,その全額を資本金に組み入れるのが原則である。しかし,発行価額の2分の1までは資本金に組み入れないことができる。資本金に組み入れない部分を資本準備金として積み立てるべきことは,会社設立の場合と同じである。

　新株発行にも,募集のための広告費,銀行や証券会社の取扱手数料など,種々の経費がかかる。これらの支出額は,その時点で営業外の費用とするのが原則であるが,**株式交付費** という名称で繰延資産の1項目として計上してもよい。資産計上した場合は,株式の交付後3年以内に,毎決算期に規則的な方法で取り崩して費用に計上しなければならない。

4 社　　債

●普通社債, 転換社債, 新株予約権付社債

各種の社債による資金調達

社債 は,株式会社に限らず,どの形態の会社でも発行が認められた債券である。会社法で発行が認められた社債に

は，普通社債，転換社債，新株予約権付社債の３種類がある。このうち転換社債と新株予約権付社債は，後で新株式が発行される可能性があり，そのときには自己資本が増加して，新株発行による増資と同様の結果を生じる。

　普通社債 は，その発行企業が購入者に対して，満期日まで定期的に所定の利子を支払うとともに，満期日にそれを償還して額面金額の返済を行うことを約束した債務である。他方，**転換社債** はそのような普通社債の性質に加えて，その所有者が要求すれば一定の条件で株式に転換できる権利が付与された社債をいう。また **新株予約権付社債** は，その保有者が前もって決められた金額を払い込んで新株式を引き受ける権利が付与された社債である。

　転換社債と新株予約権付社債は，普通社債に転換権または新株予約権を付加して社債投資の魅力を高めることにより，企業の資金調達を促進するのに役立っている。また普通社債より低い利率で発行できること，新株発行の可能性がある点で自己資本の充実にも役立つなどの利点がある。

　普通社債の発行と償還

　普通社債は，発行後に定期的に利息が支払われ，満期日またはそれ以前に償還される。社債の発行から償還までの会計処理の要点は次のとおりである。

　(1)　社債は取締役会などの決議によって発行される。普通社債の場合には，社債の総額・利率・発行価額・期間・償還方法などが，その決議において決定される。

　(2)　社債の発行後償還までの期間の所定の利払日には，前もって定められた利率で社債利息が支払われる。社債利息は，経常的な金融活動からの費用として損益計算書に計上する。

(3) 社債は額面金額よりも安い発行価額で募集されることが多い。社債の利子率が低かったり，無事に償還されるか不安があれば，額面どおりの金額で発行しようとしても買い手がつかない。そこでたとえば額面 100 万円の社債を 94 万円で発行するというような割引発行が行われる。そのような社債は，額面を下回る実際の発行価額で負債に計上する。

しかし満期日には額面金額で償還しなければならない。そこで割引発行した社債の負債計上額（この例では 94 万円）と額面金額との差額（6 万円）は，満期日までの各年度（たとえば 3 年）に規則的に配分（均等額なら毎年 2 万円ずつ加算）し，社債の負債計上額を額面金額へと調整する。配分された金額（2 万円）は社債利息として追加計上される。この会計方法を **償却原価法** という。

(4) 社債の発行には，募集の広告費，銀行や証券会社の取扱手数料などの費用が必要となる。これらの金額は支出時に営業外の費用として計上するのが原則である。しかし調達された資金は，その後の経営活動に利用されて利益の獲得に貢献するから，**社債発行費** という名称で繰延資産の 1 項目として計上することが認められている。資産計上した社債発行費は，満期日までの毎決算期において規則的な方法で徐々に取り崩して，営業外の費用として計上しなければならない。

(5) 社債の償還には，満期償還と途中償還がある。途中償還は，満期日に全額を一時に償還するのに要する資金の負担を緩和するために行う。途中償還にもさまざまな方式があるが，わが国で広く用いられているのは定時償還と繰上償還である。定時償還は，社債発行後一定期間を据え置いた後に，定期的に一定額ずつの社債を段階的に償還していく方式であり，繰上償還は満期日前に社

債の全額を一括して償還する方式である。これらの途中償還が行われた場合には，償還された部分に対応する社債発行費の未償却残高を取り崩さなければならない。

転換社債と新株予約権付社債

転換社債は，株式に転換できる権利を付与された社債である。したがってその発行に際して会社は，株式への転換の条件を前もって決議したうえで投資者に公表しておかなければならない。この条件は，社債の額面価額のたとえば600円分で1株式の交付を受けることができるというようなかたちの「転換価格」によって決められる。そしてその会社の株価がどんなに高くなっても600円分の社債で1株式を受け取れるから，株価が転換価格を超えると，株式への転換請求が増える。株式への転換が行われると，社債は消滅して株式が発行される。

他方，新株予約権付社債は，所定の金額の払込により，新株式を引き受ける権利を付与された社債である。したがってその発行に際して会社は，新株予約権の「行使価格」——何円の払込により新株式1株を引き受けることができるか——を前もって決議し，投資者に公表しておかなければならない。この社債の保有者は，会社の株価がどんなに高くなっても前もって決められた行使価格分の払込をすることで1株式を受け取れるから，株価が権利行使価格を超えると，新株予約権の権利行使が行われる。権利行使には，行使価格に相当する現金の払込が必要とされる。これによって新株式が発行され，社債部分は新株予約権のない普通社債に変化して存続する。

このことからも明らかなように，新株予約権付社債の発行時に払い込まれる金額は，社債本体の部分と新株予約権の評価額から

構成される。このうち社債本体は負債とされるが，新株予約権は
やがて自己資本の一部となるから，純資産の部に掲載する。ただ
しまだ株式は発行されていないから，すでに株主である者からの
出資額を収容する「株主資本」とは区別して，**図3-2**のように新
株予約権として表示する。

各種の資金調達後の貸
借対照表

図3-1として示した会社設立時の貸借対
照表を基礎として，これに各種の資金調
達が行われた場合に登場する項目を含め

て作成した貸借対照表は図3-2のようになる。なお，繰延資産に
該当する項目は，支出の時点で費用として会計処理してもかまわ
ないが，ここではすべて資産計上するものとして取り扱っている。

図3-2　各種の資金調達後の貸借対照表

| 資産の部 | 流動資産
　当座預金　＊＊＊

固定資産
　———

繰延資産
　創立費　＊＊＊
　開業費　＊＊＊
　株式交付費　＊＊＊
　社債発行費　＊＊＊ | 負債の部 | 流動負債
　短期借入金　＊＊＊
　コマーシャル・ペーパー　＊＊＊
固定負債
　長期借入金　＊＊＊
　社　債　＊＊＊
　転換社債　＊＊＊
　新株予約権付社債　＊＊＊ |
| | | 純資産の部 | 株主資本
　資本金　＊＊＊
　資本剰余金
　　資本準備金　＊＊＊
新株予約権　＊＊＊ |

有限責任　　授権資本制度　　普通株式　　優先株式　　劣後
株式　　資本金　　資本準備金　　創立費　　開業費　　繰延
資産　　用役潜在力　　コマーシャル・ペーパー　　短期借入
金　　長期借入金　　時価発行増資　　株式交付費　　社債
普通社債　　転換社債　　新株予約権付社債　　償却原価法
社債発行費

演習問題
Exercises

1　こんにちの経済社会では株式会社の形態をとる企業が最も繁
栄しているが，その一因は資金調達上の有利性にあるといわれ
る。株式会社は資金調達上どのような点で有利かを考えてみよ
う。

2　企業が資金を調達するにはさまざまな方法があるが，どの方
法を選択するかを決定するにあたって考慮すべき事項は何だろ
うか。

3　企業の設立や資金調達に関連する各種の繰延資産について，
それぞれの名称と内容，および資産計上後の取扱いを整理して
みよう。

参考文献
Reference

この章からは，企業が営む個々の活動を取り上げて，それが財
務諸表に集約される過程を説明している。そのような財務諸表の
作成は，ルールとしての会計基準に従って行われるので，公表さ
れた会計基準は財務会計の学習にとって重要な参考文献である。

この章に関係する会計基準には次のものがある。

◉企業会計基準委員会［2006］「実務対応報告第 19 号：繰延資
　　産の会計処理に関する当面の取扱い」（最終改正 2020 年）。

　企業による資金の調達や運用を取り扱う「経営財務」は，財務
会計と密接な関係をもつ隣接科学である。

◉砂川伸幸［2017］『コーポレートファイナンス入門（第 2 版）』
　　日本経済新聞出版社。

◉米澤康博・小西大・芹田敏夫［2004］『新しい企業金融』有斐
　　閣。

◉花枝英樹［2005］『企業財務入門』白桃書房。

◉小林孝雄・芹田敏夫［2009］『新・証券投資論　Ⅰ 理論篇』日
　　本経済新聞出版社。

　会計情報の公表が証券市場や経営財務に及ぼす影響を分析した
研究書として次の文献がある。

◉柴健次・須田一幸・薄井彰編著［2008］『現代のディスクロー
　　ジャー──市場と経営を革新する』中央経済社。

　本書には次の論題の分析が収録されている。川北英隆「株式市
場とディスクロージャー」，首藤昭信「社債市場とディスクロー
ジャー」，音川和久「マーケット・マイクロストラクチャー」，竹
原均「資本コストとディスクロージャー」。

第4章

仕入・生産活動

営業活動のスタートは仕入と生産

本章のサマリー **SUMMARY**

　企業は「仕入→生産→販売→回収」という4ステップからなる営業循環を繰り返すことによって利益を獲得する。この章で取り上げる仕入活動と生産活動は，営業循環の最初に位置する重要なステップである。

　商業を営む企業は，市場で完成品を仕入れ，その購入代価に付随費用を加算した額をもって，取得原価とする。メーカーは原材料を仕入れ，これを加工して完成品にするが，それまでにかかった製造コストを集計する「原価計算」の手続きを経て，製品1単位当たりの取得原価を決定する。企業が商品や製品を保有している間に，その市場価格が値上がりしても評価額を引き上げず，当初の取得原価のままで評価するのが現在の原則的な取扱いである。

　なお企業活動には，毎月の賃金給料以外にも賞与や退職金など多くの人件費が必要となる。賞与や退職金は後払賃金であるから，将来の支払額のうちの各年度の負担分を決算時に計算して，毎期の計算に含めなければならない。このようにして把握した各期の人件費のうち，工場で働く人々の分は製品の製造原価の一部となり，営業所や本社で働く人々の分は損益計算書に費用として計上する。

1 営業循環と棚卸資産
●仕入・生産・販売・回収の繰り返し

　企業は，それぞれの **営業循環** を反復的に繰り返すことにより，事業を営んでいる。たとえば製造業では，下の図が示すように，①原材料などの仕入，②製品やサービスの生産，③製品やサービスの販売，④販売代金の回収，という一連の活動がその過程である。商業を営む企業は，仕入れた商品をそのまま直接に販売するため，生産の過程がない。営業循環の最後で回収された代金は，再び原材料や商品の仕入に充当され，営業循環が繰り返されていく。

　これら4つのステップからなる営業循環のうち，本章では仕入と生産のステップを取り上げる。これに関連して，貸借対照表の資産として登場する項目は，商品・製品・原材料・半製品・仕掛品・貯蔵品の6項目であり，これらは **棚卸資産** と呼ばれる。次の図は，これらの項目を営業循環の中に位置づけたものである。

　会計では，完成品を他企業から購入した場合は **商品** と呼び，自社生産の場合は **製品** と名づけて区別している。生産に投入する **原材料** も重要な棚卸資産である。自社生産の未完成品のうち，未完成のまま販売できる市場があるものは **半製品**，市場がない

ものは **仕掛品** として区別する。このほか荷造用品や事務用および工場用の消耗品のような **貯蔵品** も棚卸資産に含まれる。

　棚卸資産の会計については，次の３つのポイントがある。①仕入や生産の時点で，貸借対照表に資産として計上する金額を決定すること，②資産として計上された金額を，販売や使用によって売上原価などの費用になる部分と，未使用であるため資産のまま繰り越す部分に配分すること，および，③未使用部分については期末に価値を評価して貸借対照表に計上する資産額を決定すること，の３点がそれである。

　このうち本章では，①の問題を取り上げる。②と③の問題は次章で説明する。

2　商品の仕入と買入債務
●商品の評価が利益に及ぼす影響

　　　取得原価　　　　企業が販売目的で外部から購入した財貨は，商品として貸借対照表に計上する。その金額は，購入代価に付随費用（引取運賃，購入事務費など）を加えて決定する。このようにして決定された金額は，その商品の取得に要したコストという意味で，**取得原価** と呼ばれる。

　購入代金はさまざまな理由で引き下げられることがある。品質の不良などの理由で単価の切下げを受けた額を **仕入値引** という。また多額の購入をしたことによって代金の減額を受けた分を **仕入割戻** という。たとえば１ヵ月当たり1000万円以上の購入をすれば，超過分の代金の5％を減額するという約束で取引をしていて，ある月の仕入額が1200万円に達したため，その超過分200

万円の5%に相当する10万円の減額を受けたケースがそれである。仕入値引や仕入割戻を受けた場合は，その金額を控除した残額を，商品の取得原価とする。

　仕入割戻に類似するものとして，**仕入割引**がある。これは購入代金の早期支払に伴う代金の一部免除額をいう。たとえば取引の2ヵ月後に代金を支払うのが一般的な業界で，代金を5日以内に支払うときは1%を減額することが約束されている場合に，100万円の商品を仕入れてただちに現金で支払ったため，1万円の減額を受けたケースがそれである。この1万円は早期支払に伴う金利の性質を有するため，商品の取得原価から控除するのではなく，金融上の収益として損益計算書に計上する。

　消費税の取扱いには，税抜方式および税込方式という2通りの方法が考えられる。たとえば10万円の商品を仕入れ，1万円の消費税を加えた11万円を支払った場合，税抜方式では商品の取得原価は10万円とされる。これに対し税込方式では，消費税を含めた11万円が取得原価となり，この商品が売れたときには11万円が売上原価として費用に計上される。しかし消費税は，消費者に課される税金であり，企業が負担すべき費用ではないから，税抜方式の適用が求められている。

各種の評価基準とその影響

　仕入れた商品は，その取得に要した支出額としての取得原価で評価し，それを保有している限り，そのままの金額で貸借対照表に計上し続けるのが現在の実務である。

　これに対し，理屈のうえでは次のような評価方法を採用することも考えられる。1つは，保有中の商品の仕入価格の変化に合わせて，決算のつど評価額を変えていく方法である。このような評

価額は，保有中の商品を現時点で取り替えるのに要するコストという意味で，**取替原価**と呼ばれる。いま1つは，取得した商品を販売価格で評価し，これが変化するのに合わせて，決算のつど評価額を変えていく方法である。販売価格から販売に要する費用を差し引いたこの評価額は，販売によって実現できる収入の純額という意味で，**純実現可能価額**とか**正味売却価額**と呼ばれる。

現在の実務では商品は取得原価で評価されているが，もし取替原価や純実現可能価額で評価するとしたら，利益計算にどのような影響が生じるであろうか。このことを次の設例によって具体的に考えてみよう。

ある企業が，商品を第1期に仕入れて，第2期中は保有し続け，第3期に販売したとしよう。各期におけるこの商品の購入価格と販売価格は次のとおりである。したがってこの企業は，第1期に100円で仕入れた商品を，第3期に200円で販売したことになる。

	第1期	第2期	第3期
	（仕入）	（保有）	（販売）
購入価格	100円	110円	130円
販売価格	180円	185円	200円

商品の評価基準として，取得原価・取替原価・純実現可能価額のそれぞれを採用した場合の各期の商品の評価額と，計上される利益額は**表4-1**のとおりである。

商品を取得原価で評価するとき，販売が行われる第3期まで商品は100円のままとし，販売時点で100円の利益を計上する。取替原価で評価する場合は，商品の購入価格の値上がりに伴い，第2期と第3期にそれぞれ10円と20円の保有利得を計上し，販売

表4-1　商品の評価と利益計算

期	取得原価	取替原価	純実現可能価額
1	商品　100 円	商品　100 円	商品　180 円 商品購買利益 180 − 100 = 80 円
2	商品　100 円	商品　110 円 商品保有利得 110 − 100 = 10 円	商品　185 円 商品保有利得 185 − 180 = 5 円
3	販売前の商品 　　　　　100 円 商品販売利益 200 − 100 = 100 円	販売前の商品 　　　　　130 円 商品保有利得 130 − 110 = 20 円 商品販売利益 200 − 130 = 70 円	販売前の商品 　　　　　200 円 商品保有利得 200 − 185 = 15 円 商品販売利益 200 − 200 = 0 円

時点で 70 円の利益を計上する。これに対し純実現可能価額で評価すれば，購入時点でただちに販売価格との差額の 80 円を購買利益として計上し，後は販売価格の上昇に伴って保有利得を計上していくことになる。

　このように商品の評価をどうするかにより，各期間に計上される利益額が影響を受ける。しかし 3 期間を通してみれば，利益の合計額は 100 円で一致していることがわかる。なお現在の実務において，資産が取得原価で評価され，実際の販売時点まで利益を計上しないのは，たとえ商品の価格が値上がりしても，その価格で売れる保証がないため，確実性を重視したことによる。この点は第 5 章で詳しく解説する。

買掛金と支払手形

商品や原材料を仕入れた場合，その代金については，①ただちに現金や小切手で

支払ったり銀行振込をする以外に，②ただちには支払わず，将来の一定日までに支払うことを約束する方法（これを掛仕入という），および，③将来の一定日を支払期日とした手形を作成し，これを仕入先に渡す方法などがある。

掛仕入をすれば **買掛金** という負債が生じ，手形を渡せば **支払手形** という負債が生じる。買掛金と支払手形は，商品や原材料の買入れに伴って生じることから買入債務とも呼ばれ，営業循環のプロセス内にあって短期に支払われることから，流動負債に分類される。

なお，買掛金に類似するものとして **未払金** がある。商品や原材料など，企業の営業循環と直接的に関係する財貨の購入代金を支払っていない場合が買掛金である。これに対し未払金は，機械や有価証券などのように，営業循環のステップには含まれない財貨を購入した場合の未払代金であり，買掛金とは区別される。

3 製品の製造原価

●製品1個当たりのコスト計算

原価計算

商業を営む企業は完成品を商品として仕入れるから，その取得原価は仕入代金からただちに計算することができる。これに対しメーカーは，仕入れた原材料にさまざまなコストを投入して加工し，製品を完成させる。したがってメーカーが製品の取得原価を決定するには，製品の完成までにかかったコストを集計して，完成品1個当たりの原価を計算しなければならない。

この手続きを **原価計算** という。企業が原価計算を行う場合に

遵守しなければならない基準として，企業会計審議会の「原価計算基準」がある。

　原価計算の代表的な形態には，実際原価計算，標準原価計算，直接原価計算という3つがある。**実際原価計算** は，財貨やサービスの実際消費量と，実際の取得価格を用いて製品の原価を計算する方法をいう。また **標準原価計算** は，財貨やサービスの消費量を科学的・統計的調査に基づいて能率の尺度となるように設定し，これに予定価格または正常価格を用いて，製品の原価を計算する方法である。さらに **直接原価計算** は，製造に要する諸費用を，生産量に比例して発生する変動費と，生産量が変化しても発生額が変化しない固定費に分類し，変動費だけを用いて製品の原価を計算する方法をいう。

　このうち財務諸表の作成にあたり，製品などの取得原価として採用することが認められているのは，実際原価計算または標準原価計算によって算定された製品単位当たりの原価数値である。直接原価計算における製品単位当たりの原価は固定費を含まないから，財務諸表の作成にあたって採用できる適切な取得原価とは認められない。

　原価計算の具体的な手続きは，企業の実状によって多様であるが，単一の製品だけを見込生産する場合の実際原価計算において，必要最小限の手続きは次の3段階からなっている。これを営業循環の順序に従って表したのが**図 4-1** である。

　まず第1に，生産に要する費用を材料費・労務費・経費に分けて把握する。各区分に含められる具体的な製造費用には，次のような項目がある。この合計額を当期総製造費用という。

（1）　材料費——素材費（たとえば製鉄業の鉄鉱石），買入部品費，

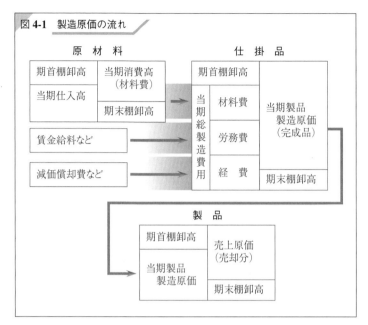

図4-1 製造原価の流れ

燃料費，工場消耗品費など

(2) 労務費——工場で働く人々の賃金給料，福利費（健康保険料など），賞与，退職給付引当金繰入額（将来の退職金のうち当期の負担分）など

(3) 経費——減価償却費，外注加工費，電気・ガス・水道料，工場保険料，修繕費など

次に，当期総製造費用を期首の未完成品の金額（期首仕掛品棚卸高）と合算のうえ，その合計額を，期末までに完成した部分（当期製品製造原価）と未完成部分（期末仕掛品棚卸高）に配分する。

そして最後に，完成品に配分された当期製品製造原価を，完成品の数量で除した値が，製品単位当たりの取得原価となる。この取得原価は，その製品が販売されたときに売上原価となり，売上

図 4-2　製造原価明細書の様式

製 造 原 価 明 細 書	
材料費	12,500
労務費	9,600
経　費	4,000
当期総製造費用	26,100
期首仕掛品棚卸高	5,300
合　計	31,400
期末仕掛品棚卸高	2,400
当期製品製造原価	29,000

仕　掛　品

期首　　5,300		
当期総製造費用	材料費　12,500	当期製品製造原価（完成品）29,000
	労務費　9,600	
	経　費　4,000	期末　2,400

高と対比するかたちで損益計算書に計上する。また期末に売れ残っている部分は，貸借対照表に流動資産として記載する。

　　製造原価明細書　　製造業を営む企業では，製造費用を集計して計算する製品の製造原価の動向が，経営成績に重要な影響を及ぼす。このため金融商品取引法に基づくディスクロージャー制度の適用を受ける企業は，そのような製造原価を明らかにするため，**図 4-2** に示すような様式の **製造原価明細書** を作成し，損益計算書に添付して公表するよう求められてきた。しかし 2014 年 3 月決算期からは，企業別の財務情報の簡素化のため，セグメント情報（第 11 章第 8 節参照）を公表する企業には，製造原価明細書の公表が免除されるようになった。

4　人材の雇用と人件費

●月給とボーナスと退職金

　　各種の人件費　　企業経営のためには，商品や原材料を仕入れるだけでなく，有能な人材を雇用し

図4-3　人件費の内訳

毎月支払う額 ┬ 賃金給料（基本給＋諸手当）
　　　　　　　│　ここから源泉所得税と従業員負担分の社会保険
　　　　　　　│　料を控除した残額が従業員への支払額になる。
　　　　　　　└ 福利費（社会保険料の企業負担分）

半年ごとに支払う額——賞与（ボーナス）

退職時に支払う額——退職金（退職年金または退職一時金）

て活用することが不可欠である。特にメーカーでは工場での生産に多くの労働力を必要とする。ここでは人件費の会計について説明する。

図4-3は，企業が人材を雇用した場合にかかる主要な人件費を要約したものである。人件費は，その支払時期により，①毎月支払う額，②半年ごとに支払う額，③退職に伴って支払う額の3種類に分類できる。

毎月支払う額には，従業員個人への賃金給料と，国に納める法定福利費がある。賃金給料は，基本給に各種の手当（通勤手当，残業手当など）を加算して計算する。しかし実際に従業員に支払われるのは，ここから源泉所得税と従業員負担分の社会保険料などを控除した残額である。

源泉所得税は従業員の賃金給料などにかかる税金であり，企業が預かって国に納めている。また健康保険料や失業保険料などの社会保険料は，その半分が従業員負担分，残りの半分が企業負担分とされている。したがって，従業員負担分の社会保険料も賃金給料から控除して企業がいったん預かり，企業負担分と合わせて

国に納めることになる。この結果，企業が従業員から預かってま
だ国に納めていない源泉所得税や社会保険料は，「従業員預り金」
などの名前で流動負債として貸借対照表に計上される。

このほか従業員には，夏と冬の年2回，賞与（ボーナス）が支
給されるのが普通である。また労働契約などで規定されていれ
ば，退職時に退職金が支払われる。退職金には，退職時に一括し
て全額を支給する退職一時金と，これを何年間かにわたり分割し
て支給する退職年金の方式がある。

| 賞与引当金 |

わが国では夏と冬の年2回に分けて，賞
与が支払われるのが普通である。たとえ
ば図 **4-4** が示すように，冬の賞与は7月から12月までの半年間
の従業員の勤務を評価して12月に支給され，夏の賞与は1月か
ら6月の勤務を評価して6月に支給されるとしよう。ただし企
業の決算日は3月末日である。

このとき企業の会計期間と賞与支給の対象期間がずれている
ことにより，次の問題が生じる。すなわち当期中に支払われた賞
与の金額は，6月の36万円と12月の40万円を合わせた76万円
であるが，この金額を当期の人件費とするのは正しくないのであ
る。賞与の支給の対象期間に基づく正しい計算は次のようになる。

4〜6月分	36万円 ×3/6 = 18万円
7〜12月分	40万円
1〜3月分	48万円 ×3/6 = 24万円
	計　82万円

最後の24万円は，次期の6月に支払う見込みの48万円のう
ち，当期（1〜3月）が負担すべき金額である。これに見合う労
働力はすでに消費したが，まだ支払をすませていないから，企業

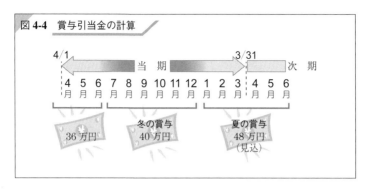

図 4-4 賞与引当金の計算

4/1 ————— 当　期 ————— 3/31 ————— 次　期

| 4月 5月 6月 | 7月 8月 9月 10月 11月 12月 | 1月 2月 3月 | 4月 5月 6月 |

36 万円　　　　冬の賞与 40 万円　　　　夏の賞与 48 万円（見込）

としては債務を負っていることになる。この債務を流動負債の 1 項目として貸借対照表に計上したのが **賞与引当金** である。この引当金は，将来の賞与の支払に備えるために，当期が負担すべき額を決算日に見積もって計上した負債であり，これと同額が「賞与引当金繰入額」という名前で当期の人件費に含められる。

　なお，取締役や監査役など会社の役員に支給する **役員賞与** は，かつては利益の分配として会計処理されてきた。しかし役員賞与も労働の対価である点で，従業員の賞与と何ら変わりはない。したがって現行の会計基準では，来るべき株主総会で承認を予定している金額について，期末決算時に従業員の場合と同様に役員賞与引当金を設定し，その繰入額を一般管理費の 1 項目として損益計算書に計上するようになった。

企業年金と退職給付引当金

　賞与に関する上記の問題は，労働力が先に消費されて，その支払が後になることから生じるものであるが，退職金についてもこれと同じことが，もっと大きなスケールで生じる。すなわち，従業員が何十年も勤務する過程で労働力が消費され，それに見合う報酬が最後の退職時に一時金として支払われたり，退職後

に年金のかたちで分割して支払われるのである。

　たとえばX1年4月に入社した社員が35年間の勤続後の退職時に受け取る退職金を，会社の内規に従って算定したところ1750万円と推定されたとしよう。このうち，X2年3月末の決算日までにこの社員が提供した労働力に見合う退職金を均等割で計算すれば，当期分は［1750万円÷35年＝50万円］となる。しかしこの額がそのまま現時点での会社の支払義務の額を表すわけではない。なぜならばX2年3月末からみて，退職金が支払われるのは34年後であるため，この間に増殖する金利部分を除かないと，当期末時点での評価額にならないからである。

　今，利子率が2％であるとすると，34年後の50万円の現時点での評価額は［$500,000 \div (1 + 0.02)^{34} = 500,000 \div 1.9606760 = 255,014$］となる。したがって，会社はこの社員に支払義務を負う退職金に関して，255,014円を当期末に **退職給付引当金** という項目名で，負債を計上しなければならないことになる。またこれと同額が，**退職給付費用** という項目名で，当期の人件費として利益計算に反映されなければならない。なお，この計算の利子率としては，長期国債のような安全性の高い長期債券の期末の利回りが用いられる。

株式による報酬

最近は，主として会社の役員や幹部従業員を対象として，金銭ではなく自社の株式を取得する権利を付与する報酬制度を導入する企業が増えている。この権利の付与が勤労意欲を促進し，業績が向上して株価が高くなれば，株主の利益にもなることを狙った制度である。

　その1つが **ストック・オプション** であり，そこではあらかじめ定められた価格で自社株を取得できる権利が付与される。これ

　賞与引当金や退職給付引当金は，企業が労働力を消費したことに関連して，将来に支払うべき賞与や退職金のうち，当期に負担すべき部分を当期の費用に含めるとともに，未払分を企業の債務として計上するための負債の項目である。これと類似する項目は，ほかにもいろいろ存在し，「引当金」と呼ばれている。

　すなわち引当金とは，①将来の特定の費用または損失に関係するものであって，②その発生の原因が当期またはそれ以前の期間の事象に由来し，③発生の可能性が高く，かつ，④その金額を合理的に見積もることができる，という4つの条件を満たす場合に，当期の負担額を費用または損失に含めるとともに，将来の支払義務を負債（または資産からの控除額）として計上するための項目である。

　このような項目が計上される背後には次のような考え方がある。すなわち，売上高などの収益の獲得に貢献した項目は，たとえまだ支払が行われていなくても，関連する金額を当期に費用として計上することにより，適切な利益計算を行おうとする考え方である。

　このようにして計上される引当金には，次のようなものがある。将来に機械などの修理を行う場合の支出に備えて設定する「修繕引当金」，故障が生じたら製品を無料で修理することを約束して販売を促進した場合の「製品保証引当金」，掛売上によって販売を促進した場合に将来に売掛金の一部が回収できなくなることに備えて設定する「貸倒引当金」がその例である。

　多くの引当金は企業にとっての債務であり，負債の部に計上されるため負債性引当金と呼ばれるのに対し，貸倒引当金は売掛金などの資産から控除して示されるため，評価性引当金と呼ばれることがある。

とは別に，会社が報酬として自社株の無償交付を条件付きで約束しておき，勤続年数や業績水準などの条件が達成された時点で，株式を実際に交付する **株式報酬制度** もある。これらの権利を得た者は，経営に全力投球して株価が大きく上昇しても，無償または安価で株式を取得できるので，この権利の経済的価値は高い。

したがって会社は，これらの権利を付与した時点で，その権利の価値を評価して人件費として計上し，これと同額を貸借対照表の純資産の部に計上する。純資産の部で表示する項目名は，株式報酬制度では「株式引受権」とされ，ストック・オプションでは「新株予約権」とされる。金銭の出資に代えて，優秀な労働が提供されると考えるのである。

| 人件費と財務諸表 |

これまでの説明で明らかなように，企業が負担する人件費が，①賃金給料および福利費，②支払賞与および賞与引当金繰入額，③企業年金掛金および退職給付費用に区分して集計されることになる。

他方，従業員はその勤務の場所や内容により，工場で生産に従事する人々，営業所で販売活動をする人々，および本社で管理活動をする人々という3つのグループに分けることができる。

このうち工場で働く人々の人件費は，労務費として製品の原価に含められ，売れた製品の原価が売上原価として損益計算書に計上されることは，すでに説明したとおりである。営業所と本社で働く人々の人件費は，販売費及び一般管理費として損益計算書に含められる。図4-5 はこの関係を図示したものである。

また図4-6 は，人件費の関係項目も含めて，企業の仕入および生産活動に関連して登場する項目に焦点を当てて，この章で学習した資産と負債を貸借対照表で表している。

図 4-5　人件費と財務諸表

損益計算書

| 賃金給料および福利費 |
| 支払賞与および賞与引当金繰入額 |
| 企業年金掛金および退職給付費用 |

工場の従業員分 ‥‥ 労務費 → 製品 → 売上原価

営業所の従業員分 ‥‥‥‥‥‥‥‥→ 販売費

本社の従業員分 ‥‥‥‥‥‥‥‥‥→ 一般管理費

図 4-6　仕入・生産活動と貸借対照表

資産の部	流動資産		負債の部	流動負債	
	当座預金	＊＊＊		支払手形	＊＊＊
	商品	＊＊＊		買掛金	＊＊＊
	製品	＊＊＊		従業員預り金	＊＊＊
	原材料	＊＊＊		賞与引当金	＊＊＊
	仕掛品	＊＊＊		固定負債	
	半製品	＊＊＊		退職給付引当金	＊＊＊
	貯蔵品	＊＊＊			
	固定資産		純資産	株主資本	
	繰延資産			資本金	＊＊＊
				資本剰余金	＊＊＊
				株式引受権	＊＊＊
				新株予約権	＊＊＊

本章で学んだキーワード ━━ **KEYWORD**

営業循環　　棚卸資産　　商品　　製品　　原材料　　半製品
仕掛品　　貯蔵品　　取得原価　　仕入値引　　仕入割戻　　仕
入割引　　消費税　　取替原価　　純実現可能価額　　正味売却
価額　　買掛金　　支払手形　　未払金　　原価計算　　原価計
算基準　　実際原価計算　　標準原価計算　　直接原価計算
製造原価明細書　　賞与引当金　　役員賞与　　退職給付引当金
退職給付費用　　ストック・オプション　　株式報酬制度

1. 商品の評価基準として，取得原価，取替原価または純実現可能価額を採用する場合のそれぞれについて，長所と短所を考えてみよう。

2. メーカーが各種の製造費用を投入して製品を完成させ，製品単位当たりの原価を確定するまでのプロセスを，箇条書きで整理してみよう。

3. 退職給付費用は，将来の退職金の支払額を前もって各年度に費用として配分したものであるが，その金額は具体的にはどのように計算すればよいのだろうか。

参考文献

製品の生産コストの計算を論じた名著として次の文献が推奨される。

●廣本敏郎・挽文子［2015］『原価計算論（第3版）』中央経済社。
また本書の姉妹図書として，経営管理のために企業内部で会計データが活用される側面を解説した次の文献も興味深い。

●浅田孝幸ほか［2017］『管理会計・入門（第4版）』有斐閣。
この章のトピックスに関係する会計基準は次のとおりである。

●企業会計審議会［1962］「原価計算基準」。

●企業会計基準委員会［2005］「企業会計基準第4号：役員賞与に関する会計基準」。

●企業会計基準委員会［2005］「企業会計基準第8号：ストック・オプション等に関する会計基準」（最終改正2013年）。

●企業会計基準委員会［2012］「企業会計基準第26号：退職給付に関する会計基準」（最終改正2022年）。

第5章 販売活動

売上の測定と代金回収

本章のサマリー SUMMARY

いかに優れた製品をつくっても売れなければ企業の努力は無に帰す。販売活動が企業の成否を握っているのである。この章では，企業の販売活動をどのようにして会計数値化するのかを説明する。

まず，売上を認識し測定しなければならない。一般的には実現基準で認識される。販売という行為を重視するため，実現基準は販売基準ともいう。なぜ実現基準が一般的なのか。その理由を，①企業の営業循環，②客観的損益計算，および，③収益と費用の合理的対応，という視点で説明する。

売上高の次は売上原価の測定である。企業の販売活動の評価は，この2つの数値を対応させることから始まる。売上原価は商品の払出数量に単価を掛けて算定されるが，企業の業種と規模により，払出数量の把握方法と払出単価の決定方法は異なる。払出数量は，継続記録法と定期棚卸法で把握される。払出単価の決定方法には，個別法，先入先出法などがある。

どの方法を適用するかで，売上原価が異なり，利益の額も違ってくる。ここではテクニカルな説明が続くが，売上原価の測定は財務会計と管理会計の両方に関係するので，しっかりマスターしてほしい。具体的な数値を用いて説明するので，1つ1つフォローすれば十分な理解が得られるだろう。

商品や製品を販売しただけで安心してはいけない。売上債権を確実に回収する必要がある。この章では最後に，その内容を具体的に述べ，不良債権の問題について検討する。

1 売上の認識と測定

　日本経済新聞社が主要上場企業200社の社長に経営目標をアンケート調査したところ，売上高の具体的な数値を目標に掲げる，と答えた企業が多かった。投下資本の効率的運用が叫ばれ，資本利益率（第12章を参照）が強調されるに至ったこんにちでも，依然，経営者は売上高を重要業績評価指標（KPI：Key Performance Indicators）として重視するのである。「量の経営」にこだわり「質の経営」への転換を怠っている，と指摘されることもあるが，ともかく売上高が企業経営で重視されていることは間違いない。では売上高はどのような基準で認識し測定されるのか。

　第2章で示したように，多くの企業では実現基準で売上収益を認識し，収入額基準に従い売上収益を測定する。しかし業種によっては別の基準で収益を認識する方が合理的な場合がある。その多様性を企業の **営業循環**（operating cycle）に基づいて説明しよう。

営業循環と収益の認識基準

　たとえば製造業の営業循環は次のようになる。

①原材料などの仕入→②製品の生産開始→③製品の生産完了
→④製品の販売→⑤販売代金の回収

　このサイクルにおける④の事象が，通常の製造業にとって最も重要なので，この場合は販売という事実が生じた時点で売上を認

識するのが合理的である。これは**販売基準**による収益の認識である。

　これに対して，工期が1年を超えるような長期請負工事をする建設業や造船業の場合，次のような営業循環になる。

> ①工事の受注→②原材料などの仕入→③工事の開始→④工事の完了→⑤引渡し→⑥代金の回収

　もし製造業のように製品の引渡し時点（⑤）で収益を認識し，③から④まで2年以上かかるとすれば，その間，経済活動が行われているにもかかわらず収益は計上されないことになる。これは，長期請負工事という経済活動を会計が忠実に描写していないことを意味する。また，工事契約はすでに締結されているので，建設業や造船業にとって，所有権が移転する⑤の事象は，製造業ほど重要ではない。むしろ工事の進行こそが重要な事象である。

　そこで建設業と造船業などは，③と④の間に工事収益を認識する方が合理的な場合が多い。つまり，工事の進行に応じて収益を認識するのであり，このような会計処理を **工事進行基準** という。

　また，販売代金を一定期間にわたって分割回収する販売方法（割賦販売）を用いる企業は，次のような営業循環になる。

> ①原材料などの仕入→②製品の生産開始→③製品の生産完了→④製品の割賦販売→⑤割賦金の入金→⑥販売代金の全額回収

　割賦販売は通常の販売と違い，代金の回収が長期の分割となるため，途中で回収不能に陥る危険も存在し，割賦金の入金（⑤）が収益の実現にとって最も重要な事象となるケースもある。そ

こでかつて法人税法は，条件を満たす分割払いの取引に関して，売上計上を⑤の時点まで遅らせる会計処理も認めてきた。割賦金の回収分だけ収益を認識するこの方法を **回収基準** という。

　多くの企業にとって，営業循環の中で販売が最も重要な事象であり，したがって販売基準が多く適用される。しかし工事の進行が最も重要な事象である企業には工事進行基準が求められ，割賦販売を行う企業には，回収基準の適用もかつては例外的に認められてきた。

| 収益認識の会計基準 |

損益計算書の冒頭に計上される売上高や営業収益は，企業の業績を左右する最も重要な項目であり，その会計処理については先進国の会計基準が統合されてきた。そのような国際的動向に対応して，日本でも企業会計基準委員会により「収益認識に関する会計基準」が制定され，2021 年 4 月以降に開始する年度から適用されている。この結果，売上高などの収益の計上に関する日本の会計処理は，アメリカの基準や国際会計基準の場合とほとんど同じになっている。

　新基準のもとでは，売上高などの収益は，企業が契約上の履行義務を充足したときに認識することとし，企業から顧客への財やサービスに対する支配の移転が，ⓐ一時点で生じる場合とⓑ一定期間にわたり継続的に生じる場合を区別して，企業による履行義務の充足パターンを 2 通りに分類する。そして，ⓐ一時点で支配が移転する取引には販売基準を適用し，ⓑ継続的に支配が移転する取引には工事進行基準のような生産基準の適用を求めている。しかし履行義務の充足時期から大きく遅れて収益を認識することになる回収基準は，2023 年 4 月以降の開始年度から，法人税法の課税所得計算でも採用できないことになった。

収益認識の新基準は，国際基準の考え方に従い，収益認識を5段階に区分して規定している。①契約の識別と②そこに含まれる履行義務（これが収益認識の単位となる）の特定，③取引価格の算定と④その配分（1契約が複数の履行義務を含む場合），および⑤履行義務を充足した一時点での，または一定期間にわたる，収益の認識という5つのステップがそれである。次の設例でこれを例示しよう。

たとえば当社は，エレベータの生産販売と保守点検サービスの両方を事業内容としているものとしよう。当社は当期首に，エレベータの販売と据付を行い，あわせて当期首から5年間にわたる保守点検サービスを，1380の対価で提供する契約を顧客との間で締結した。当社は，このエレベータの販売と据付だけを行う場合の取引価格を1000としており，また5年間の保守点検サービスだけを提供する場合の取引価格を500としている。

この取引では，①企業と顧客の合意が契約として識別され，②エレベータの販売・据付と保守点検サービスのそれぞれが履行義務となる。③対価となる取引価格は総額で1380であるが，④それぞれを独立に販売する場合の価格の比率1000対500に基づき，この総額をエレベータ分 $[1,380 \times (1,000/1,500) = 920]$ と保守点検サービス分 $[1,380 \times (500/1,500) = 460]$ に配分する。そして⑤ⓐエレベータの売上高は，一時点で充足する履行義務として，据付の完了時に計上し，ⓑ保守点検サービスは一定期間にわたり充足する履行義務として，時の経過に比例して均等額ずつ $[460 \div 5 = 年間 92]$ 収益を認識するのである。

> **一時点と一定期間の区別**

売上収益の計上が，一時点か一定期間かは，企業が契約上の履行義務を遂行するパターンによる。

はじめに，次の3要件のいずれかが満たされれば，その履行義務は一定期間にわたり遂行されるとの判断に基づき，企業は売上収益を一定期間にわたって計上する。ⓐメンテナンス・サービスのように，企業が履行義務を充足するにつれて，顧客が便益を享受する場合，ⓑ顧客の土地で建設業者が行う建物の建設のように，履行義務の充足につれて，資産の創出やその価値増加が生じ，それにつれて顧客がその資産を支配する場合，またはⓒ造船やソフトウェア制作のように，顧客による物理的な占有は生じないが，企業の活動により創出ないし価値増加した資産を，企業が別の用途には転用できず，かつ履行済部分の対価の収受を強制できる権利を有する場合がそれである。

他方，これらのいずれの要件も満たされなければ，販売する商品に対する支配が顧客に移転する一時点で，企業は売上収益を計上することになる。

一定期間にわたる収益の認識では，契約上の対価額を，履行義務の進捗度に比例して各期間に配分する方法が一般的である。たとえば建設会社の工事契約では，見積工事原価総額に占める発生済工事原価の比率をもって，工事の進捗度を測定する場合が多い。

2 売上原価の計算

●売った商品の数と金額を計算する

売上が計上されれば，それとの対応関係を重視して，売上原価

が算定される。したがって販売時点で売上が認識されれば，売上原価も販売時点で計上され，工事の進行度合いに応じて工事収益が認識されれば，工事の売上原価も同様の基準で把握される。売上原価の計上が売上の認識から独立して決定されることはない。なぜなら，同一の基準で計上された売上と売上原価が比較されて初めて，意味のある利益計算となるからである。

　したがって，売上原価の計算については，その認識時点よりも測定方法が問題となる。ここでは商業における売上原価の測定を考えてみよう。製造業では原材料・仕掛品・製品の流れを追うことになり，売上原価の測定はやや複雑である（前章の図 4-1 参照）。しかし商業の場合は，商品の流れを観察すればよく，売上原価の測定は比較的簡単である。

| 払出数量の決定 |

　商品の取得原価は，最終的に売上原価になる部分と，資産として次期に繰り越される部分に分けられる。この配分を行うには，期中に払い出された商品の取得原価の合計（払出商品原価）を算定しなければならない。それは次のようにして求められる。

　　　払出商品原価＝商品払出数量 × 単価

　商品払出数量を把握する方法は２つある。１つは 継続記録法 であり，もう１つは定期棚卸法（棚卸計算法ともいう）である。

　継続記録法 は，商品の種類別に設けられた商品有高帳に，商品の受入と払出のつど数量を記録し，その記録から１期間中の払出数量を直接把握する方法である。

　これに対し **定期棚卸法** は，期首数量と期中の受入だけを記録しておき，期末に残高を実地調査して，１期間中の払出数量を逆算する方法である。つまり次のような計算を行う。

払出数量＝期首在庫数量＋当期受入数量−期末在庫数量

定期棚卸法は商品の払出の記録を必要としないので，事務処理が簡単である。しかし，期首数量と期中の受入数量の合計から期末残高を差し引いたものをすべて払出数量とするため，商品の盗難や減耗などが払出数量に含まれてしまう，という欠点がある。

商品の管理を効果的に行い，さらに本来の売上原価を正確に算定するには，継続記録法による払出数量の把握が不可欠である。ただし，継続記録法を採用したとしても，記録の誤りや保管中の盗難などで帳簿残高と実際残高が異なる場合がある。そのときは帳簿を修正し，記録を事実に合わせなければならない。

したがって望ましいのは，継続記録法を適用しその不備を **実地棚卸** によって補うという方法である。多くの企業はこの方法を採用している。

払出単価の決定

商品の払出数量を把握できたならば，次に払出単価（払い出された商品の取得原価）を決定しなければならない。そして，〔払出数量×単価〕で払出商品原価が算定される。売上が実現基準で認識される場合，この払出商品原価が売上原価になる。

ところが，商品の仕入単価は変動するので，払出単価の決定は思ったほど簡単ではない。1種類の商品だけでも，それを異なる価格で仕入れた場合，販売された商品にどの仕入単価を適用して払出商品原価を算定するのかが問題になる。

表5-1 に，払出単価の決定方法とその採用企業数を示した。払出単価の決定方法は，払出数量を継続記録法と定期棚卸法のいずれで把握しているのかによって異なる。個別法，先入先出法および後入先出法は，定期棚卸法を実施している場合でも適用可能で

表5-1 払出単価の決定方法と採用状況

払出数量把握の方法	払出単価の決定方法	採用企業数
継続記録法	個別法	107
	先入先出法	56
	後入先出法	12
	移動平均法	115
定期棚卸法	総平均法	135
	最終仕入原価法	28
	売価還元法	22
	合　計	475

（注）　東京証券取引所1部上場企業300社について調査しているが，本表では，1
　　　社で複数の方法を併用している企業があるので，合計は300社を超えている。
（出所）　日本公認会計士協会編［2007］『決算開示トレンド （平成19年版）』中央
　　　経済社，235頁。

あるが，通常は継続記録法のもとで行われている。総平均法，最終仕入原価法および売価還元法は，定期棚卸法のもとで採用される方法である。各々の方法を以下で説明しよう。

〈個 別 法〉　商品を仕入れたとき，その仕入単価を個別に把握し，商品を払い出すつど1個1個について仕入単価を確認する。このようにして払出単価を決定する方法が 個別法 である。たとえば宝石商は，仕入れた商品1個1個に単価を示す記号を書いたタグをつけ，払出の際，そのタグで売り値を決めるという。

個別法は最も確実な方法であるが，実際には手数を要し，多品種の商品・製品を大量に扱う企業には適用できない場合がある。しかし近年のコンピュータの普及で，個別法の実務上の問題はかなり解決されている。表5-1をみれば，個別法がかなり採用されていることがわかる。ただし，同種商品で仕入単価が異なるもの

があれば，帳簿上，払出品を恣意的に選択することで利益操作が可能になる，という別の問題点も念頭に置くべきである。

〈先入先出法〉　先に仕入れたものが先に出ていくという仮定に基づいて払出単価を決定する方法が，**先入先出法**（first-in first-out method：FIFO）である。実際上も多くの場合，先に仕入れたものが先に出ていくのであるから，この方法は事実に即しているといえる。しかし表5-1によれば，先入先出法を採用している企業は意外に少ない。

たとえば，ある商品の3月中の受払が**表5-2**のとおりであるとして，先入先出法に従った3月の売上原価を算定してみよう。単価が200円の商品100個と215円の商品30個が販売されたことになり，売上原価は2万6450円である。

〈後入先出法〉　最近仕入れたものが先に出ていくという仮定に基づいて払出単価を決定する方法が，**後入先出法**（last-in first-out method：LIFO）である。先入先出法とは反対の流れを仮定している。多くの場合，後入先出法で仮定するような商品の流れは存在しない。あくまで，払出単価を決定するための1つの仮定とみなすべきである。

先入先出法と同じ受払の例で，後入先出法による3月の売上原価を算定すれば**表5-3**のようになる。先入先出法に比べて後入先出法の売上原価の方が2300円多く，利益はそれだけ少ない。また後入先出法の期末在庫が2300円だけ低くなり，時価との差が拡大する。この時価からの乖離という欠陥を重視して，国際会計基準が後入先出法を禁止したのに伴い，日本でも2010年以後は後入先出法が禁止されている（企業会計基準第9号）。

〈移動平均法〉　仕入れた商品の平均原価を払出単価とする方法

表 5-2　先入先出法

3 月　1 日	前月繰越	100 個	単価@￥200
3 月 10 日	仕　入	50 個	単価@￥215
3 月 15 日	売　上	70 個	
3 月 20 日	仕　入	100 個	単価@￥223
3 月 25 日	売　上	60 個	

3 月の売上 130 個
→払出単価：

$$￥200×100 個（前期繰越分）＝　20,000 円$$
$$＋$$
$$￥215×30 個（3／10 仕入分）＝　\underline{6,450 円}$$
$$↓$$
$$売上原価　\underline{\underline{26,450 円}}$$

表 5-3　後入先出法

3 月　1 日	前月繰越	100 個	単価@￥200
3 月 10 日	仕　入	50 個	単価@￥215
3 月 15 日	売　上	70 個	
3 月 20 日	仕　入	100 個	単価@￥223
3 月 25 日	売　上	60 個	

3 月の売上 130 個
→払出単価：

$$￥223×100 個（3／20 仕入分）＝　22,300 円$$
$$＋$$
$$￥215×30 個（3／10 仕入分）＝　\underline{6,450 円}$$
$$↓$$
$$売上原価　\underline{\underline{28,750 円}}$$

が平均原価法である。これも後入先出法と同様，商品の流れを無視した仮定に基づいている。

平均原価法には，移動平均法と総平均法がある。**移動平均法** は，商品の仕入のつど平均単価を求め，その平均単価で次の払出を記録する方法である。したがって新しく商品を受け入れるたびに平

均単価を計算しなければならず，さらに平均単価に端数が生ずるという難点がある。しかし仕入価格変動の影響を平均化できるという長所があり，表5-1が示すように多くの企業がこの方法を採用している。

仕入のつど平均単価を求め，その平均単価で払出を記録するので，移動平均法は継続記録法に適し，定期棚卸法には不適切な方法である。前記と同様の例で，移動平均法による3月の売上原価を算定すれば**表5-4**のようになる。

〈総平均法〉　**総平均法**は移動平均法を単純化した平均原価法であり，一定期間（1ヵ月または1年）に受け入れた商品の合計金額をその数量合計で割って商品1個当たりの平均原価を求め，それを払出単価とする方法である。前の例を用いて総平均法による3月の売上原価を計算すれば，**表5-5**のようになる。

総平均法によれば1回の計算で払出単価を算定できる。その簡便さのため，多種多様な原材料を用いる製造業（たとえば電機業）が，原材料などの払出単価の決定に総平均法を採用している。表5-1によれば，総平均法を適用する企業が最も多い。

しかし総平均法は，1ヵ月または1年という期間が終了しなければ計算を実施できないので，継続記録法を用いる企業には向かない。また売上と同時に売上原価を算定することができない，という難点もある。

これに対して，同じ平均原価法に分類される移動平均法は，継続記録法を採用する企業に適した方法であり，売上と同時に売上原価を計算することが可能である。

〈最終仕入原価法〉　**最終仕入原価法**では，期末に最も近い時点で仕入れた商品の単価を，期末棚卸量の全部に適用し期末棚卸額

表 5-4　移動平均法

```
3 月 1 日　前月繰越　100 個　単価@¥200
3 月 10 日　仕　入　　50 個　単価@¥215
　　　　　　　→平均単価 205 円 = (200×100 + 215×50) / 150
3 月 15 日　売　上　　70 個
3 月 20 日　仕　入　　100 個　単価@¥223
　　　　　　　→平均単価 215 円 = (205×80 + 223×100) / 180
3 月 25 日　売　上　　60 個
```

```
　　　　　3 月の売上 130 個
　　　　　→払出単価：
　　　　　　　¥205×70 個（3/15 売上）=　14,350 円
　　　　　　　　　　　　　　　+
　　　　　　　¥215×60 個（3/25 売上）=　12,900 円
　　　　　　　　　　　　　　↓
　　　　　　　　　　　　売上原価　　　27,250 円
```

表 5-5　総平均法

```
3 月 1 日　前月繰越　100 個　単価@¥200
3 月 10 日　仕　入　　50 個　単価@¥215
3 月 15 日　売　上　　70 個
3 月 20 日　仕　入　　100 個　単価@¥223
　　　　　→平均単価 212.2 円 = (200×100+215×50+223×100) / (100+50+100)
3 月 25 日　売　上　　60 個
```

```
　　　　　3 月の売上 130 個
　　　　　→払出単価：
　　　　　　　¥212.2×130 個
　　　　　　　　（3/15・3/25 売上）　=　　27,586 円
　　　　　　　　　　　　↓
　　　　　　　　　　　売上原価　　　　27,586 円
```

を計算する。そして，この額を期首繰越額と当期受入額の合計から控除し，当期の売上原価を求める。つまり，最終仕入の単価を期末の在庫数量に掛け，算定された期末棚卸額から当期の売上原価を逆算するのである。最終仕入原価法は期中の払出の記録を必

表5-6 最終仕入原価法			
3月 1日	前月繰越	100 個	単価@¥200
3月10日	仕 入	50 個	単価@¥215
3月15日	売 上	70 個	
3月20日	仕 入	100 個	単価@¥223
3月25日	売 上	60 個	

前月繰越 + 3月の仕入 = 250 個 → 3月の売上 130 個 → 期末棚卸 120 個

　　　→ 期末棚卸額：¥223×120 個 = 26,760 円

　　　→ 受入額：¥200×100 個 + ¥215×50 個 + ¥223×100 個

　　　　　　= 53,050 円

　　　　　　　↓

　　　売上原価：53,050 − 26,760 = 26,290 円

要としないため，定期棚卸法のもとで適用される。

　前例を用いて最終仕入原価法による3月の売上原価を計算すれば，**表5-6**のようになる。

　最終仕入原価法は事務処理が最も少なく簡便な方法である。表5-1をみれば，この方法は多くの企業で用いられていることがわかる。とりわけ貯蔵品にこの方法を適用する場合が多い。

　しかしこの方法は，期末棚卸資産の一部だけが実際の取得原価で評価され，他の部分は原価と異なる額で評価されるという問題がある。そのため，この方法は誤差が非常に小さい場合にしか認められていない。他方，日本の法人税法は最終仕入原価法を重視し，会社が棚卸資産の評価方法を届け出なかったときは，この方法によるものとしている。

　〈売価還元法〉　百貨店，スーパーそして食品業などは取扱商品の種類が多く，もし商品の種類ごとに受払を記録し，その記録に基づいて売上原価を算定することになれば，膨大な事務作業量に

表 5-7　売価還元法

```
3 月  1 日    前月繰越  100 個  単価@￥200
3 月 10 日    仕   入   50 個  単価@￥215
3 月 15 日    売   上   70 個  売価@￥250
3 月 20 日    仕   入  100 個  単価@￥223
3 月 25 日    売   上   60 個  売価@￥250
```

売上高 :(70 個 + 60 個) × ￥250 = 32,500 円

期末繰越商品売価 : 120 個 × ￥250 = 30,000 円

原価率 :(20,000 + 10,750 + 22,300) ÷ (32,500 + 30,000) = **0.8488**

↓

期末棚卸額 : 30,000 × **0.8488** = 25,464 円

↓

売上原価 : 53,050 − 25,464 = 27,586 円

なる。そこで，異種商品を一括して売価の合計額を出し，そこから期末棚卸額と売上原価を逆算する方法が考え出された。これが**売価還元法** であり，小売業の期末棚卸額の計算に用いられることから，小売棚卸法とも呼ばれる。

表5-1 によれば，売価還元法を採用する企業は全体の約 5％あるが，そのほとんどは，百貨店とスーパーまたは食品業である。

売価還元法による売上原価の計算は，①期末に実地棚卸をして棚卸商品の売価を合計する，②商品の原価率（＝仕入単価 ÷ 売価）を算定する，③棚卸商品の売価合計額に原価率を掛け期末棚卸額を求める，④期首の繰越商品額と当期の受入商品額の合計から期末棚卸額を控除する，という順番で行われる。

③の原価率は，法人税法の規定によれば次の式で求められる。

$$原価率 = \frac{期首繰越商品原価 + 当期受入商品原価総額}{売上高 + 期末繰越商品売価}$$

前の例を用いて，売価還元法による 3 月の売上原価を計算すれ

ば，**表5-7** のようになる。

　以上，払出単価と売上原価の決定方法を7つ説明した。表5-2から表5-7までの売上原価を比較すれば，用いる方法によってその額が大きく異なることに気づく。したがって，払出単価の決定方法は当期純利益の額に影響を及ぼすのである。もし，利益を操作するために払出単価の決定方法が頻繁に変更されれば，財務諸表数値の信頼性が損なわれ，財務諸表の比較が困難になる。そこで「企業会計原則」は，正当な理由がなければ変更を認めず，一度選択した方法を毎期継続して適用することを求めている。これが **継続性の原則** である。

3　売上代金の回収
●回収の仕方と貸倒れの見積り

　商品・製品を販売すれば，その対価として企業は現金（小切手を含む）のほか売掛金や手形などの資産を得る。売掛金と受取手形をまとめて **売上債権** と呼ぶ。これは第4章で述べた買入債務に対応する言葉である。

　信用経済が発達した現在，現金取引が行われることは少なく，ほとんどの企業は売掛金または手形による取引を多用している。したがって，企業の経営者は単に売上を伸ばすだけでなく，売上債権を早く確実に現金回収しなければならない。回収が滞り，回収不能になれば，それは不良債権となる。この節では売掛金と受取手形を説明し，その後，貸倒れの見積りを検討する。

| 売　掛　金 |

企業の主たる営業取引（商品・製品の販売またはサービスの提供）から生じた売

上代金の未回収額を 売掛金 という。注意すべきは，代金の未回収額がすべて売掛金になるのではないことである。中古設備や有価証券を売却した代金が未回収であれば，それは 未収金 になる。主たる営業取引で生じた債権か否かが判断のポイントである。

　ただし主たる営業取引から生じていても，業種によっては売掛金という用語が用いられない場合があることにも注意したい。たとえば建設業では，完成した工事の引渡しが終わっても，工事代金を受け取っていなければ，その未回収額を 完成工事未収入金 として貸借対照表に計上する。

　売掛金の回収期間は相手との力関係で決まることが多い。売り手の力が弱いほど，回収に要する期間は長くなる。たとえば大口顧客である法人との外商への依存度の高い百貨店は，大口顧客に対する交渉力が弱いため，売掛金の回収期間が相対的に長い。

受取手形

　売掛金は，いわば支払の口約束によるものであるが，売上代金をいつどこで支払うかを明示した手形を受け取れば，代金回収はより確実になる。この受け取った手形で表される売上債権を，受取手形 という。

　受取手形は売掛金と同様，営業循環過程にある項目であり，通常は流動資産に分類される。ただし，手形に示された期日に代金が支払われなかった場合，それを受取手形勘定から 不渡手形 勘定に振り替える。そして，決算日から 1 年以内に回収できないことが明らかな不渡手形は固定資産に分類し，それ以外は貸借対照表に「その他の流動資産」として表示する。

　近年，受取手形を削減する企業が増え，日立製作所や NEC は手形決済から，銀行振込などの現金決済への切替えを進めている。この結果，企業の貸借対照表に占める受取手形や支払手形の割合

は，急激に低下しつつある。たとえば財務省が中小企業も含めた日本企業の実態を把握する目的で集計している『法人企業統計年報』の調査対象企業を合計した貸借対照表によって，これを確認することができる。資産総額に対する受取手形と支払手形の金額の割合は，1988 年度が各 6.0% と 9.6% であったが，2021 年度（2022 年 3 月までの年次決算を集計）には 1.1% と 1.2% にまで低下した。これにより売り手の企業は，代金回収のリスク管理が不要になるうえ，資金の回転も早まるというメリットがある。

なお，2008 年から施行されている「電子記録債権法」に基づき，売上代金の回収を手形という紙媒体ではなく，電子記録された債権の発生によって行った場合は，これを **電子記録債権** として貸借対照表に掲載する。ただし重要性が乏しければ，受取手形に含めて表示してもよい。電子記録債権はデジタル化された手形であり，電子手形とも呼ばれる。

経済産業省は 2026 年をめどに紙媒体の手形の利用を廃止する方針をとって，産業界に対応を要請するとともに，全国銀行協会も連携して銀行振込や電子記録債権への移行を促す動きが始まっている（『日本経済新聞』2021 年 2 月 18 日付）。

手形の割引と裏書譲渡　受取手形の活用法は複数あり，満期日まで保有し現金化するほかに，①満期日前に銀行などで割引料を払って現金化する，②仕入代金などの支払のため，満期日前に手形の裏面に署名をし，支払先に譲渡することができる。①を **手形割引** といい，②を手形の **裏書譲渡** という。

電子記録債権も，銀行で現金化したり，支払手段として譲渡することができる。

受取手形や電子記録債権を現金化すると，割引料（売却損）が

　企業は販売の対価として売上債権を得る。しかし売上債権の一部が回収不能になることは避けられない。そこで決算に際して，過去の経験などに基づき貸倒引当金を設定する。銀行が事業会社に融資している資金（銀行はこれを貸出金と呼ぶ）についても同じである。これにより財務諸表の利用者が，その企業の抱えている不良債権を正しく評価できるようにしようというのである。

　そのために現行の会計ルールは，企業の債権を回収可能性の程度に基づいて次の3種類に区分し，それぞれの場合に設定すべき貸倒引当金の計算方法を規定している。

　第1に，債務者の経営状態に重大な問題が生じてはいない「一般債権」については，過去の貸倒実績率などを債権額に乗じる等の方法で算定した金額を，貸倒引当金に繰り入れる。

　第2は，債務者はまだ経営破綻に陥ってはいないが，弁済に重大な問題が生じているか，その可能性が高いものである。このような「貸倒懸念債権」の価値は，①相手先の財務内容に基づいて評価するか，②将来に回収できると見積もったキャッシュ・フローを，金利で現在価値に割引いて評価する。債権の時価ともいうべきこの評価額と，もともとの債権額との差額が，貸倒引当金になるのである。

　第3は，債務者が法的または実質的に経営破綻に陥っている「破産更生債権等」である。この債権では，担保の処分見込額と保証人からの回収可能額を，債権額から控除した残額を，貸倒引当金にすることになっている。

　わが国では1980年代後半のバブル経済の時代に，銀行が事業会社に貸し付けた多額の貸出金が，1991年以降に生じたバブルの崩壊で不良債権になって多くの銀行の体力が奪われ，経済回復の妨げとなった。バブル時代に高騰した不動産を担保に取り，甘い融資が行われていたのが，バブル崩壊後に融資先が事業に失敗して融資の回収ができず，担保の不動産は暴落して融資額を下回ってしまった。銀行の不良債権の処理のために1990年代後半に政府が投入した公的資金は47兆円にものぼった。

発生するので，金融収支は悪化する。また主たる債務者が支払不能になると，割引や譲渡を行った者は，債務者に代わって支払に応じなければならない。したがって受取手形や電子記録債権の割引高と譲渡高は，企業にとって偶発的に債務となる危険度を表すことになるため，財務諸表等規則はこれらの金額を貸借対照表に注記するよう求めている。

受取手形や電子記録債権の割引高は年々減少している。前述の『法人企業統計年報』に掲載された全産業に関するデータによると，資産総額に対する受取手形割引残高の比率は，1988年度の3.8%から2021年度調査では0.10%にまで低下している。手形割引より低金利での資金調達が可能な場合があるからである。

貸倒引当金の設定　企業は売上債権を確実に回収するため，取引に先立って相手の支払能力を調査し，慎重に取引先を選別する。しかし，負債総額1000万円以上の倒産が2023年には8690件に達しており（東京商工リサーチ調べ），売上債権が回収不能になることは避けられない。この貸倒れによる損失は，販売を促進するため，現金取引ではなく信用を供与したことによって生じたものであるから，売上収益に対応させられるべき費用だと考えられる。そこで決算において，貸倒予想額を見積もり，それを当期の費用に計上し，相手勘定として**貸倒引当金**を設定する。その方法は *Column* **❺** で詳述されている。費用は販売費の1項目として損益計算書に示され，貸倒引当金は売上債権の控除科目として貸借対照表に記載される。売上債権から貸倒引当金を差し引いた額は，債権の回収可能額を示す。

そこで筆者は，東京証券取引所第一部市場に上場されている全企業（ただし銀行など金融関係の企業は除く）の連結財務諸表を合

計した数値を用いて，総資産に占める貸倒引当金の割合を［貸倒引当金 ÷ 総資産］として，年度別に計算してみた。その結果は，1990年の0.49％から，バブル崩壊後の2000年に0.97％という最高値まで上昇した後，2014年には0.27％まで低下していた。日本経済がバブル崩壊後の不良債権問題からようやく立ち直ったことがわかる。

4 棚卸資産の期末評価
●在庫品の紛失と値下がりの取扱い

　商品や製品などの棚卸資産の取得原価は，売上高に対応する部分が売上原価に計上され，残りの部分が資産として次期に繰り越される。しかし，この作業を帳簿上だけで行ってはいけない。記録と事実に食い違いが生ずるからである。第1は棚卸資産の数量について，第2は棚卸資産の価値について，記録と事実を照合する必要がある。そのため期末に実地棚卸を行い，事実を確認して記録を修正するのである。

棚卸減耗費

　仮に，棚卸資産の受払に継続記録法を適用している企業が期末に実地棚卸をしたところ，実際の期末有高が帳簿上の期末有高よりも少なかったとする。その場合，不足している数量に払出単価を掛けて不足額を算定し，その不足額を **棚卸減耗費** として棚卸資産の帳簿価額から控除しなければならない。棚卸減耗費の計算で用いられる払出単価は，その企業が採用している払出単価の決定方法（個別法や先入先出法など）に基づいて算出される。

　棚卸減耗費は，毎期反復的に正常な数量で発生する（原価性が

ある）場合，当期の売上に直接貢献した費用とみなされる。した
がって売上高と対応させる方式で示すのが望ましく，商品・製品
における棚卸減耗費は売上原価または販売費に含められ，原材料
に関するものは製造原価に算入される。

これに対して，異常な原因で多量に発生した（原価性がない）
棚卸減耗費は，当期の売上高と直接の対応関係がないとみなさ
れ，損益計算書に特別損失として記載される。異常な原因で発生
しても金額が少なければ，営業外費用として記載してもよい。

棚卸評価損

棚卸資産の数量について記録と事実が一
致しても，その価値について食い違いが
生ずるかもしれない。その原因には，①物理的な劣化による品質
低下，②経済的な不適合による陳腐化，および③市場の需給変化
による価格下落などがある。いずれの場合も，棚卸資産の売却価
額は下落し，収益性が低下する。そこで，この事実を示し，棚卸
資産に投下した資金の回収可能性を反映させるために，棚卸資産
の帳簿価額を正味売却価額まで切り下げなければならない。この
処理で計上される費用を **棚卸評価損** という。

つまり，通常の販売目的および製造目的で保有する棚卸資産
は，取得原価をもって貸借対照表価額とするが，期末における正
味売却価額が取得原価よりも下落している場合，その正味売却価
額をもって貸借対照表価額とすることが求められている。正味売
却価額とは，売価から見積追加製造原価および見積販売直接経費
を控除したものをいう。

ただし，製造業における原材料などのように再調達原価の方が
把握しやすく，正味売却価額が再調達原価に歩調を合わせて動く
と想定される場合には，継続適用を条件として，再調達原価を用

いることができる。

　通常の販売・製造目的で保有する棚卸資産について計上される評価損は，販売・製造活動を行ううえで不可避的に発生したものである。したがって損益計算書では，売上高に対応する売上原価や販売費として表示される。ただし，原材料の品質低下に起因する評価損のように，製造と関連し不可避的に発生すると認められるものについては，製造原価として処理する。また収益性の低下による評価損が，臨時の事象に起因し，かつ多額であるときには，特別損失に計上する。臨時の事象とは，①重要な事業部門の廃止，②災害損失の発生などを指す。

　かつて日本では，棚卸資産の期末評価にあたり，取得原価で評価する方法と（原価基準）と，時価と原価のいずれか低い方の額で評価する方法（低価基準）の選択が認められていた。しかし，選択適用に伴う弊害が指摘され，国際的な会計基準との調和の観点などから，時価が取得原価を下回った棚卸資産を時価で評価することを定めた企業会計基準第9号「棚卸資産の評価に関する会計基準」が制定された。この結果，2009年以降は低価基準を適用しなければならないことになった。

5 販売活動と財務諸表
●財務諸表のどこに示されるのか

　本章では販売活動に関する財務会計を説明した。一定の基準で売上を認識し測定すれば，次は，それに対応する売上原価を測定しなければならない。売上で得た売上債権は，貸倒れになる場合があり，それに備えて貸倒引当金を設定し貸倒引当金繰入額を

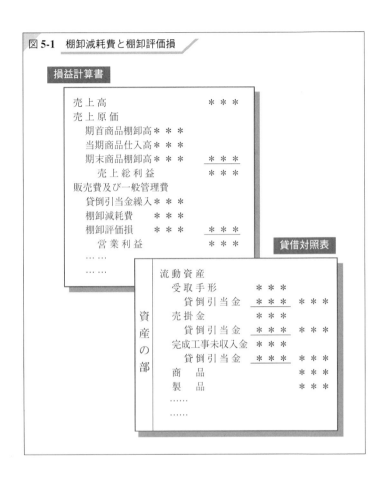

図 5-1　棚卸減耗費と棚卸評価損

損益計算書

売 上 高		＊＊＊
売 上 原 価		
期首商品棚卸高	＊＊＊	
当期商品仕入高	＊＊＊	
期末商品棚卸高	＊＊＊	＊＊＊
売 上 総 利 益		＊＊＊
販売費及び一般管理費		
貸倒引当金繰入	＊＊＊	
棚卸減耗費	＊＊＊	
棚卸評価損	＊＊＊	＊＊＊
営 業 利 益		＊＊＊
……		
……		

貸借対照表

資産の部

流 動 資 産			
受 取 手 形		＊＊＊	
貸 倒 引 当 金		＊＊＊	＊＊＊
売 掛 金		＊＊＊	
貸 倒 引 当 金		＊＊＊	＊＊＊
完成工事未収入金		＊＊＊	
貸 倒 引 当 金		＊＊＊	＊＊＊
商　　品			＊＊＊
製　　品			＊＊＊
……			
……			

販売費に計上する。販売されず期末に残った商品の帳簿上の数量と価値が事実と異なっている場合は，記録を修正する。その結果，棚卸減耗費と棚卸評価損が計上される。これらの項目は，**図 5-1**のように損益計算書へ記載される。

　売掛金（建設業の場合は完成工事未収入金）と受取手形などの売上債権は，その金額から貸倒引当金を控除することで回収可能額

が示される。商品・製品などの棚卸資産については，棚卸減耗費と棚卸評価損を減算した後の金額が貸借対照表に記載される。これらの項目が，図5-1のように貸借対照表へ示される。

本章で学んだキーワード　KEYWORD

営業循環　　販売基準　　工事進行基準　　回収基準　　継続記録法　　定期棚卸法　　実地棚卸　　個別法　　先入先出法後入先出法　移動平均法　　総平均法　　最終仕入原価法売価還元法　　継続性の原則　　売上債権　　売掛金　　未収金　完成工事未収入金　受取手形　　不渡手形　　電子記録債権手形割引　裏書譲渡　　貸倒引当金　　棚卸減耗費棚卸評価損

演習問題 Exercises

1. 売上の認識に実現基準を適用する理由を述べてみよう。
2. 先入先出法と後入先出法の長所と短所を述べてみよう。
3. 受取手形，手形割引，手形の裏書譲渡，不渡手形の関係を説明してみよう。
4. 棚卸評価損が計上されるケースを示してみよう。

参考文献 Reference

収益の認識に関する実現概念や，各種の販売における売上収益の計上ルールは，第1章であげた基本書や，第2章で紹介した概念フレームワークでも議論されている。

◉桜井久勝［2024］『財務会計講義（第25版）』中央経済社，第6章「売上高と売上債権」。

売上高や営業収益の会計処理を規定する日本の会計基準は次のとおりである。

◉企業会計基準委員会［2018］「企業会計基準第29号：収益認識に関する会計基準」（最終改正2022年）。

この新基準の制定により，2021年4月以降に開始する事業年度からは，次の会計基準が廃止された。

◉企業会計基準委員会［2007］「企業会計基準第15号：工事契約に関する会計基準」。

棚卸資産の評価は，次の会計基準で規定されている。

◉企業会計基準委員会［2006］「企業会計基準第9号：棚卸資産の評価に関する会計基準」（最終改正2020年）。

第6章 設備投資と研究開発

有形固定資産と無形固定資産

本章のサマリー SUMMARY

　企業は，原材料を仕入れ，それを加工して製品をつくり，販売する。製品をつくるには，工場と設備が必要である。そして売れる製品を生み出すには，不断のイノベーションが求められる。この章では，企業の生産活動を支える設備投資と，販売力の礎を築く研究開発活動を扱う。財務諸表から，設備投資と研究開発の状況を読み取るには，いくつかの要点を押さえなければならない。

　企業が設備投資をすれば，貸借対照表における固定資産の金額が変化する。貸借対照表の固定資産は，「有形固定資産」と「無形固定資産」および「投資その他の資産」からなり，設備投資で変化するのは有形固定資産の額である。その貸借対照表価額は，取得原価から減価償却累計額を控除して求められる。減価償却累計額は各年度に計上された減価償却費の累計であり，減価償却費は定額法や定率法などで算定される。

　新資源の開発などを目的にして特別に支出した開発費については，その支出時にすべてを費用計上する方法と，繰延経理する方法とがある。繰延経理をすれば，貸借対照表に繰延資産が計上され，後の年度で費用化される。現在生産している製品を改良するために常時行っている開発活動に要する支出は，繰延資産の対象にならず，その年度の損益計算書に「販売費及び一般管理費」として計上される。もし研究開発が成功し，特許権を取得すれば，それが貸借対照表に無形固定資産として記載される。

1 製造業と商業の資産構成

●固定資産に注目しよう

　トヨタ自動車の連結総資産（2023年3月期連結）を，靴の小売業を営むABCマート（2023年2月期連結）の資産と比べたのが次の表である。

	トヨタ自動車	ABCマート
流動資産	26兆4598億円（36%）	2614億円（73%）
固定資産	47兆8434億円（64%）	945億円（27%）
資産合計	74兆3032億円	3559億円

　トヨタの総資産はABCマートの200倍を超え，全体の64%が固定資産であるのに対し，商業を営むABCマートでは固定資産の割合が27%にすぎず，73%が流動資産である。

　両社における資産内容の相違は，業種に起因している。一般に，製造業は商業やサービス業よりも固定資産が多く，全体の資産の中で固定資産が占める割合も大きい。製造業の会社は，工場や設備を多く所有しているからである。

　したがって，工場や設備に対する投資の成否は製造業の会社の将来を大きく左右するのである。アナリストが製造業の企業を分析するときは，設備投資の内容と金額に注目するという。

　では，製造業に属する企業の貸借対照表に示される固定資産はどのようなものから構成されるのか。また，その金額決定はいかにして行われるのか。これらの点を順次，説明する。まずは固定資産の種類を確認しよう。

2 固定資産の種類

●形のあるものとないもの

　固定資産は，有形固定資産，無形固定資産，および投資その他の資産に分類される。それぞれに属する項目を例示すれば次のようになる。

> 有形固定資産──建物，機械装置，土地，車両運搬具，船舶，
> 　　　　　　　航空機，建設仮勘定など
> 無形固定資産──特許権，借地権，商標権，鉱業権，ソフトウェ
> 　　　　　　　ア，のれんなど
> 投資その他の資産──投資有価証券，出資金，長期貸付金，長
> 　　　　　　　期前払費用など

| 有形固定資産 |

　有形固定資産（tangible fixed assets）は，企業が1年を超えて利用するために保有し，物としての実体を備えている資産である。建物，機械装置，土地，車両運搬具などは，製造業が一般に所有する有形固定資産であり，海運業と空運業の会社にとって，船舶と航空機は不可欠の有形固定資産である。建設仮勘定は，有形固定資産を建設する場合，それが完成するまでの間，建設工事に支払った金額を一時的に集計するための勘定である。工事が完成した時点で建設仮勘定の金額は，建物や機械装置などの種類を示す項目に振り替えられる。

　有形固定資産は長期にわたり事業で使用される資産であるが，土地を除いて，その使用可能期間は限られている。有形固定資産が提供する用役の総量は，少しずつ減少し最終的にはゼロになる。

そこで，消費された用役を費用として認識し，その部分を資産価額から減額しなければならない。この手続きを 減価償却（depreciation）という。

有形固定資産には減価償却が行われる資産（償却資産）と，行われない資産（非償却資産）とがある。建物や機械装置，船舶，航空機，車両運搬具などは償却資産であり，土地と建設仮勘定は非償却資産である。

無形固定資産
前頁で示した 無形固定資産（intangible fixed assets）の項目の中で，借地権，**特許権**，商標権，鉱業権は法律上の権利を示す。それぞれの内容は以下のようになる。

無形固定資産	特　　徴
借地権	建物の所有を目的にして地主から借りた土地を使用する権利
特許権	高度な技術的発明を独占的・排他的に使用する権利
商標権	図形と文字などの商品のトレードマークを独占的・排他的に使用する権利
鉱業権	一定の区域で特定の鉱物を採掘する権利

これに対して のれん は法律上の権利ではなく，他企業の買収や合併で支払った対価額が，引継いだ純資産を超える金額である。企業買収時には相手がもつ資産と負債を時価評価するが，立地条件・販売力・製造ノウハウなどが優れていて同業他社より利益率が高い企業の買収には，時価評価された純資産額を超える対価が必要なことが多い。この超過額がのれんである（詳しくは第11章の第9節を参照）。

無形固定資産も，借地権などを除き，有形固定資産のように一定期間で減価償却される。無形固定資産の会計に関しては，この章の第7節で説明する。

投資その他の資産

　投資その他の資産 には，①決算日から1年を超えて満期または返済期日が到来する預金・貸付金，②決算日から1年以内に回収されない破産債権・更生債権，③一定の契約に従い継続して役務の提供を受ける場合，代金を前払いし，それが決算日から1年を超えて取り崩される長期前払費用，④長期所有または市場性のない有価証券などがある。④は投資有価証券という項目名で，流動資産たる有価証券（売買目的の有価証券など）と別個に表示される。

3 有形固定資産の取得原価
●固定資産の金額を決める

　固定資産は前記のように，大きく3つに分類され，その中の有形固定資産の区分に企業の設備投資活動が反映される。有形固定資産は，償却資産の場合，取得原価から減価償却累計額を控除した金額で貸借対照表に示される。したがって，企業の設備投資活動を正しく知るには，有形固定資産における取得原価の決定方法と減価償却法を理解しなければならない。

取得原価の決定方法

　有形固定資産の取得原価 の決定方法は，取得の形態に応じて異なる。ここでは，(1)購入による場合，(2)自家建設の場合，(3)現物出資で受け入れた場合，(4)交換あるいは(5)贈与で受け入れた場合における取得原価の決定方法を順番に説明する。

(1)　有形固定資産を購入により取得した場合は，購入代価に付随費用を加算して取得原価を決定する。付随費用には，引取運賃，買入手数料，据付費，試運転費，関税などが含まれる。

(2)　有形固定資産を自家建設した場合は，適正な原価計算基準に従って算定された製造原価をもって取得原価とする。建設に要する借入金の利子は，通常，期間費用として扱い，資産の製造原価に算入しない。ただし，取得資産と借入金の対応関係が明確な場合に限り，借入金の利子を取得原価に算入することが認められる。

(3)　株式を発行し，その対価として有形固定資産を受け入れた場合，出資者に対して交付された株式の発行価額をもって資産の取得原価とする。

(4)　有形固定資産を交換で受け入れた場合，譲渡資産と受入資産は時価が等しくても，譲渡資産の簿価（たとえば旧土地3億円）より受入資産の時価（たとえば新土地5億円）の方が大きい場合が多い。これにより交換差益2億円が生じるが，このままでは交換差益に課税が行われるので，法人税法は新土地の評価額を5億円から3億円へと減額して，圧縮損2億円を損金に計上することを許容している。この会計処理を 圧縮記帳 という。交換差益2億円は，貨幣性の資産によって回収され実現したわけではないから，この会計処理は財務会計でも許容される。

(5)　国の国庫補助金による生産設備の取得のように，贈与などにより無償で有形固定資産を取得した場合も，同様の問題が生じる。支出がないという事実を重視すれば，固定資産の評価額はゼロであるが，価値ある資産を取得した事実を重視すれば，市場の時価で評価すべきであろう。

無償で取得した固定資産は，いったん公正な評価額で資産計上して，受贈益を認識したうえで，圧縮記帳を行って，受贈益と同額だけ資産の帳簿価額を切り下げることになる。

| 資産除去債務 |

　固定資産の中には，それを取得して使用した者に，その資産を除去すべき法律上の義務を生じさせるものがある。原子力発電設備の解体義務，および鉱山の土地や賃借建物の原状回復義務などがその典型例である。このような有形固定資産の除去に関して法令や契約で要求される法律上の義務を，**資産除去債務** という。

　資産除去債務を伴う固定資産を取得・建設・開発した企業は，その時点で予想される将来の除去に要する支出額を見積もって，その割引現在価値を算定し，これを資産除去債務として固定負債に計上しなければならない。たとえば3年後の除去時に300万円の支出を伴い，割引率を5%とすれば，その債務額は ［300万円÷$(1.05)^3$＝約259万円］ として計算される。

　認識された資産除去債務の金額は，同時にその資産の取得原価に加算して資産計上する。これは，資産の除去時に不可避的に生じる支出額が，取得に関する付随費用と同様の性格をもつとみなされるからである。

　そのような資産の取得原価は，資産除去債務を含めた金額で耐用年数にわたって減価償却される。したがって，減価償却により資産除去費用が各期に配分されることになる。

　上記の一連の手続きは，企業会計基準第18号「資産除去債務に関する会計基準」に準拠して，2010年4月以後開始する年度から実施されている。

減価償却の方法

●固定資産を費用に配分する

　有形固定資産の取得原価を把握したならば，続いて，使用に応じて費用を計上しなければならない。しかし，棚卸資産の消費量の測定と異なり，有形固定資産の用役の消費量を直接的にとらえることは難しい。そこで有形固定資産については，その取得原価を基礎にして，一定の方法により，用役の消費分を耐用年数にわたって費用化している。この手続きを 減価償却 という。

　製造用の有形固定資産については，消費された用役を製造費用に計上し，販売部門または管理部門の有形固定資産に関しては，消費された用役を「販売費及び一般管理費」に計上する。

　減価償却の方法には，①資産の耐用年数を基準にする方法と，②資産の利用度を基準にする方法がある。①として，定額法や定率法があり，②としては生産高比例法がある。

　企業は，これらの中から，所有している有形固定資産の費用化にふさわしい方法を選択し，正当な理由がない限り，それを毎期継続して適用しなければならない。また，選択した減価償却方法を，重要な会計方針の１つとして財務諸表に注記することが求められている。

　なお日本の多くの企業は，会計と税務の二重計算を避けるため，財務諸表の作成時にも税法の規定に準拠して減価償却の計算を行っている。その税法では従来は，**残存価額**（耐用年数が到来したときに残存している資産の価値）を取得原価の10％と規定していたが，2007年4月以降に使用を開始した新資産からは残存価額

をゼロとして計算を行うように規定が変更された。したがって以下では，残存価額をゼロとする新しい減価償却の計算を説明する。

定　額　法

定額法（straight-line method）は，資産の耐用年数にわたり毎期一定額を減価償却費として計上する方法である。その一定額は，次のように算定さ

表 6-1　定額法の計算例

年度	減価償却費	減価償却累計額	未償却残高
1	200,000	200,000	800,000
2	200,000	400,000	600,000
3	200,000	600,000	400,000
4	200,000	800,000	200,000
5	200,000	1,000,000	0

図 6-1　定額法の図示

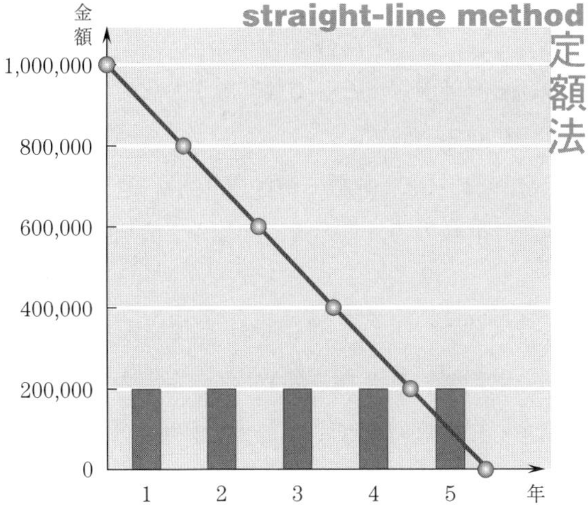

れる。

減価償却費＝取得原価÷耐用年数

たとえば，取得原価が 100 万円，耐用年数 5 年の設備に定額
法を適用した場合，毎期の減価償却費は 100 万円÷5 年＝20 万
円になる。

各期の減価償却費の合計が **減価償却累計額** となり，取得原価
から減価償却累計額を控除すれば，当該設備の貸借対照表価額に
なる。この金額を **未償却残高** という。

上記の例を用いて，各期の減価償却費と減価償却累計額およ
び未償却残高を示したのが**表 6-1** である。**図 6-1** には，毎期の減
価償却費を棒グラフで示し，未償却残高を折れ線グラフで示し
た。折れ線グラフは，定額法で算定された未償却残高が時間の経
過に伴い直線的に減少することを表している。定額法が straight-
line method（直線法）と呼ばれるのは，このためである。

$\boxed{\text{定 率 法}}$ **定率法**（declining-balance method）は，期
首の未償却残高に毎期一定の償却率を
掛け，その額を減価償却費として計上する方法である。減価償却
費は次のように算定される。

減価償却費＝（取得原価−減価償却累計額）× 償却率

したがって，償却率の計算が重要になる。償却率は次式で求め
られる。

従来の償却率＝$1 - \sqrt[n]{残存価額/取得原価}$

新しい償却率＝（1÷耐用年数）× 一定倍率

残存価額を取得原価の 10％とするのが従来の償却率であるが，
これをゼロとすれば償却率は 1.0 ＝ 100％となってしまう。そこ
で考案されたのが，一定倍率を乗じる新しい償却率の計算式であ

表6-2 定率法の計算例

年度	期首の未償却残高 (X)	①=X×償却率	②=X÷期首の残存耐用年数	減価償却費(大の方)	期末の未償却残高
1	1,000,000	400,000	X÷5=200,000	400,000	600,000
2	600,000	240,000	X÷4=150,000	240,000	360,000
3	360,000	144,000	X÷3=120,000	144,000	216,000
4	216,000	86,400	X÷2=108,000	108,000	108,000
5	108,000	43,200	X÷1=108,000	108,000	0

図6-2 定率法の図示

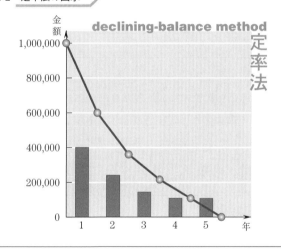

る。この一定倍率は，国の租税政策により決められており，2007年から2.5であったが，2011年4月以降に取得した資産からは2.0とされている。

　前述の設備の例に，新しい倍率の2.0を適用した償却率は［1÷5年 ×2.0＝0.4］であるから，1年目の減価償却費は［100万

円 ×0.4＝40万円］と計算される。また2年目の減価償却費は
［（100万円－40万円）×0.4＝24万円］である。

　3年目以降も同様の計算を繰り返す。ただし（A）［期首未償却
残高 × 償却率］として計算した金額が，（B）［期首未償却残高
÷残存耐用年数］として計算した金額より小さくなる年度以後
は，（B）の金額が減価償却費とされる。この例では最初の3年
間は（A）が大きく，4年目からは（B）の方が大きい。

　この例を用いて，定率法による各期の減価償却費と減価償却
累計額および未償却残高を示したのが，**表 6-2** である。**図 6-2** に
は，減価償却費と未償却残高を図示した。図6-2の折れ線グラフ
は，定率法で算定された未償却残高が逓減的に減少することを表
している。定率法が，declining-balance method（逓減残高法）と
呼ばれるのは，このためである。

　表6-1と表6-2を比較すれば，資産を使い始めた初期は定率法
による減価償却費の方が，定額法を適用する場合よりも大きくな
ることがわかる。これは実務上，重要なポイントである。

　　生産高比例法　　　　　航空機やタクシー車両のように，飛行距
　　　　　　　　　　　　　　離や走行距離で利用度合いを合理的に推
定できる資産については，利用度に応じて減価償却費を計上する
ことができる。これを **生産高比例法** という。残存価額をゼロと
すれば，各期の減価償却費は次のようにして算定される。

$$減価償却費 = 取得原価 \times \frac{各期の利用量}{利用可能総量}$$

5 リースで使用する資産
●資産の使用権とリース料支払義務の計上

　企業は，事業で使用する資産をみずからは購入せず，対価を支払ってリース会社から借り入れて使用する方法によっても，購入した場合と同様の経済効果を達成することができる。航空会社がリース会社から航空機を長期に借り入れて使用する場合が一例である。その資産（原資産という）の使用に関して，借手と貸手の間で交わされる契約を **リース** という。

　この契約の法律上の形式は資産の賃貸借であるが，経済的な実態は，資産の取得後に代金をリース料として長期に分割払いしているのと同じ場合が多い。したがって法的形式よりも経済的実態を重視して会計処理を行うには，借手は原資産を使用する権利を資産（**使用権資産**という）として計上し，リース料の支払義務を負債（**リース負債**という）として計上すべきことになる。

　リースの借手は，短期や少額の契約を除き，原則としてすべてのリースについて，リース開始時点で前述の使用権資産とリース負債を自己の貸借対照表に計上するが，その金額は次のように測定する。リース負債の金額は，借手の未払リース料を基礎として，リース料に含まれる利息部分を除くために，**表6-3** で例示するように将来のリース料の割引現在価値として算定する。この割引計算には，借手が銀行から追加借入を行う場合に必要とされる利子率が用いられる。このリース負債の測定額に，借手の前払リース料や付随費用があれば，これを加算したものが使用権資産の金額となる。

表 6-3　リース会計の例示

仮設例　当社はリース会社から機械装置を年額 2,439 円のリース料で借り入れた。リース期間は 5 年，リース料は 1 年ごとの後払い，当社の追加借入利子率は年 7% である。

①使用権資産とリース負債の計上額は，次のようにして算定した 5 回のリース料の割引現在価値を合計して，10,000 円とする。

1 年後 2,439 円 ÷1.07 ＝ 2,279

2 年後 2,439 円 ÷1.07÷1.07 ＝ 2,130

3 年後 2,439 円 ÷1.07÷1.07÷1.07 ＝ 1,991

4 年後 2,439 円 ÷1.07÷1.07÷1.07÷1.07 ＝ 1,861

5 年後 2,439 円 ÷1.07÷1.07÷1.07÷1.07÷1.07 ＝ 1,739

②毎期の減価償却費は［使用権資産 10,000÷5 年］で 2,000 円。

③1 年後のリース料支払額のうち

支払利息：リース負債 10,000×0.07 ＝ 700 円

元本返済：リース料 2,439 － 支払利息 700 ＝ 1,739 円

2 年目の支払利息：（10,000 － 1,739） ×0.07 ＝ 578 円

（注）　この会計処理は 2026 年 4 月以降の開始年度からの適用を予定。

　使用権資産は，通常，残存価額をゼロとしてリース期間にわたって定額法で減価償却する。またリース料の支払時には，表 6-3 で例示するように，支払額のうち負債の元本相当額はリース負債の返済とし，金利相当額は支払利息として会計処理する。

6 固定資産の減損

●帳簿価額の臨時的な減額

　固定資産の収益性が低下し，固定資産に対する投資額を回収できない場合がある。たとえば，ある設備を使って製造した製品

が市場環境の変化などにより，まったく売れなくなったとしよう。このようなときは，製品の在庫について棚卸評価損を計上する（第5章参照）とともに，設備の帳簿価額を回収可能な額まで減額しなければならない。固定資産について，回収可能性が反映されるように帳簿価額を減額する会計処理を **減損会計** という。

固定資産の減損会計は，2002年に設定された「固定資産の減損に係る会計基準」に従って行われる。そこでは3つのステップが想定されている。すなわち，第1のステップで減損の兆候を判断し，第2に減損損失を計上する必要性を判定する。そして第3のステップで減損損失を測定するのである。

減損の兆候とは，減損が生じている可能性を示す事象のことである。たとえば，その資産を使用する事業について，①営業損失が続き，キャッシュ・フローが継続してマイナスになった，②事業の廃止や再編があった，③経営環境が著しく悪化した，④資産の市場価格が著しく下落したことなどがあげられる。

このような減損の兆候があれば，その資産から得られる将来キャッシュ・フローの合計額を見積もり，その額が帳簿価額を下回る場合には減損損失を計上すべきであると判定する。将来キャッシュ・フローを見積もる期間は，資産の経済的残存使用年数と20年のいずれか短い方とする。

減損損失を認識すべきであると判定された資産は，その帳簿価額を回収可能価額まで減額し，減額分を減損損失として当期の特別損失に計上する。回収可能価額は，①売却による回収額としての正味売却価額（売却時価マイナス処分費用見込額）と，②継続使用による回収額としての **使用価値**（将来キャッシュ・フローの割引現在価値）のうち，いずれか高い方の金額である。合理的な経

営者は①と②を比較して，有利な方法で固定資産の投資額を回収するはずであるから，①と②のいずれか高い方を，その固定資産の回収可能価額とするのである。

減損処理された資産は，その後，減損損失を控除した帳簿価額に基づき減価償却を行う。仮に，減損処理の実施後に回収可能価額が帳簿価額を上回っても，減損損失の戻し入れは行わない。

7 研究開発活動と無形固定資産
●研究開発の努力と成果

設備投資が企業の利益獲得能力に直接関連するのに対し，研究開発活動は，将来に効果が発現し迂回的に利益獲得能力に影響を及ぼす。設備投資と研究開発活動の適切なバランスが，企業の持続的な発展を可能にする。資金配分には業種の特徴があり，たとえば日本製鉄（vs. アステラス製薬）は，2023 年 3 月期の連結売上高の約 5 ％（1 ％）を設備投資にあて，約 2 ％（18 ％）を研究開発に充当した。

表6-4 は，連結ベースでみた 2023 年 3 月期における主要企業の研究開発費のリストである。電機業界では減少傾向がみられるが，自動車・精密機器・医薬品の業界では，2023 年の研究開発費の売上高比率を 2001 年よりも増加させた企業が多い。製品開発の激烈な競争のもとで，研究開発費は「聖域化」し，その予算が削減されることは稀だという。では，研究開発費は財務会計でどのように扱われ，財務諸表のどこに示されるのか。研究開発費と特許権などの関係はどうなっているのか。

表6-4　主要企業の研究開発費

	研究開発費 （単位：億円）	売上高比率(%) 2023年3月	売上高比率(%) 2001年3月
電　機			
パナソニック	4,698	5.6	8.2
ソニー	7,357	7.3	5.7
日立製作所	3,162	2.9	5.2
富士通	1,095	2.9	7.0
NEC	1,214	3.7	6.5
東　芝	1,564	4.7	6.0
自動車			
トヨタ自動車	12,417	3.6	3.9
ホンダ	8,520	5.0	5.4
日産自動車	5,222	4.9	4.2
精密機器			
キヤノン（12月）	3,067	7.6	7.5
富士フイルム	1,541	5.4	6.1
リコー	1,077	5.0	4.8
医薬品			
武田薬品	6,333	15.7	10.0
第一三共	3,416	26.7	14.9

（出所）2001年のデータは『日本経済新聞』2002年7月9日付，
2023年のデータは有価証券報告書から筆者が算定。

研究開発費の会計　企業が行う研究開発（Research and Development）の活動は，その頭文字をとってR＆D活動と呼ばれることが多い。この活動に要する支出の会計処理としては，①それが発生した時点で全額を費用とする方法と，②支出額をいったん資産として繰り延べたうえで，その効果が期待される将来期間にわたって徐々に取り崩して，各期の費

用として計上する方法の2通りが考えられる。

　保守的な会計の立場からは①の方法が支持されるが，費用収益対応の原則を守り合理的な期間損益の計算を志向するのなら，②の方法が優先されよう。

　このため，かつて日本の会計基準は，企業が自社の実態に照らして①と②のいずれかの方法を選択することを認めていた。しかし1999年3月期からは「研究開発費等に係る会計基準」により，大部分の **研究開発費** は①の方法で処理しなければならず（この経緯は *Column* ❻参照），①と②からの選択が認められるのは **開発費** の一部だけになっている。現行の規定は次のとおりである。

　まず研究開発は，研究と開発に区分される。研究とは，新しい知識の発見を目的とした計画的な調査や探求のことであり，これに要した支出はすべて発生時点で費用とされる。他方，開発とは，研究の成果やその他の知識を具体化することにより，新しい製品・サービス・生産方法を生み出したり，既存のそれらを著しく改良するための計画や設計の活動をいう。「研究開発費に係る会計基準」によれば，この支出もまた，それが製品・サービス・生産方法に関するものである限り，すべて発生時点で費用として処理しなければならない。

　このため，前記②の方法を選択できるのは，新製品やサービスの研究開発とは直接に関係しない次のような支出だけである。新技術や新経営組織の採用，資源の開発，市場の開拓，生産能率の向上や生産計画の変更のための設備の大規模な配置換えのための支出がそれである。繰延資産に計上された開発費は，支出後5年以内に毎決算期において均等額以上を償却（amortization）し，償却額は通常，「販売費及び一般管理費」として損益計算書に記載さ

　こんにち企業収益の獲得に大きく貢献する原動力として，広く知的財産と総称されるような無形資産に，産業界の注目が集まっている。たとえば科学的な発明を利用した画期的な新製品を生み出す基礎となっている特許権や，消費者に人気の高い高級ブランド製品の名前として用いられている商標権がそれである。これらの項目は，独占的な利用が法律で保護され，権利の転売も可能であるから，たとえ物理的な形態がなくても，資産の1項目とすることに異論はない。

　これらの知的財産は，棚卸資産や有形固定資産とは異なり，①使用しても物理的に減少しないし，②複数の生産工程や顧客により同時に並行して利用が可能である。航空券予約システムは複数人が同時に利用できるし，使用しても減耗は生じない。

　しかし知的財産を自己の努力で創設するには，研究開発や従業員訓練のために莫大な投資が必要とされる。この支出を，資産として貸借対照表に計上すべきか否かは，資産の定義や財務報告の目的から判断されるが，一般には将来に収益をもたらす可能性について，著しい不確実性がある。この不確実性は，③研究開発の最終的な成功の可能性と収益への貢献度が不明であるだけでなく，④ヘッド・ハンティングなどで従業員が転職すれば容易に社外流出してしまう点で，企業による支配が弱いことにも起因している。

　したがって新しい製品・サービス・生産方法に関する研究開発などの支出については，その経営戦略上の重要性にかかわらず，すべて費用に計上するのが日本とアメリカの会計基準の取扱いである。しかし国際会計基準は，技術上の実行可能性や完成に向けた企業の強い意図など，6要件のすべてを満たす開発の支出について，無形固定資産として計上する会計処理を認めており，国際会計基準を採用する日本企業の中にも，この規定に従って新製品の開発費を資産計上している企業が存在する。

表6-5　2022年米特許取得数ランキング

順　位	企業名（国籍）	件　数
1	サムスン電子（韓）	6,248
2	IBM（米）	4,398
3	TSMC：台湾半導体製造（台）	3,024
4	ファーウェイ（中）	2,836
5	キヤノン（日）	2,694
6	LGエレクトロニクス（韓）	2,641
7	クアルコム（米）	2,625
8	インテル（米）	2,418
9	アップル（米）	2,285
10	トヨタ自動車（日）	2,241
18	ソニー（日）	1,397
20	本田技研工業（日）	1,346
25	セイコーエプソン（日）	1,243

（出所）　米国特許商標庁（USPTO）が発行した特許権数に関するアメリ
カ IFI CLAIMS Patent Services による2023年1月11日付レポート。

れる。

特許権などの取得

　研究開発活動が成功し，特許権や実用新案権など法律上の権利を取得することがある。**表6-5**は，アメリカで2022年に特許権を取得した企業のうち，件数が多い上位企業のリストである。表6-4と比較すれば，日本企業が多額の研究開発費を投下しても，アメリカでの特許権取得件数で上位にランクインするのは容易でないことがわかる。表6-5によれば，最近はIT，通信，コンピュータなどの業界の有力企業が，数多くの特許権を獲得していることが注目される。なお医薬品業界の特許は新薬の発明が中心となるため，巨額の研究開発費が投入されていても，獲得される特許権の件数は

相対的に少ない。

　貸借対照表に計上された特許権は，有形固定資産と同じように減価償却される。ただし残存価額はゼロ，耐用年数は税法に従い8年にするのが一般的であり，この条件のもとで定額法による減価償却が行われる。

8 設備投資および研究開発と財務諸表
●財務諸表のどこに示されるのか

　企業が設備投資をして有形固定資産を取得すれば，その取得原価から減価償却累計額を控除した金額が貸借対照表価額になる。減価償却累計額は原則として，その資産が属する科目ごとに取得原価から控除する形式で，貸借対照表に記載される。

　減価償却費は損益計算書に計上されるが，有形固定資産の減価

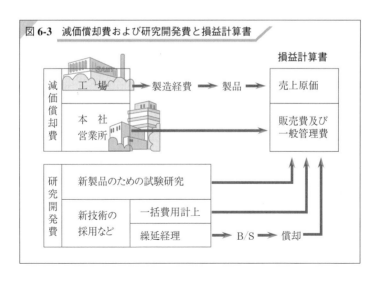

図 **6-3**　減価償却費および研究開発費と損益計算書

図 6-4　設備投資および研究開発と貸借対照表

貸借対照表

資産の部			
流動資産			
……			
流動資産合計			＊＊＊
固定資産			
有形固定資産			
建　物	＊＊＊		
減価償却累計額	＊＊＊	＊＊＊	
機械設備	＊＊＊		
減価償却累計額	＊＊＊	＊＊＊	
有形固定資産合計		＊＊＊	
無形固定資産			
特許権		＊＊＊	
……		＊＊＊	
無形固定資産合計		＊＊＊	
投資その他の資産			
……		＊＊＊	
投資その他の資産合計		＊＊＊	
固定資産合計			＊＊＊
繰延資産			
開発費		＊＊＊	
繰延資産合計			＊＊＊
資産合計			＊＊＊

償却費は資産に応じて**図 6-3**のように2つに区分される。1つは工場の建物や設備などの製造関連資産であり，その減価償却費は製造経費として製品製造原価の構成要素となる。もう1つは，販売部門と管理部門の有形固定資産であり，その減価償却費は「販売費及び一般管理費」として損益計算書に記載される。

新技術の採用などのために特別に支出した開発費は，支出した時点で全額を費用計上するか，または支出額をいったん資産として繰り延べ，その後に費用計上することができる。前者の処理をした場合は，開発費が「販売費及び一般管理費」として損益計算書に記載される。後者の処理をすれば，貸借対照表に繰延資産が計上され，償却されるに従い，償却費が「販売費及び一般管理費」として損益計算書に示される。ただし試験研究費と常時行っている開発活動に対する支出は，繰延資産の対象にならず，その年度の「販売費及び一般管理費」に計上される。この関係を示したのが図6-3の下半分である。

　また研究開発が成功し，特許権を取得すれば，それが貸借対照表に無形固定資産として記載される。無形固定資産については，減価償却額を控除した未償却残高のみが貸借対照表に示される。

　図**6-4**は，貸借対照表に記載される設備投資・研究開発の関連項目をまとめて示している。

本章で学んだキーワード　KEYWORD

有形固定資産　無形固定資産　特許権　のれん　投資その他の資産　有形固定資産の取得原価　圧縮記帳　資産除去債務　減価償却　残存価額　定額法　減価償却累計額未償却残高　定率法　生産高比例法　リース　使用権資産　リース負債　減損会計　使用価値　研究開発費開発費

演習問題 Exercises

1　固定資産を3つに分類し，それぞれの項目を具体的に示して

みよう。

2️⃣ K社は定額法，S社は定率法で減価償却をしたとする。他の条件が等しいとすれば，K社とS社の経営成績を比較するとき，どのような点に注意すべきだろうか。

3️⃣ 開発費の会計処理に，現在どのような問題点があるのかを述べてみよう。

参考文献 Reference

この章で取り上げたトピックスに関係する会計基準は次のとおりである。

●企業会計審議会［1998］「研究開発費等に係る会計基準」。

●企業会計審議会［2002］「固定資産の減損に係る会計基準」。

●企業会計基準委員会［2007］「企業会計基準第13号：リース取引に関する会計基準」（これを「リースに関する会計基準」として改正するための公開草案が審議中）。

●企業会計基準委員会［2008］「企業会計基準第18号：資産除去債務に関する会計基準」（最終改正2012年）。

また最近は，特許やブランドなど物理的な形をもたない資産，およびそれらを生み出すための活動の重要性が高まっている。次の文献は，そのような無形項目に関する会計の問題を幅広く論じている。

●企業会計基準委員会［2009］「無形資産に関する論点の整理」。

●J.ハンド＝B.レブ編著（広瀬義州ほか訳）［2008］『無形資産の評価』中央経済社。

●伊藤邦雄編著［2006］『無形資産の会計』中央経済社。

減損会計を詳しく検討した文献として次のものがある。

●辻山栄子［2003］『逐条解説 減損会計基準』中央経済社。

●米山正樹［2003］『減損会計——配分と評価（増補版）』森山書店。

●須田一幸［2001］「減損会計の実務と情報内容」『会計プログレス』第2号，23～35頁。

本業をサポートする資金運用活動

本章のサマリー S U M M A R Y

　企業は本業以外にも，余剰資金を各種の金融資産に運用して利子や配当を獲得する。そのために利用する資産には，預貯金・貸付金・債券・株式などがあり，そこから得られる受取利息・有価証券利息・受取配当金は，営業外の収益として損益計算書に計上する。有価証券の売買から生じる売却損益や，保有中の時価変動による評価損益の一部も損益計算書に含められる。

　現金や短期預金の期中増減や期末残高は，企業の支払能力を評価するための重要な情報である。キャッシュ・フロー計算書は，この金額が期首から期末へと変化した状況とその原因を示した書面であり，企業が近い将来に倒産する危険がないかを判断するのに役立つ。

　余剰資金の運用には，金利の変動や証券価格の変動により思わぬ損失を生じる場合がある。そのような損失の多くは，デリバティブと呼ばれる新しい金融商品を利用して回避することができる。デリバティブには，先物取引，オプション取引，スワップ取引などの種類がある。

　先物取引では，将来の取引価格が現時点で契約される。オプション取引では，将来に所定価格で取引するか否かを選択できる権利が売買される。スワップ取引では，2人の当事者が債権・債務や金利などを相互に交換する。

1 余剰資金の運用

●財テクの資産とその成果

金融資産の種類と貸借対照表

一般企業の主たる経済活動は，財貨やサービスの生産と販売であり，これらは営業活動と呼ばれる。営業活動で得られた資金は，再び営業活動に投下されるが，余剰資金が生じれば預貯金や株式などの金融資産にも投資されて，利子や配当の獲得に利用される。企業がこのような目的で保有する金融資産には，預金，貸付金，有価証券がある。

これら3項目の資産は，その性質により流動資産と固定資産に区分して，貸借対照表に計上される。預金のうち，満期日が決算日から1年以内に到来するものは，現金と合わせて「現金及び預金」という名前で，貸借対照表の最初に示される。決算日から満期までの期間が1年を超える預金は，固定資産である。貸付金についても，これと同じ区分が行われる。

有価証券のうち流動資産に分類されるのは，もともと短期の利殖目的で保有している株式や債券に限定される。これ以外のものは，投資有価証券として固定資産に分類する。そのうち子会社の株式は，子会社株式という名前で特別に区分して記載することになっている。

流動資産に分類された現金預金と有価証券は，ただちに支払手段として利用できる性質をもつので，**手元流動性** と呼ばれることがある。また現金預金と有価証券に受取手形と売掛金を加えた4資産を総称して，**当座資産** という。なお企業活動に伴う収入と

図7-1　余剰資金の運用と貸借対照表

| 資産の部 | 流動資産
　現金及び預金　＊＊＊
　有価証券　　　＊＊＊
　短期貸付金　　＊＊＊

固定資産
　投資有価証券　＊＊＊
　子会社株式　　＊＊＊
　長期預金　　　＊＊＊
　長期貸付金　　＊＊＊

繰延資産 | 負債 | 流動負債
固定負債 |
| | | 純資産の部 | 株主資本
　資本金
　資本剰余金
　利益剰余金
　自己株式　　　△＊＊＊
評価・換算差額等
　その他有価証券
　　評価差額金　＊＊＊
新株予約権 |

支出の状況を表示する書面として，キャッシュ・フロー計算書が作成されることがあり，資金に裏づけられた経営成績や，資金繰り上の安全性を判断するために利用される。

　図7-1 は，上記の金融資産を貸借対照表に記載したものである。この図にはまた，本章の以下の部分で解説する項目も前もって記載されている。

余剰資金の運用成果　余剰資金を金融資産で運用したことによって得られる成果には，インカム・ゲインとキャピタル・ゲインがある。**インカム・ゲイン**とは，受取利息や受取配当金などのように，毎期反復して得られる収益をいう。これらの収益は，企業の主たる営業活動以外から生じたものであるという意味で，損益計算書の営業外収益の区分に記載される。その具体的な収益の名前は，元金が何であるかにより，次のように異なっている。

図7-2　余剰資金の運用と損益計算書

本業の業績	I	売上高				＊＊＊
	II	売上原価				＊＊＊
			売上総利益			＊＊＊
	III	販売費及び 一般管理費				＊＊＊
			営業利益			＊＊＊
資金運用の成果	IV	営業外収益				
		受取利息			＊＊＊	
		有価証券利息			＊＊＊	
		受取配当金			＊＊＊	
		有価証券売却益			＊＊＊	
		有価証券評価益			＊＊＊	＊＊＊
	V	営業外費用				
		有価証券売却損			＊＊＊	
		有価証券評価損			＊＊＊	＊＊＊
			経常利益			＊＊＊
臨時の損益ほか	VI	特別利益				
		投資有価証券売却益				＊＊＊
	VII	特別損失				
		投資有価証券売却損			＊＊＊	
		投資有価証券評価損			＊＊＊	＊＊＊
			税引前当期純利益			＊＊＊
			法人税等			＊＊＊
			当期純利益			＊＊＊

　　　預金・貸付金　→受取利息

　　　社債などの債券→有価証券利息

　　　株　式　　　　→受取配当金

　他方，キャピタル・ゲインは有価証券を買値より高く売ること
から得られる売却益である。流動資産の有価証券は短期利殖の目
的で保有し頻繁に売買されるので，その売却益は経常的なものと

して損益計算書の営業外収益に計上する。しかし短期利殖を目的としない投資有価証券を売却するのは特別なことであるから，固定資産に分類された有価証券の売却益は，損益計算書で特別利益として計上する。買値よりも売値の方が低ければ，売却損が生じることはいうまでもない。このほか有価証券の時価変動から生じた評価損益の一部も，損益計算書に計上される。

図7-2 は，これらの項目を損益計算書に記載したものである。

2 現金及び預金

●預金で利子を稼ぐ

現金預金の範囲

現金と短期の預金は，「現金及び預金」として貸借対照表の最初に記載される。現金には，単に紙幣と通貨だけでなく，たとえば得意先から受け取った小切手でまだ銀行に預け入れていない場合のように，金銭と同一の性質をもつものも含まれる。

預金には，銀行や信託会社その他の金融機関に対する各種の預金・貯金・掛金などが含まれる。企業が一般に保有する銀行預金には，当座預金・普通預金・定期預金などがある。定期預金のうち，その満期日が決算日から1年を超えて到来するものは固定資産に分類されるが，それ以外の預金は流動資産として取り扱われる。

現金預金の管理

企業は，現金の盗難や紛失をなくし，また出納と保管の手数を削減する目的で，金銭の受払に小切手や銀行振込を利用することにより，手持ちの現金をできるだけ少なくするようにしている。しかし頻繁に生じ

る日常的な少額の支払のつど小切手を振り出したり銀行振込をすることは不便なので，支払担当者に少額の現金を前もって渡しておき，日常的な支払に充てさせるのが一般的である。

　現金の収支はすべて現金出納帳に記入し，手許の現金在高を帳簿上の残高と照合することにより，厳密な管理を行わなければならない。万一，現金の手許在高が帳簿残高と一致しないことに気づいたときは，原因の調査が必要になる。調査しても原因が決算期までに判明しなければ，不一致の額を雑損失または雑収入として，損益計算書に計上する。

　また預金のうち，特に当座預金については預入れと引出しが頻繁に生じるから，当座預金出納帳を作成して記録するとともに，自社の当座預金口座の出納記録の写しを取引銀行から取り寄せて，当座預金出納帳と照合することにより，これを管理しなければならない。また月末や決算日には，銀行から **残高証明書** を入手して，自社の帳簿残高と突き合わせる。銀行の記録と自社の記録に不一致があれば，原因を明らかにするとともに，必要に応じて自社の記録を修正する。不一致の原因の多くは，自社と銀行の記帳処理に時間的なズレがあることによるのが一般的である。

3　有 価 証 券
●証券投資の利益とリスク

有価証券の範囲と区分

会計上で **有価証券** とは，金融商品取引法の第2条第1項に列挙された証券をいう。①株券や新株引受権証書などの持分証券，②国債・地方債・社債などの負債性証券，および，③証券投資信託や貸付信託の受益証

券などが，その代表的なものである。株式会社以外の会社に対して出資した額は，有価証券ではなく **出資金** として取り扱われる。

　有価証券は，企業がそれを保有する目的により，次の4種類に区分することができる。第1は，時価変動から利益を得ることを目的に所有する市場性のある株式や債券などで，「売買目的の有価証券」と呼ばれる。第2は，利子を得るために，満期まで継続して所有する意図をもって保有する社債などの債券で，「満期保有目的の債券」と名づけられている。第3は，子会社株式と関連会社株式である。これらの株式は，その企業を支配したり大きな影響力を行使する目的で保有されている。第4は，これら3つ以外の目的で保有されている株式などであり，「その他有価証券」と呼ばれる。営業上の密接な関係を維持するために相互に持合いしている株式（持合い株式という）がその例である。

　これらのうち流動資産となるのは，売買目的の有価証券と，1年内に満期の到来する社債その他の債券だけであり，これ以外は固定資産に分類される。

　　　　　　　　　　　有価証券に類似する項目として，**自己株**
　 ┃ 自 己 株 式 ┃　　**式** がある。自己株式は，資金調達のため
に会社が発行した株式を，その会社みずからが再び買い戻したものであるから，自己資本を減少させる性質をもっている。したがって資本充実に反して，債権者の権利を害するなどの理由で，わが国では長らくその取得が商法で禁止されてきた。

　しかし2001年10月以降は，株主総会の決議を経て，所定の範囲内で行うのであれば，自己株式を自由に取得し保有することができるようになった。ただしその金額については，株主への配当金と合計したかたちで，会社法によって上限額が決められてい

る。取得した自己株式は，第三者への売却のほか，他企業を合併する場合の対価やストック・オプションとして交付するなど，さまざまな用途に利用される。

　自己株式は，会社の金庫に保管されていても，貸借対照表に資産として計上するのではなく，出資の払戻しの性質をもつことを考慮して，株主資本の金額から控除する形式で記載する。

　　有価証券の取得原価

　　有価証券の取得方法には，さまざまな態様があるが，発行済みの証券を市場で購入する場合と，新たに発行される証券に応募して払込により取得する場合が，その代表的な方法である。

　購入した有価証券の取得価額は，購入代価に買入手数料などの付随費用を加算して決定する。払込により取得した有価証券は，その払い込んだ金額が取得価額となる。すでに保有しているのと同じ銘柄の有価証券を，以前とは異なった価額で取得したときは，総平均法または移動平均法を適用して，単位当たりの新たな取得原価を算定する。

　そして有価証券を売却したときには，この新しい取得原価と売価との差額が売却益または売却損となる。

　　有価証券の期末評価

　　かつて有価証券の評価は，商品や原材料などの棚卸資産と同様に，取得原価によることを原則とし，証券の時価が取得原価より低くなった場合は，回収不能部分を切り捨てるために，任意の評価減または強制的評価減が行われてきた。しかし2000年4月1日以降に開始する事業年度からは，所定の有価証券が **時価評価** されるようになった。**図7-3** は，現行の会計ルールが規定する期末の有価証券の評価基準と，それによって生じた評価差額の取扱いを要約した

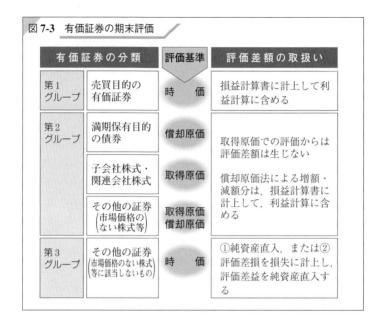

図7-3　有価証券の期末評価

有価証券の分類		評価基準	評価差額の取扱い
第1グループ	売買目的の有価証券	時価	損益計算書に計上して利益計算に含める
第2グループ	満期保有目的の債券	償却原価	取得原価での評価からは評価差額は生じない 償却原価法による増額・減額分は，損益計算書に計上して，利益計算に含める
第2グループ	子会社株式・関連会社株式	取得原価	
第2グループ	その他の証券（市場価格のない株式等）	取得原価 償却原価	
第3グループ	その他の証券（市場価格のない株式等に該当しないもの）	時価	①純資産直入，または②評価差損を損失に計上し，評価差益を純資産直入する

ものである。現行の会計基準の特徴は，有価証券を保有目的で分類し，グループ別に異なった会計処理を求めている点にある。

　第1グループは売買目的の有価証券と呼ばれ，上場会社の株式などに投資し，その値動きを利用して利益を得る目的で保有している有価証券がこのグループに属する。この有価証券は時価の変動が意味をもつから，期末ごとに時価で評価し，生じた差額を当期純利益の計算に含める。

　第2グループの有価証券は，値上がりしても企業が転売する意図をもたないか，容易に転売できる市場がない点で共通性をもつ。これらの有価証券は，取得原価で評価するか，取得原価が額面金額と異なる債券は **償却原価法** を適用する。ここに償却原価法とは，額面金額（たとえば100万円）と異なる価額（たとえば94万円）

Column ❼　事業用資産と金融資産の評価

　わが国の会計基準は，資産を，①生産や販売など本来の企業活動に用いる事業用資産と，②余剰資金の運用のために保有する金融資産に分類したうえで，事業用資産は取得原価で評価し，金融資産は時価で評価するのを原則としている。資産の種類別に異なった評価基準が適用されるのは，次の理由による。

　余剰資金の運用のために保有する金融資産の特徴は，誰にとっても市場価格に等しい価値を有し，事業の遂行に影響することなく市場価格で容易に売却でき，また売却以外に投資の目的を達成する方法もない。したがって金融資産は，市場価格を中心とした時価で評価するのが適切である。

　他方，原材料や機械装置などの事業用資産は，もともと時価変動による利益獲得を目的に保有されてはいないし，転売してしまえば事業活動に大きな影響が生じる。しかも事業用資産の価値は誰がどんな目的で保有するかによって異なる。企業の見込みや計画が，必ずしも期待どおりに達成される保証はない。したがって事業用資産は，それを利用して生産した製品が市場で販売され，企業が意図した価値が実現するまでは，取得原価で評価しておくのが合理的である。

で有価証券を取得した場合，その差額（ここでは6万円）を満期までの期間（たとえば3年）にわたり各年度に配分して（均等なら毎年2万円ずつ加算），有価証券の評価額を額面金額へと調整していく方法である。第2グループには，満期まで保有する目的の債券，子会社株式と関連会社株式，および「その他有価証券」のうち市場価格のない株式等が含まれる。市場価格のない株式は取得原価で評価せざるをえない。

　他方，「その他有価証券」であっても，市場価格のない株式等

に該当しなければ，第3グループとして，時価での評価が行われる。その時価は，市場価格の参照（たとえば上場株式の場合）や評価技法の適用（たとえば社債など）によって決定されるが，その方法を規定するのが企業会計基準第30号「時価の算定に関する会計基準」である。

　時価評価の対象となる「その他有価証券」を毎期末に時価で評価すると，帳簿価額との間で評価益や評価損が生じるが，これらの評価差額は次の①または②の方法で取り扱われる。すなわち，①評価益も評価損も区別せずに，評価差額の純額を貸借対照表の純資産の部に計上する（これを **純資産直入法** という）か，②評価益は貸借対照表の純資産の部に直接に計上するが，評価損は損益計算書に損失として計上して，当期純利益の計算に含める。純資産に直入した金額は「その他有価証券評価差額金」という名前で，株主資本とは区別して表示される（図7-1参照）。

　このようにして「その他有価証券評価差額金」については，これまで純資産直入法が用いられてきた。しかしこの取扱いは，個々の企業が作成する個別財務諸表に限定されている。企業集団全体について作成する連結財務諸表（第11章参照）では，会計基準の国際的な統合のために，純資産直入法ではなく，評価差額を含めた包括利益を計算したうえで，これを貸借対照表に振り替える方法を採用することになっている。この方法については第10章で解説する。

　なお，前述の第2グループと第3グループの有価証券については，次の2つの場合に評価損を損益計算書に計上することが強制される。①市場価格のある有価証券の時価が著しく下落し，回復する見込みがあると認められる場合以外，および，②市場価格の

ない株式について，発行会社の財政状態の悪化により実質価額（1株当たりの純資産額）が著しく低下した場合がそれである。実務上は，時価や実質価額が帳簿価額の50％を割り込んで低下すると，必ず評価減を行わなければならないことになっている。これを有価証券の **減損会計** という。

4 キャッシュ・フロー計算書

●資金繰りの評価に役立つ情報

キャッシュ・フロー計
算書の役立ち

損益計算書は企業の経営成績を知るために欠くことのできない重要な書類である。しかし損益計算書の売上高が1億円であるからといって，1年間に1億円の売上収入があったわけではないし，2000万円の当期純利益が計上されているからといって，1年間に現金が2000万円増えたわけでもない。

　それでも損益計算書にある程度の当期純利益が計上されていれば，企業の業績は順調であると考えて差し支えない。ただし，この判断にも死角がある。たとえば，もし営業マンが売上促進に熱中するあまり，売上代金の回収を怠っていれば，損益計算書には売上高が計上されて当期純利益が算出されても，手持ちの資金は減る一方であり，これが長く続くと企業は資金繰りがつかなくなって倒産に陥る危険もある。

　企業が仕入代金や借入金などの債務を期日どおりに返済して存続できるか否かは，最終的には資金繰りに依存する。少なくとも長期的には，収入額が支出額を上回っていなければならないのである。企業におけるそのような資金の流れを表す情報として，

キャッシュ・フロー計算書がある。これは損益計算書がもつ上述のような死角を補って，企業の安全性を評価するための重要な書面である。

　大企業が倒産したときの社会的な影響は非常に大きい。そこで金融商品取引法は，この法律に基づくディスクロージャー制度の適用を受ける大企業に対して，2000年3月決算期から，損益計算書や貸借対照表と並ぶ会計の書類として，キャッシュ・フロー計算書を作成し公表することを要求している。

資金の概念

　キャッシュ・フロー計算書は，企業が期首の時点で保有する資金額が，期中の増減を経て期末の資金額に達するプロセスを説明する書面である。この計算書で資金とは，「現金及び現金同等物」をいう。現金には，手許現金だけでなく，当座預金や普通預金などの要求払預金も含まれる。また現金同等物とは，容易に換金することができ，かつ，価値の変動についてわずかなリスクしか負わない短期投資をいう。たとえば，預入日から満期日までの期間が3ヵ月以内の定期預金などがその例である。株式などは価格変動リスクが高いから，資金の範囲には含まれない。

キャッシュ・フロー計算書の区分表示

　キャッシュ・フロー計算書によって，企業の資金の変動をよりいっそう適切に表示するには，企業が営む活動の種類に応じて，キャッシュ・フローを区分するのが有効である。この目的のために企業活動は，①営業活動，②投資活動，および③財務活動という3つに区分される。

　営業活動は，企業が主として営む事業に関連する活動であり，この区分では売上収入や商品・原材料の仕入の支出，人件費や販

売・管理費の支出が中心となる。**投資活動**は，設備投資，証券投資，融資の3つから構成される。これらはいずれも調達資金を各種の資産に投下することに関連している。この活動の収入としては，中古設備の売却収入，有価証券の売却収入，貸付金の回収による収入などが含まれる。他方，投資活動の支出には，設備投資のための支出，有価証券を取得するための支出，新規の貸付などがある。最後に，**財務活動**は資金の調達と返済からなる。この収入の代表例は，新規の借入や社債発行および増資などである。また支出には，借入金返済や社債の償還などが含まれる。

| 直接法と間接法 |

キャッシュ・フロー計算書の作成と表示の方法には，直接法および間接法の2通りがある。**表7-1**は，これら2通りの方法を例示したものである。**直接法**は，期中の収入額と支出額の総額を記載することにより，期中における資金の増減を直接的に明らかにする方法である。

他方，**間接法**の場合は，損益計算書の当期純利益に所定の調整を加えることにより，期中の資金変化額が間接的に明らかにされる。たとえば減価償却費は，利益計算で費用として減算されているが，資金は流出していないから，キャッシュ・フロー計算書では，利益に加え戻される。また売掛金や商品の増加は，これらの資産に資金が拘束されて減少したことを意味するから，支出項目として取り扱われる。逆に買掛金の増加は，支払の延期により支出せずにすんだことを意味するから，キャッシュ・フロー計算書では，資金の増加項目となる。

直接法では収支が総額で示されるため，経常的収入÷経常的支出として，収支の倍率を計算することができる。他方，間接法では当期純利益とキャッシュ・フローで差異が生じている原因を

> **表7-1　キャッシュ・フロー計算書の例示**
>
> 【直接法】
> 　　営業活動によるキャッシュ・フロー
> 　　　営業収入　　　　　　　　　　　　405
> 　　　受取利息の収入　　　　　　　　　　5
> 　　　商品仕入の支出　　　　　　　▲325
> 　　　給料・広告費の支出　　　　　▲20　　　　65
> 　　投資活動によるキャッシュ・フロー
> 　　　機械の取得　　　　　　　　　　　　　▲150
> 　　財務活動によるキャッシュ・フロー
> 　　　短期借入金による調達　　　　　　　　100
> 　　　　現金及び現金同等物の増加額　　　　　15
> 【間接法】
> 　　営業活動によるキャッシュ・フロー
> 　　　当期純利益　　　　　　　　　　　70
> 　　　減価償却費　　　　　　　　　　　25
> 　　　売掛金の増加　　　　　　　　　▲50
> 　　　商品の増加　　　　　　　　　　▲10
> 　　　買掛金の増加　　　　　　　　　30　　　　65
> 　　投資活動によるキャッシュ・フロー
> 　　　機械の取得　　　　　　　　　　　　　▲150
> 　　財務活動によるキャッシュ・フロー
> 　　　短期借入金による調達　　　　　　　　100
> 　　　　現金及び現金同等物の増加額　　　　　15

明らかにすることができる。

　このように直接法と間接法は，それぞれが特有の長所を有するため，ともに妥当な作成・表示の方法として認められている。

5 デリバティブ

資金運用のリスクとデ
リバティブ

企業が余剰資金を債券や株式などの有価証券で運用する場合，市場価格の低下により売却損や評価損というキャピタル・ロスが発生する可能性が常に存在する。市場価格の変動に起因して損失を被る危険性は「市場リスク」と呼ぶことができる。

他方，預金や貸付金には，相手が倒産して貸倒れになる場合を除いて，一般にはリスクがないようにみえるかもしれない。しかし預金や貸付金の契約利率が固定金利ではなく，金融情勢によって変化する変動金利である場合には，予定していただけの受取利息が得られなくなることがある。変動金利に起因するこのような利息減少のおそれを「金利リスク」という。

またこれらの金融資産が外貨建てである場合には，外国為替相場の不利な変化に起因して，日本円に換算した場合の受取額が減少する「為替リスク」も存在する。

これらのリスクを回避したり，逆にリスクを積極的に負担して大きな投資収益を得たりするための手段として，**デリバティブ**と総称される新しい金融商品が開発されている。

デリバティブ（derivative）とは，派生物を意味する名詞である。以下で説明するデリバティブも「金融派生商品」と訳され，株式，債券，預金や貸付金などの伝統的な金融資産から派生してきた新しい金融商品をいう。これらのデリバティブには多くの種類があるが，基礎となった伝統的な金融資産（原資産という）の種類と，

表7-2　デリバティブの種類

原資産	先物取引	オプション取引	スワップ取引
株　式	株価指数先物	株価指数オプション 個別株オプション	
債　券	債券先物	債券オプション 債券先物オプション	
金　利	金利先物	金利オプション 金利先物オプション	金利スワップ
通　貨	通貨先物 為替予約	通貨オプション 通貨先物オプション	通貨スワップ
商　品	商品先物	商品先物オプション	

そこから派生した新商品の経済的機能の観点から，**表7-2**のように位置づけることができる。

　原資産の種類によるこの分類は，企業がデリバティブの利用によって回避または積極負担しようとするリスクの種類と関係する。すなわち株式と債券と商品のデリバティブは，これらの原資産の市場価格変動に起因する「市場リスク」に対応するために利用され，金利のデリバティブを用いれば，預金・貸付金（負債側では借入金・社債）の利息をめぐる「金利リスク」への対応が可能となり，通貨のデリバティブは為替レートの変動による「為替リスク」に対処するために利用することができる。

　以下では，表7-2の横軸に示した先物取引，オプション取引，スワップ取引という取引の機能別の分類に従い，主要なものを例示的に解説する。

先物取引

　　　　　　　　　　　　先物取引 とは，将来において取引の対象とする商品の価格を，現時点で前もって約束しておき，その将来時点が到来したときに，取引対象物の価格がどのように変化していようとも，前もって約束しておいた価格で決済を行うという取引である。

　たとえば，東京証券取引所に上場されている国債先物の取引を考えてみよう。この取引対象物は，期間 10 年で年利率 6％という架空の標準化された国債であり，その価格は将来の金利動向いかんにより変動する。

　このことを単純化して説明するために，将来のある時点でこの国債を買って 1 年間保有すると仮定しよう。1 年後には額面 100 円当たり 6 円の利子がついて元利合計は 106 円になるが，その 1 年間の市場の利子率が 1％であれば，1 年後の 106 円の割引現在価値は ［106 ÷ 1.01 ＝約 105 円］である。しかし市場利子率が 4％に上昇すれば，現在価値は ［106 ÷ 1.04 ＝約 102 円］に低下する。国債先物の価格は，将来の金利動向に依存して，このように変動するのである。

　今，X 社が過去に額面 100 円当たり 98 円で購入して保有している額面 1 億円の国債の現物を近いうちに売却する予定であるが，市場金利が上昇傾向にあるため，実際の売却時までに値下がりしてしまうことを心配しているとしよう。X 社がこのような市場リスクに対処する 1 つの方法は，1 億円分の国債先物を売り建てることである。ここに売建てとは，将来に国債を特定の価格（たとえば 100 円当たり 130 円）で売る契約をいう。

　X 社が心配したとおり，売却時に国債の現物の単価が 93 円に値下がりしてしまったとすれば，［1 億円 ×（98 － 93）/ 100 ＝

500万円〕の売却損が生じる。しかし国債の現物が値下がりするとき，国債先物も連動して値下がりするのが通常である。たとえば，先物の単価が126円に値下がりしたとしよう。X社が事前に先物を売り建てていれば，値下がり後もこれを単価130円で売ることができる。したがって126円で買ってきて130円で売れば，〔1億円 ×（130 － 126）/ 100 = 400万円〕の利益が得られる。すなわち有価証券売却損500万円の大半は，国債先物利益400万円によって相殺できるのである。

　詳しい説明を省略するが，もし将来に国債の現物を購入する予定があり，実際の購入までに値上がりしてしまうことが心配される場合には，上のX社とは逆に国債先物の買建て（買う契約）をしておけばよい。

　以上のように国債など金融商品の現物の売買から生じる損失を，先物取引などから得られる利益で相殺することを **ヘッジ**という。しかし現物の取引とは無関係に，先物などの値動きだけを利用して利益を得ようとすることも可能であり，そのような行為は **投機**と呼ばれている。

オプション取引

前述のX社は，単価98円の取得原価で保有している国債の現物が値下がりすることを心配して，ヘッジのために国債先物を単価130円で売り建てたのであるが，予想に反して国債の現物の単価が103円に値上がりすることもある。このときX社は〔1億円 ×（103 － 98）/ 100 = 500万円〕の有価証券売却益を獲得する。

　しかし同時に国債先物の価格も値上がりするのが通常であり，今これが134円になったとしよう。このときX社は134円のものを契約どおりの130円で売らなければならないから，〔1億円

×（134 − 130）／100 ＝ 400万円］の損失を被り，有価証券売却益
の大半は相殺されてしまう。先物取引は，必ず契約どおりに決済
しなければならず，途中で取りやめることはできないのである。

　これに対し，状況が不利になった場合には契約を履行せず，有
利な場合にだけ契約を履行するように選択できるのが **オプショ
ン取引** である。これは将来において特定の商品を特定の価格で
取引する「権利」を売買する。この取引でオプション料と呼ばれ
る対価を支払って権利を買った者（オプションの買い手）は，将
来時点が到来したときに，契約上の特定価格が自分にとって有利
と判断すれば，自分が買っておいた権利を行使して取引を行えば
よいし，不利と判断すれば権利を放棄するだけで損失を回避でき
るのである。

　たとえば上のX社が100万円のオプション料を払って，国債
先物オプションを買っておけば，権利の放棄をするだけで400
万円の損失を被らずにすむのである。それでも100万円の支払
オプション料が費用となるが，国債の現物の売却益が500万円
あるから，結果的には400万円の投資成果が達成される。

スワップ取引

スワップ取引 のスワップ（swap）とは交
換することであり，固定金利と変動金利
を交換する金利スワップがその1つの代表的な形態である。ここ
に固定金利とは，市場金利がいかに変化しようとも一定値に固定
されているタイプの金利であり，変動金利とは金融情勢によって
変化するタイプの金利である。企業は金利スワップを利用するこ
とにより，受取利息を増やしたり支払利息を減らすことができる。

　たとえば年利率4％の固定金利の貸付金1億円を有するY社は，
現在は3％である変動金利が将来は5％に上昇すると予想してい

るとしよう。今のままではY社は金利上昇の恩恵を受けることはできないが，固定金利を引き渡すのと交換に変動金利を受け取ることを約束した金利スワップ取引をしておけば，実際に変動金利が5％へ上昇したとき，Y社は受取利息を［1億円 × (5 − 4)％ = 100万円］だけ増加させることができる。

逆に，変動金利3％の借入金1億円があるZ社が，将来6％まで金利が上昇することを予想するときは，実際の上昇前に，たとえば4％の固定金利を引き渡すのと交換に変動金利を受け取ることを約束した金利スワップ取引をしておけばよい。この取引をしなければ変動金利上昇後のZ社の支払利息は［1億円 × 6％ = 600万円］であったはずであるが，この取引により［1億円 × 4％ = 400万円］ですむことになる。

本章で学んだキーワード　　　　　　KEYWORD

手元流動性　　当座資産　　インカム・ゲイン　　キャピタル・ゲイン　　有価証券　　出資金　　自己株式　　時価評価　　償却原価法　　純資産直入法　　減損会計　　キャッシュ・フロー計算書　　営業活動　　投資活動　　財務活動　　直接法　　間接法　　デリバティブ　　先物取引　　ヘッジ　　投機　　オプション取引　　スワップ取引

演習問題
Exercises

① 余剰資金の運用成績を評価するために［資金運用の成果 ÷

資金運用への投下資本額〕という計算をするとき，分子と分母にはどのような項目を含めるべきだろうか。

② キャッシュ・フロー計算書を利用して，その企業が近い将来に倒産する危険がないかどうかを判定するには，どこに着目すればよいだろうか。

③ 保有中の有価証券が売却前に値下がりしてしまうことによる損失や，購入予定の有価証券が購入前に値上がりしてしまうことによる損失に対処するには，どのようなデリバティブをどう利用すればよいかを考えてみよう。

参考文献
Reference

この章で解説したトピックスに関係する会計基準などには次のものがある。

◉企業会計基準委員会［2011］「金融商品会計基準（金融負債の分類及び測定）の見直しに関する検討状況の整理」。

◉企業会計基準委員会［2010］「金融商品会計基準（金融資産の分類及び測定）の見直しに関する検討状況の整理」。

◉企業会計基準委員会［2006］「企業会計基準第 10 号：金融商品に関する会計基準」（最終改正 2022 年）。

◉企業会計基準委員会［2019］「企業会計基準第 30 号：時価の算定に関する会計基準」（最終改正 2022 年）。

◉企業会計基準委員会［2002］「企業会計基準第 1 号：自己株式及び準備金の額の減少等に関する会計基準」（最終改正 2015 年）。

◉企業会計審議会［1998］「連結キャッシュ・フロー計算書等の作成基準」。

外貨表示額を日本円に換算する

本章のサマリー　S U M M A R Y

　企業活動の国際化により，企業が行う多くの輸出入や資金の調達と運用の取引の一部が外貨で契約されるようになっているが，これらの取引も日本円に換算して統合しなければならない。

　このような外貨建取引は，取引発生時点の為替レートで日本円に換算して記録する。しかし決算日に残存している売掛金や買掛金，およびその他の貨幣性の外貨建資産・負債は，決算日の為替レートを用いて新しい換算額に付け替えなければならない。当初の換算額との差額は，為替差損益として，損益計算書に計上する。

　為替差益が生じればよいが，多額の為替差損が生じると，本来の営業取引から生じた利益が相殺されて，帳消しになる危険がある。そこで企業は為替予約や通貨オプションを利用するなどの方法で，為替リスクに対処している。

　なお外国に支店を開設したり，子会社を設立して事業を営んでいる場合，支店や子会社の財務諸表全体が外貨で表示されており，その全体を日本円に換算することが必要になる。

　企業活動の国際化がさらに進展して，日本企業が外国市場での上場や資金調達を考える場合は，そこで公表する財務諸表を作成するための会計基準の選択が問題になる。この章では，会計基準の国際統合の動向についても紹介する。

1 企業活動の国際化に伴う会計の問題

●輸出入，在外支店，在外子会社

企業活動が日本国内だけにとどまり，す

換算の必要性

べての取引が日本円を用いて行われる場合には，財務諸表の項目もすべて日本円で測定・表示される。しかし企業活動が国際化すると，輸出入や外貨での資金調達と運用などにより，取引の一部が日本円以外の通貨によって契約されるようになる。売買価額その他の取引価額が外国通貨で表示されている取引を **外貨建取引** という。

外貨建取引が行われると，企業の会計数値の一部に外貨で表示されたものが混入してくる。しかし外貨で表示された部分も，最終的には日本円による金額へと変換することにより，もともと日本円で測定されている部分と統合されなければならない。このように外国通貨を用いて測定・表示された会計項目を日本円によって表現しなおす手続きを，**換算**（translation）という。

企業活動の国際化の進展に伴い，そのような換算が必要とされる場合がますます多くなっている。外貨表示された会計項目の換算が必要とされるケースには，次の3つの場合がある。

第1は，日本国内に所在する本店が外国の取引先との間で行う外貨建取引，およびその結果として当該本店の財務諸表に含まれることになる外貨表示の資産・負債項目の換算である。外貨建取引については，その発生時点で日本円に換算して取引記録を行うとともに，期末に残存する売掛金・買掛金・貸付金・借入金などの外貨建項目に関して，貸借対照表への計上金額を決算時に再

検討する必要が生じる。

　第2に，日本国内の本店が外国に支店を設立して事業を営んでいる場合にも，換算の問題が生じる。本店は決算にあたり，支店の財務諸表を合算して，企業全体としての財務諸表を作成しなければならない。しかし在外支店の財務諸表の項目はすべて外国通貨で表示されているから，合算に先立って，これをすべて日本円に換算することが必要とされるのである。

　第3は，外国に子会社をもっている企業が，その子会社も含めた企業集団全体の業績を示すために，連結財務諸表を作成するに際して必要とされる在外子会社の財務諸表の換算である。在外子会社の財務諸表は，その全体が現地国の通貨で表示されているから，すべての項目を日本円に換算したうえでなければ，親会社の財務諸表と合算することはできない。

為替レートの変動と為替差損益

これら3つの領域で必要とされる換算は，外国通貨という測定尺度で表現された会計数値を，日本円という測定尺度を用いた数値に表現しなおす作業である。それはちょうど，ポンドで表現された重量数値に0.453を乗じてキログラムに表現しなおしたり，マイルで表現された距離に1.6093を乗じてキロメートルに表現しなおすのと類似する。

　ただし会計数値の換算は，重量や距離の変換とは重要な一点で相違する。重量や距離の換算に用いられる係数が［1ポンド＝0.453kg］とか［1マイル＝1.6093km］として固定されているのに対し，たとえば日本円とアメリカドルの関係は，1ドルが120円のこともあれば80円のこともあるというように，換算の係数たる外国為替相場が時点によって相違するのである。

為替レートの変動は，企業に **為替差益** や **為替差損** をもたらす。この状況を取引のタイプごとに詳しくみてみよう。

2 輸出入取引の換算
●財貨受渡しと代金決済は別取引

為替差損益の区分把握

今，日本企業が製造原価150万円の乗用車1台を2万ドルでアメリカへ輸出し，このときの為替レートが［1ドル＝100円］であったとしよう。この取引は企業に2万ドルの売上高と2万ドルの売掛金をもたらす一方で，150万円の売上原価を生じさせる。取引時点のレートで換算した売上高と売掛金の金額は200万円である。したがってこの時点では［売上高200万円－売上原価150万円＝50万円］の利益が得られているように思われる。

しかし，売掛金が回収されるまでに為替レートが徐々に円高に動き，回収時点で［1ドル＝80円］になっていれば，アメリカから2万ドルの支払を受けた日本企業が，その外貨を銀行で日本円に換金しても160万円にしかならない。結局，10万円の利益しか得られなかったのである。

この取引の成果は，損益計算書でどのように表現すればよいか。これには1取引基準および2取引基準と呼ばれる2通りの方法がある。それぞれの方法によった場合の利益計算は次頁のようになる。

1取引基準 は，財貨の輸出入と代金の決済が分離できない一連の取引であるとみなし，輸出入の収益や費用を日本円での最終的な決済額で測定する考え方である。この考え方のもとでは，いっ

160 　第8章 国際活動

1 取引基準		2 取引基準	
売上高	160 万円	売上高	200 万円
売上原価	150 万円	売上原価	150 万円
純利益	10 万円	売上総利益	50 万円
		為替差損	40 万円
		純利益	10 万円

たん 200 万円で計上された売上高も，決済時に 160 万円に修正しなければならないから，実践的には煩雑である。

　これに対し **2 取引基準** は，財貨の輸出入と代金の決済を，独立した別個の取引とみなす考え方である。この考え方のもとでは，輸出入による収益と費用は取引発生時点での為替レートによる換算額で確定され，代金の決済による為替差益や為替差損は売買の利益とは区別して損益計算書に記載されている。したがって，取引の実態を損益計算書に基づいてよりいっそう詳しく知ることができるから，1 取引基準よりも 2 取引基準の方が優れている。

　わが国では，外貨建取引や外貨で表示された財務諸表を日本円に換算する場合に従うべきものとして，「**外貨建取引等会計処理基準**」という会計ルールが定められているが，そこでも輸出入取引の処理は 2 取引基準によるものとされている。

　　　　　　　　　　　　　上述の取引例では，輸出と代金決済が同
決算時点での換算　　　じ年度中に完結しているが，売掛金が回
収されるまでに決算日が到来する場合も多い。このとき，未回収の売掛金を決算日現在の為替レートで換算しなおすか否かという問題が生じる。たとえば次に図示したケースを考えてみよう。

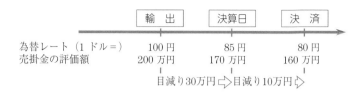

	輸　出	決算日	決　済
為替レート（1ドル＝）	100円	85円	80円
売掛金の評価額	200万円	170万円	160万円

目減り30万円⇨目減り10万円⇨

　輸出で獲得された売掛金2万ドルは，その時点での為替レートで換算して200万円で計上されている。しかしその後の円高により，決算日現在の為替レートでみた場合，170万円にしかならず，すでに30万円分の目減りが生じているのである。この事実を財務諸表に反映させるには，売掛金の金額を200万円から170万円に切り下げるとともに，切下げ分の30万円を損益計算書に損失として計上する必要がある。この30万円は，厳密にいえば「為替換算差損」であり，翌年の決済時に記録される10万円は「為替決済差損」である。しかし損益計算書ではこれらを区別せず，どちらも為替差益または為替差損という名前で記載される。したがって当期の損益計算書は次のようになる。

売上高	200万円
売上原価	150万円
売上総利益	50万円
為替差損	30万円
純利益	20万円

　ただし，この売掛金は決算日が過ぎてから決済されるので，決算日現在での為替差損はまだ未確定の暫定的な額であるにすぎない。もし決算日を過ぎてから円安になれば，逆に為替差益が生じる可能性も残されている。それにもかかわらずこの場合は，決算日現在での実態を財務諸表に反映させる目的で，換算額の付替え

を行うのである。しかし換算額の付替えを行わない方がよい項目もある。

　換算をしなおさず過去の取引時点での換算額のままにしておくと，決算日現在でみた場合，その項目は過去の歴史的な為替レート（historical rate：HR）で換算されていることになる。これに対し決算時の新しい為替レートで計算しなおすと，その項目は決算時の為替レート（current rate：CR）で換算されたことになる。

| 為替レートの適用区分 |

　決算時に CR で計算した換算額に付替えを行うべき項目と，HR での換算額のままとする項目の区分については，①流動・非流動法，②貨幣・非貨幣法，③テンポラル法，④決算日レート法という4通りの考え方がある。**表8-1** は，これら4つの方法の要点をまとめたものである。

　流動・非流動法 は，外貨表示の項目を流動項目と非流動項目に分類し，流動項目には決算時の為替レート（CR）を適用し，非流動項目には過去における取得時または発生時の為替レート（HR）を適用して換算を行う方法である。

　流動項目を決算日レートで換算しなおしたことから生じる差額は，未確定の暫定的な損益としての性質をもつ。しかし流動項目は早期に決済されるため，ほぼ確実に近い状態に達しているので，損益が実現したとみなして差し支えないというのが，この方法の根拠である。

　貨幣・非貨幣法 は，外貨表示の項目を貨幣性のもの（貨幣および金銭債権債務）と非貨幣性のものに分類し，貨幣性項目には CR を適用し，非貨幣性項目には HR を適用して換算を行う方法である。

表8-1　各種の換算方法

方法の名称	CR と HR の適用区分
①流動・非流動法	流動項目は CR, 固定項目は HR で換算する。
②貨幣・非貨幣法	貨幣性項目は CR, 非貨幣性項目は HR で換算する。
③テンポラル法 （属性法）	期末の時価を表す項目は CR, 原価を表す項目は HR で換算する。
④決算日レート法	すべての項目を CR で換算する。

　この方法の背後には，もともと円建ての貨幣性項目が回収または弁済すべき現在の貨幣額を表し，非貨幣性項目は過去の取得時に支出した貨幣額を表すように処理されている点に着目し，外貨建取引でもこれと首尾一貫させようとする考え方がある。このため外貨建ての貨幣性項目についてのみ CR を適用するのである。

　なお，表8-1 の③と④は第5節で説明する。

3 資金の調達と運用取引の換算
●貨幣性項目は決算日レートで換算しなおす

　外貨建ての資産・負債項目は，輸出入取引以外に外貨での資金調達や資金運用からも発生する。外貨建ての資金調達には，外国の銀行から外貨で資金を借り入れたり，アメリカやヨーロッパの証券市場で現地通貨による社債を発行する取引がある。これらの取引も，いったん発生時点での為替レートにより日本円に換算されるが，決算の時点が到来すると，決算日レートを用いた新しい換算額に付け替える必要が生じる。

たとえばかつて［1ドル＝100円］の時点で借り入れた1万ドルの返済期限が半年後に迫っており，決算日の為替レートが［1ドル＝110円］になっていれば，この借入金の円換算額を100万円から110万円に引き上げて，10万円の為替差損を計上しなければならない。他方，決算日のレートが［1ドル＝85円］になれば，借入金を85万円に減額して，15万円の為替差益を計上することになる。

　今度は逆に，余剰資金を外貨建ての資産で運用する場合を考えてみよう。外貨での預金や貸付金および債券や株式を保有する場合がそれである。資金調達の場合と同様にこれらの資産も，子会社株式と関連会社株式を除いて，決算日のレートによる新しい換算額に付け替える。そして当初の円換算額との差額を，為替差損益として損益計算書に計上する。

　このようにして現行の会計基準は，為替レートの変動が企業の貨幣性項目に及ぼした影響の全貌を明らかにするために，貨幣性項目はすべて決算日レートで換算しなおすことにしている。これによって企業は，資金の調達や運用からも為替差損益を計上することになり，当期純利益は期間によって大きく変動する傾向が強くなる。

4 為替リスクの管理

●為替差損を避けるには

為替差損の回避　　　輸出入取引であれ資金の調達や運用の取引であれ，外貨建ての取引を行えばそれに付随して，円建取引にはない為替差損益という特別な損益が生

じてくる。幸いにして為替差益が得られればよいが，逆に多額の為替差損を被る危険もある。

　今，日本企業が安価で良質の自動車を生産し，1台当たり2万ドルで輸出しているとしよう。1ドルが120円であれば，この輸出による売上高は240万円になるが，為替レートが90円になれば売上高は180万円にしかならない。また回収した売上代金を日本円に換金するまでの間に，為替レートがもっと円高に動いて80円になれば，為替差損20万円が発生して，最終的に入手できる日本円は160万円へとさらに目減りしてしまう。逆に，円安になれば輸出企業の利益は増加する。

　為替レートの1円の変化が利益に与える影響額を **為替感応度** というが，2023年に進行した円安で，トヨタ自動車は米ドルに対する1円の円安により営業利益が年間450億円増加し，リコーは対ユーロで1円の円安が営業利益を年10億円押し上げるという（『日本経済新聞』2023年7月20日付）。

　このように外貨建取引を行う企業にとって，為替差損を被る危険は重大な問題である。そこでこれらの企業は，さまざまな方法で対策を講じているが，1つの有効な方法は，外貨建ての資産と負債の両方をもって，一方から生じる為替差損を他方から生じる為替差益で相殺することである。たとえば，輸出で外貨建ての売掛金を取得すれば，同じ外貨建ての短期借入れをすることにより，円高で売掛金が目減りして為替差損を被っても，短期借入金から得られる為替差益で相殺することができる。

　このほか外貨建ての資産・負債の円換算額が，為替レートの変動によって不利な影響を受けないようにする方法として，為替予約が広く利用されている。

為替予約は，外国為替の業務を行う銀行との間で，将来に外貨と日本円を交換するときに適用される為替レートを，現時点で前もって契約しておくことをいう。この契約をしておけば，将来時点が到来して外貨と日本円を交換するときに，実際の為替レートがどのように変化していようとも，前もって契約しておいた為替レートを適用して交換をすることができるのである。

　たとえば1ドルが100円の時点で2万ドル（したがって200万円）の自動車を輸出した日本企業は，決済時が来れば2万ドルを受け取って，それを銀行で日本円と交換することになる。すなわちドルを売って円を買うのである。もしこの企業が何の対策もとっておらず，そのときの為替レートが［1ドル＝80円］になっておれば，40万円の為替差損が生じることは前述のとおりである。しかし輸出時点で前もって「1ドル当たり98円で2万ドルを売る」という為替予約をしておけば，196万円の日本円を手にすることができる。196万円という金額は，実際の為替レートがどのように変化しようとも，影響を受けることはない。このようにして企業は為替リスクを避けることができる。

　したがってこの場合は，輸出取引による日本円の最終的な入手額が，輸出取引の発生と同時に確定していることになり，実質的にこれは外貨建取引というよりも日本円による取引であると考えられる。そこでこの場合は，売上高と売掛金を取引発生時に最初から196万円で計上することが認められている。

　逆に，外貨建てで3万ドル分の原材料や製品を輸入した企業は，決済日に日本円を売って外貨を手に入れ，仕入先にその外貨を支払わなければならない。このため決済日までに円安になれ

ば，3万ドルの外貨を準備するのに要する日本円が増加してしまう。このリスクを避けるには，決済日に銀行からドルを買うときの為替レートを前もって契約しておく必要がある。たとえば輸入の時点で前もって銀行との間で，「1ドル当たり95円で3万ドルを買う」という為替予約をしておけば，決済時までに為替レートがどのように変化しても，285万円で3万ドルを準備することができる。したがってこの場合も，輸入取引の発生と同時に日本円での支払額が確定しているから，取得した原材料や製品と買掛金は最初から285万円で計上することが認められている。

5 在外支店と在外子会社

●財務諸表の全体を換算する

在外支店の財務諸表の換算

企業活動の国際化がさらに進行すると，企業は国内に所在して外貨建ての輸出入取引を行うだけでなく，外国に支店や子会社を開設して活動をするようになる。この場合，支店や子会社の貸借対照表と損益計算書の全体が外貨で表示されることになるが，これらをまず日本円に換算したうえでなければ，国内の本店や親会社の金額と合算することはできない。この場合の換算方法として，わが国の「外貨建取引等会計処理基準」は次の規定を設けている。

まず**在外支店**の財務諸表は，本店に関して規定のある項目（外国通貨，外貨建ての金銭債権と金銭債務，および有価証券）は本店に関する前述の換算方法に従い，その他の項目にはテンポラル法を適用して換算する。ここに**テンポラル法**とは，外貨表示の各項

目の金額が取得原価を表すか時価を表すかにより分類し，取得原価で評価されている項目は HR を適用して換算し，時価で評価された項目には CR を用いて換算する方法である。

　したがって棚卸資産や有形固定資産は通常，取得原価で評価されているから，HR で換算する。ただし低価基準によって時価まで評価減された棚卸資産は，CR で換算することになる。また売上高や各種の費用は，年間に平均して発生すると考えられるから，期中平均の為替レートで換算するが，減価償却費は取得原価を配分したものであるから HR で換算する。この換算の結果として生じた差額は，為替差損益として損益計算書に計上される。

　テンポラル法は，外貨での測定の時点についての項目の属性に合わせて換算レートを選択適用することから，**属性法** とも呼ばれる。換算に際しては外貨による測定値の属性を尊重すべきであり，これを変更してはならないという換算の本質からすれば，テンポラル法は理論的に優れた換算方法である。

> **在外子会社の財務諸表の換算**

在外支店とは異なり，**在外子会社** の財務諸表は決算日レート法で換算することになっている。**決算日レート法** は，連結決算の手続きの過程で相殺消去される一部の項目を除き，貸借対照表と損益計算書に計上されたすべての項目を，CR という単一の為替レートで換算する方法である。したがってこの方法は，実践的にも簡便であるため，広範囲の換算が必要な場合に適合するものとして，在外子会社の財務諸表の換算方法に指定されている。なお換算の結果として生じた差額は，在外支店の場合のように為替差損益とするのではなく，「為替換算調整勘定」という名称で貸借対照表の純資産の部の1項目として取り扱われる。

しかし決算日レート法は単なる簡便法ではなく，独自の考え方を基礎としている。たとえばテンポラル法は，在外事業体の外貨建取引を，あたかも日本国内の本店が自ら実施した取引であるかのごとくに考えて，国内取引の会計と首尾一貫した結果が得られるように，財務諸表の項目別に異なった換算レートを適用する。これに対し決算日レート法は，在外子会社などにおける取引の大部分が外貨を用いて行われ，完結した財務諸表が作成されている事実に着目し，その財務諸表の全体をそのまま単一レートで換算しようとするものである。したがって，組織面から見た子会社の独立性が会計上でも尊重されているといえる。

在外支店は本店への従属性が強いから，本国の観点を重視したテンポラル法が妥当し，在外子会社はある程度の独立性をもつから，それを会計上でも尊重した決算日レート法が合理的である，というのがわが国の換算ルールの基本的な考え方である。

6 会計基準の国際統合
●グローバル企業の財務報告

国際統合のベネフィット

こんにち，資本の流通は国境を越えてますます活発に行われようとしている。たとえば日本企業が外国の証券市場に上場して，有価証券の募集や売出しを行うことにより，外国の市場から資金を調達する事例が増えている。たとえばニューヨーク証券取引所に上場する日本企業は，2023年末現在で10社にのぼっており，その他のアメリカ市場やロンドンおよびフランクフルトなどヨーロッパ市場に上場する企業は，これよりさらに多い。

以上は企業の立場からみた国際化の状況であるが，投資家の側でも国際化の進展がみられる。日本取引所グループが行った株式分布状況調査によると，2023年3月末の外国人による日本株の保有比率は金額ベースで30.1%に達することが明らかになった。

　このようにして資本の流通が国境を越えてグローバル化する中で，企業の財務諸表がその所在国に固有の会計基準に基づいて作成されていれば，企業と投資家の双方に，困難な問題が生じる。第1に，外国の証券市場に上場して資金を調達しようとする企業には，日本の会計基準で作成した財務諸表のほかに，その外国の会計基準に準拠したもう1組の財務諸表の作成と公開が求められる場合がある。第2に，ある国の投資家が外国企業の株式を購入しようとして，その企業の財務諸表を入手しても，作成の基礎となった会計基準が自国と異なれば，自国企業との比較評価は困難である。

　もし各国の会計基準が国際的に統合され，世界中の企業が統合された国際基準に基づいて作成した財務諸表を公表するようになれば，投資家だけでなく企業にも大きなベネフィットが生じることが期待される。このため約50年も前から，会計基準を国際的に統合しようとする努力が続けられている。

国際会計基準の制定と適用

　各国の公認会計士協会に代表されるような職業会計人団体は，会計基準の国際的な統合をめざして1973年に国際会計基準委員会を設立し，「**国際会計基準**（IAS: International Accounting Standards）」を制定する活動を開始した。その成果は，証券監督者国際機構（日本の金融庁のように証券取引を監督する各国の機関から構成された国際組織）によって2000年に認知され，各国が国際

会計基準に準拠した財務諸表の受入れの検討を開始した。

　また2001年に，国際会計基準委員会は各国の政府や公認会計士協会から独立した国際会計基準審議会へと大幅に組織改革され，その後に公表される基準の名前も「**国際財務報告基準**（IFRS: International Financial Reporting Standards）」へと改められた。そして2023年1月現在，25個の国際会計基準（IAS）と16個の国際財務報告基準（IFRS）が今後も有効な国際基準として存続している。国際会計基準審議会の活動は，インターネット上のウェブサイト（https://www.ifrs.org）でみることができる。

　この国際基準はEU諸国によっていち早く採用され，EU域内の企業には2005年から国際基準に準拠した連結財務諸表の公表が強制された。アメリカは，外国企業がアメリカ国内での上場や資金調達のために公表する連結財務諸表として，アメリカ基準で作成した連結財務諸表はもちろんのこと，国際基準で作成した連結財務諸表も，2007年から認めている。日本でも2009年4月開始年度から，自国の上場企業が自国基準ではなく国際基準の採用を選択することが許容されている。

　国際基準の採用は，投資家はもちろんのこと，企業にも大きなベネフィットをもたらすものと期待される。その第1は，1組の財務諸表が全世界で資金調達のために利用可能になり，企業が連結財務諸表を作成するコストの削減に役立つことである。第2に，世界各地に子会社を設立してグローバルにビジネスを展開する企業が，同一の会計基準で作成された財務諸表から得られる共通の尺度を用いて，効率的な経営管理を行うことが可能になる。第3に，自社と競争関係にある外国企業の財務諸表を入手すれば，正確な業績比較に基づく的確な意思決定が促進されるであろう。

　日本企業がアメリカの証券市場で株式を上場したり資金調達を行う場合，アメリカで公表が必要な連結財務諸表について，アメリカの当局は自国の投資者を保護する目的で，アメリカの会計基準でこれを作成するように要求してきた。2007年以降は，国際会計基準による連結財務諸表も認められるようになった。

　他方，国際会計基準に基づく財務諸表が広く普及しているヨーロッパの証券市場では，日本とアメリカなど所定の国の会計基準がヨーロッパの基準と同等であると認定されているので，現在のところは日本基準で作成した連結財務諸表の利用が可能である。しかし投資家の関心を高めるには，国際会計基準による連結財務諸表を公表するに越したことはない。

　このような世界の主要な市場での利用を前提に考えると，世界中の市場で受け入れられる連結財務諸表を1組だけ作成するとすれば，国際会計基準またはアメリカ会計基準に準拠するのが賢明であるといえる。このため日本の金融庁は，日本基準に基づく連結財務諸表に代えて，アメリカ基準または国際会計基準で作成された連結財務諸表を，日本の金融商品取引法に基づく連結財務諸表として提出することを，所定の日本企業に許容してきた。この結果，日本を代表する上場企業のいくつかが，国際会計基準またはアメリカ会計基準に基づく連結財務諸表を日本でも公表している。2023年12月末現在で，アメリカ会計基準は富士フィルム，キヤノン，オムロンなど7社によって採用され，国際会計基準は住友商事，楽天，ソフトバンク，武田薬品工業など266社によって採用されている。

　しかし国際会計基準の一部は，日本の会計基準と大きく異なり，その影響も大きい。そこでそのような部分について，日本の会計基準に合わせて国際会計基準を修正した「修正国際基準」が制定され，2016年3月決算期から採用が可能となった。この結果，日本企業が金融商品取引法に基づく連結財務諸表の作成基準として，日本基準のほか，国際会計基準，アメリカ会計基準，および修正国際基準の4つがそろい，企業はこの中から選択を行うことになった。修正国際基準の採用企業はなく，アメリカ会計基準の採用企業は減少しつつある。

しかし国際会計基準の採用については，マイナスの影響を懸念する意見もある。その多くは，日本基準が伝統的に立脚してきた企業会計の考え方と，いくつかの側面で大きな相違があることや，国際基準の新規採用時に生じる会計処理コストの増加などが原因になっている。

本章で学んだキーワード　KEYWORD

外貨建取引	換算	為替差益	為替差損	1取引基準
2取引基準	外貨建取引等会計処理基準		流動・非流動法
貨幣・非貨幣法	為替感応度	為替予約	在外支店
テンポラル法	属性法	在外子会社	決算日レート法
国際会計基準	国際財務報告基準		

演習問題 Exercises

1　第1年度に1万ドルの商品を輸入した日本企業が，第2年度にこれを120万円で売却するとともに，買掛金を決済した。輸入時，決算時，決済時の1ドルの為替レートは，それぞれ80円，90円，および95円であった。2取引基準で会計処理するとき，各年度の利益計算はどのように行われるだろうか。

2　外貨建取引や外貨表示財務諸表の換算に関する4通りの方法のそれぞれについて，その内容とそれが正当化される根拠を整理してみよう。

3　外貨建てで輸出や資金運用を行った日本企業，および外貨建てで輸入や資金調達を行った日本企業は，為替レートがどう動くと為替差損を被るだろうか。また，その為替差損の負担を抑制するにはどのような方法があるだろうか。

参考文献
Reference

外貨建項目を日本円に換算するルールを定めた会計基準として，次の文献がこの章での解説を理解するうえで最も重要である。

- ◉企業会計審議会［1999］「外貨建取引等会計処理基準」。

こんにち，外国企業への株式投資や外国市場への上場など，国際的な資金の流通が盛んになっており，これを促進するために会計基準の国際的な統合が進行している。以下の文献は，そのような国際的な会計基準を解説している。

- ◉秋葉賢一［2022］『エッセンシャル IFRS（第 7 版）』中央経済社。
- ◉新日本有限責任監査法人編著［2016］『完全比較 国際会計基準と日本基準（第 3 版）』清文社。
- ◉桜井久勝編著［2018］『テキスト国際会計基準（新訂版）』白桃書房。

次の文献には，国際財務報告基準と国際会計基準の原文の日本語訳が収録されている。

- ◉ IFRS 財団編，企業会計基準委員会監訳［2023］『IFRS 会計基準 2023』中央経済社。

税金と配当

確定決算主義と剰余金の配当

本章のサマリー S U M M A R Y

　どのような活動を通じて企業は利益を獲得するのか，ということがこれまでの章のテーマだった。この章では，利益を獲得した後のことを問題にする。1つは税金についてであり，もう1つは株主への配当に関連している。

　すべての企業は，利益を得ればそれに基づき税額を決定し，納税しなければならない。利益の約半分が税金として納められる今，もはや税金の後追いをする姿勢は通用しない。タックス・マネジメントという発想が必要になってきた。そのためには税金の基礎知識を習得しなければならない。本章では，税金の種類と課税所得の算定方法を説明する。課税所得と会計利益は密接に関係しているが，それは法人税法が確定決算主義を採用しているからである。しかし最近，確定決算主義の問題点が指摘されるようになった。確定決算主義のどこに問題があるのかを考えよう。

　続いて剰余金の配当を検討する。株式会社は，株主総会などで配当の金額または損失処理の仕方を決定する。その決定に先立って株主は，損益計算書や株主資本等変動計算書などの情報が必要になる。そこで会社は，株主総会の前に株主へ向けて会計報告をする。本章ではそのプロセスを説明し，次に配当と損失処理の内容を具体的に示す。配当などでは，株主と経営者および債権者の利害が複雑に絡み，その調整を必要とする。会社法は会計を通じた利害調整の手段をいくつか講じており，それを本章の最後で説明する。

1 企業活動と税金

●どのような税金を何に基づいて納めるのか

　企業は事業を営むプロセスでさまざまな税金を負担する。税金の種類は国内だけで30を超えており，海外で事業展開している企業はさらに多様な税金を納めている。税金の種類の多さ，負担の大きさ，そして回収不能なコストという性格により，企業はタックス・マネジメント（tax management）に力を入れるようになった。他のコストと同じように税金も管理すべき対象ととらえ，特定の部署を設けて納税プランニングを行い，納税額の最小化と税引後利益の最大化を両立させようとしている。

　タックス・マネジメントのためには，税金の内容と納税額の決定プロセスなどに精通していなければならない。以下では，国内に限定した税金の種類を確認し，わが国における課税所得計算と財務会計の関係を説明する。

税金の種類と会計処理
　課税の対象に基づいて税金を分類すれば，①所得にかかる税金，②財産にかかる税金，③消費にかかる税金，に大別される。①の税金には，法人税，所得税，住民税，事業税などがあり，②には，固定資産税，相続税，贈与税などがある。③の税金には，消費税や酒税などがある。

　誰が税金を課すかという視点で分類すると，税金は国税と地方税に分けられる。国税は，国が直接課す税金であり，たとえば法人税，所得税，相続税，贈与税および酒税がある。地方税は，地方公共団体（都道府県など）が課す税金であり，たとえば住民税，事業税，および固定資産税がある。

また税金のかけ方からみると，直接税と間接税に分類される。直接税は，最終的に税金を負担する人に直接かける税金であり，所得税と法人税はその代表的項目になる。間接税は，物の生産や販売の段階で税金をかけ，それが物の代金に組み込まれ，最終的には消費する人が負担することを予定した税金である。消費税や酒税は間接税である。

企業に課せられる税金で代表的なものは，法人税と住民税および事業税である。いずれも企業の所得を基礎にして算定され，納税額が大きい。一般にこれらをまとめて，法人3税と呼ぶ。

損益計算書では「税引前当期純利益」の次に，法人税と住民税および事業税を計上し，税金費用を控除した額が「当期純利益」になる。

〈法人税と住民税〉　**法人税** は国税であり，各事業年度の所得に対して課税される。一般企業の場合，法人税の基本税率は長らく30％とされてきたが，経済の活性化のために法人税率は徐々に引き下げられてきた。そして2018年4月以降に開始する年度からは23.2％とされている。

ここで注意すべきは，この税率を乗じる対象が，損益計算書の利益額ではなく **課税所得** だという点である。課税所得は，損益計算書の利益を法人税法に基づいて調整することにより算定される。この調整プロセスが重要であるから，後で詳しく説明しよう。

都道府県民税と市町村民税を合わせて一般に **住民税** という。住民税は2つの要素から構成される。1つは「均等割り」であり，所得の有無にかかわりなく資本金と従業員数によって決定される。もう1つは「法人税割り」であり，これは法人税の額に所定の税率を掛けて算定される。その標準税率は，都道府県民税と市町村

民税を合わせて17.3%であるが，多くの地方自治体は上限税率の20.7%を適用している。なお，このうちの一部は地方法人税という名称で，国税として取り扱われる。

〈事業税〉　**事業税** は地方税であり，以前は全企業につき課税所得に3.6%の税率を乗じて算定していたので，赤字企業には課税されなかった。しかし赤字企業も行政サービスを享受するので，一定の負担をすべきだという意見が強くなり，資本金が1億円超の企業に対し，資本金額と付加価値額に基づく外形標準課税が導入され，課税所得に対する税率は引き下げられた。外形標準課税の適用を受ける企業の標準税率は，資本金額の0.5%と付加価値額の1.2%，および課税所得の0.4〜1.0%（所得額による）であるが，大都市圏の税率はこれよりも高い。

かつて事業税は，損益計算書の「販売費及び一般管理費」の一項目として記載されていた。これは事業税が，自治体による公共サービスへの負担分であるとともに，課税所得計算でも損金とされているためであった。

しかし，事業税が他の2税と同様，所得を課税標準とする限り，売上高ではなく最終的な利益に対応する費用として位置づけるべきであるとの見解が提示された。この結果，事業税も法人税や住民税と同様に位置づけ，これら3税の合計額を損益計算書の税引前当期純利益から控除する形で掲載することになったのである。

〈実効税率〉　法人税と事業税，および住民税と地方法人税の「法人税割り」の3つを合計し，その額を課税所得（厳密には前期の事業税を損金算入する前の金額）で除したものが **実効税率** である。それは企業の実質的な税負担率を示す。

かつて日本企業の実効税率は約50%と非常に高く，欧米など

諸外国と大差があった。そこで企業活力や産業の国際競争力を損なわないために，その後の税制改正で税率が徐々に引き下げられた。この結果，2018年4月以降に開始する年度に関し，標準税率によって算定した日本の法定実効税率は，次式により約30%になっている。計算式の分母に事業税率が加算されているのは，当期に支払った事業税が次期の課税所得計算で減算されるからである。

法定実効税率＝［法人税率0.232＋0.232×住民税率0.173（地方法人税を含む）＋事業税率0.036］÷（1＋事業税率0.036）

＝0.2974

（財務省ウェブサイト「法人課税に関する基本的な資料」による）。

企業利益と課税所得　法人3税の税額は，いずれも所得金額を基礎にして決定される。以下では，法人税について，税額および所得金額の決定と会計利益の関係を説明する。

法人税額は次のようなプロセスを経て算定される。

所得金額＝益金－損金

↓

所得金額 × 法人税率＝法人税額

したがって法人税額の決定には，**益金** と **損金** を計上し課税対象となる所得金額（taxable income）を求めなければならない。これを **課税所得計算** という。

これに対して損益計算書では［当期純利益＝収益－費用］という計算が行われるから，当期純利益と課税所得の金額はイコールではない。しかし課税所得計算の「益金」と損益計算書の「収

益」は近似し，また課税所得計算の「損金」と損益計算書の「費用」も近似する。したがって課税所得計算の益金と損金を，それぞれ1から測定して課税所得を計算するよりも，損益計算書の当期純利益を出発点として，益金と収益の食い違い部分だけを調整し，また損金と費用の食い違い部分だけを調整する方が，能率的に課税所得を算定することができる。そこで法人税法は，その差異について規定している。

収益と益金の差異は，①財務会計上の収益ではないが法人税法では益金になるもの，②財務会計上は収益だが法人税法では益金にならないもの，により生ずる。法人税法では，①を益金算入項目といい，②を益金不算入項目という。

①の例としては，有形固定資産を交換で受け入れた場合の交換差益や，火災で焼失した建物に関する保険差益がある。②の例として，他の会社から得た配当金（受取配当金）があげられる。配当金は，他の企業が課税後の利益を分配したものであり，受け取った企業に課税すると二重課税になるという理由で，法人税法は受取配当金の所定割合を益金不算入項目としている。

費用と損金の差異は，①財務会計上は費用でないが法人税法では損金になるもの，②財務会計上は費用だが法人税法では損金にならないもの，によりもたらされる。法人税法では，①を損金算入項目といい，②を損金不算入項目という。

①の例としては，交換差益と保険差益の認識に伴う圧縮記帳で計上される圧縮損がある。②の例として，所定の限度を超える交際費・減価償却費・各種引当金繰入額があげられる。法人税法が交際費・減価償却費・各種引当金繰入額などに限度枠を設けているのは，過度の節税を防止し，安定した徴税と課税の公平を達成

するためである。

　以上の差異項目に注目し，財務会計の利益と課税所得計算の関係を示せば次のようになる。

益金＝収益＋益金算入項目－益金不算入項目
損金＝費用＋損金算入項目－損金不算入項目
↓
所得金額＝益金－損金
　　　　＝利益＋益金算入項目＋損金不算入項目
　　　　　－益金不算入項目－損金算入項目

税効果会計　上の図が示すように，課税所得と財務会計上の利益は一般に異なる。したがって，課税所得に税率を掛けて算定される税額と，財務会計の利益に基づいて計算する税額は一致しない。前者は実際に支払われる税額であり，後者は当期の費用として計上される税額である。この差額を税効果額と呼ぶ。

　もし税効果額を考慮せず，実際に支払われる法人税等の金額をそのまま費用計上すれば，費用額が税引前当期純利益と期間的に対応せず，財務諸表の比較性を損なうことになる。そこで，法人税等の金額に税効果額を加減し，税引前当期純利益に対応する税金費用を計上する。これが **税効果会計** である。つまり税効果会計とは，法人税等の支出を適切な期間に費用として配分する手続きにほかならない。税効果会計の具体的内容は，*Column* ❾で解説されている。

確定決算主義　法人税法は課税所得の計算について，株主総会で報告または承認された損益計算

　税務上の益金・損金が会計上の収益・費用と異なり，それに連動して税務上と会計上で資産・負債の金額が相違するとき，税効果会計が必要になる。受取配当金（182頁参照）のように，当期に生じた差異が将来にわたって永久に解消しないもの（**永久差異**という）は，税効果会計の対象にならない。対象になるのは，当期の差異が将来期間で解消するもの（**一時差異**という）であり，引当金や減価償却など多くの該当項目がある。

　たとえば，将来の退職金の支払に備えて，当期の決算で退職給付費用100万円の人件費と，退職給付引当金を計上しても，課税所得計算では，将来の実際の退職金の支払時点まで，人件費への計上は認められない。この結果，会計上の利益より課税所得の方が100万円だけ大きくなり，法定実効税率30%を乗じた30万円は，税金の前払額であると考えられる。

　そこでこの30万円を，**繰延税金資産**として貸借対照表に資産計上するとともに，損益計算書で納税義務額に基づいて費用計上されている「法人税，住民税及び事業税」の金額から，「法人税等調整額」として税金費用を減額する形で記載する。

　逆に，電気自動車の取得時の割増償却額のように，会計上の費用でない項目の損金算入が認められると，当期の納税義務額は少ないが，将来期間でこの割増償却分が取り崩されて課税所得に加算されるため，将来の課税所得は増加する。そこでこの分の税額を，法人税等調整額として税金費用に追加計上するとともに，貸借対照表に**繰延税金負債**として負債を計上する。「その他有価証券」を時価評価で当期に増額した場合も，将来の売却時に値上り益が実現して課税されるから，当期に繰延税金負債を計上するのである。

　損益計算書の税金費用について，企業会計基準第27号「法人税，住民税および事業税等に関する会計基準」は，その他の包括利益や資本剰余金への課税額を含めず，損益に対応する金額だけを損益計算書に計上する旨を規定している。

書（確定した決算）が示す利益に基づき，それに前記のような差異項目をプラス・マイナスする方法を採用している。これを **確定決算主義** という。確定決算主義は日本のほかに，ドイツ，フランス，ベルギー，ギリシャ，イタリア，スペイン，ポルトガルなどで用いられている。

　これに対して，財務会計とは別個に課税所得計算を行う方法もある。この場合，財務会計上の利益と課税所得は無関係になる。この方式を採用している国は，イギリス，デンマーク，オランダ，アメリカ，カナダ，オーストラリア，ニュージーランドなどである。

　確定決算主義で注意すべきは，多くの損金項目について，それらが財務会計の損益計算書において費用計上されていなければ，課税所得計算上も損金として認められない，ということである。

　多くの企業は節税の動機をもち，可能な限り損金を計上しようとする。それが，確定決算主義のもとで財務会計に影響を及ぼす。たとえば引当金の設定に際し，本来は70万円ですむ設定額を税法の限度額100万円まで設定し，財務会計で100万円の費用を計上したうえで，課税所得計算において100万円を損金に算入するのである。

　もともと，法人税法が確定した決算に依存しているのに，会計実務では逆に課税所得計算の影響を強く受けている。もし節税の動機が財務会計で支配的になれば，財務諸表に企業の経営成績と財政状態が適切に示されないおそれがある。そこで，証券投資者に有用な情報を提供することや，企業の利害関係者の利害調整という財務会計の本来の目的を達成するため，財務会計と課税所得計算を分離するシステム（イギリスやアメリカで採用している方法）への移行が，今わが国で論議されている。

企業集団の税金

たとえば親会社Aの課税所得が100億円の黒字であり，Aが株式の100%を所有する子会社Bの課税所得が20億円の赤字のとき，税率が30%なら，Aは30億円の税金を支払うが，Bは赤字だから税金を払う必要はない。しかしAがBを吸収して1つの会社へと合体すれば，課税所得は80億円で税金は24億円へと減少する。AとBが法律上で別会社か否かという形式の相違だけで，税金の負担にこれだけの差が生じてしまうのである。

この問題を解決するため，2002年の税制改革で**連結納税制度**が創設された。親会社と国内の100%子会社の損益を通算して課税所得を計算する制度であり，これを採用するか否かは任意とされた。ただし当時の財務省は税収の減少を懸念し，2年間の時限措置として，この制度を選択する企業に対し法人税率の2%の上乗せを求めた。このため当初，連結納税を実施した企業は164社にとどまった（『日本経済新聞』2002年12月18日付）。

しかし2年後に上乗せが廃止されてからは採用企業が徐々に拡大してきており，2021年6月末の時点でこの制度を採用する企業集団数は1999グループへと増加した（『日本経済新聞』2021年12月3日付）。ただし親子会社間での課税所得の調整計算など，制度の複雑性も指摘されてきた。

そこで国税庁は，これまでの連結納税制度を見直し，2022年4月以降の開始年度からは**グループ通算制度**へ移行した。これらの制度では，企業集団内のある企業の利益と，別の企業の損失を相殺して，グループの課税所得を削減できる。ただし制度の対象企業を100%支配の子会社だけに限定するなど，第11章で説明する連結財務諸表上の利益を基礎とした制度ではない。

2 株主総会の開催と会計報告

●経営者から株主への報告

　税引前当期純利益から税金費用を控除し当期純利益が算定されて，期間損益計算は終了する。その計算過程が損益計算書に示される。

　当期純利益は繰越利益剰余金に加算され，繰越利益剰余金などで構成される剰余金を財源として株主に配当が支払われる（193頁参照）。配当は定款の定めがない限り，株主総会で決定される。経営者は株主総会までの間に，決算や配当などに関する情報を株主と債権者に提供しなければならない。それは会計報告を通じて行われる。この節では，株主総会の開催までに行われる会計報告を概観しよう。

計算書類の作成と報告のスケジュール

株式会社が会社法に従い作成・報告しなければならない計算書類は，①貸借対照表，②損益計算書，③株主資本等変動計算書，④個別注記表である。このほか会社法は，事業報告と附属明細書の作成と開示を求めている（203頁の表10-1参照）。

　計算書類の開示の仕方は企業規模などによって異なる。ここでは，会社法が定める公開会社の中で大会社（資本金5億円以上または負債総額200億円以上の株式会社）のケースを説明する。会社は従来型（監査役会設置会社）を想定し，指名委員会等設置会社および監査等委員会設置会社（第1章参照）については適宜，説明を追加する。まず，計算書類を作成してから報告するまでのスケジュールを図**9-1**に示そう。

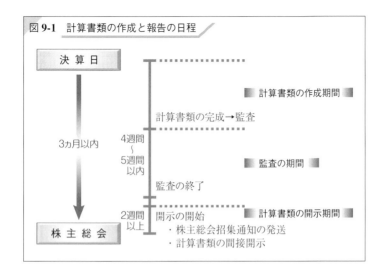

図 9-1　計算書類の作成と報告の日程

決算日

計算書類の作成期間

計算書類の完成→監査

3ヵ月以内

4週間〜5週間以内

監査の期間

監査の終了

2週間以上

開示の開始
・株主総会招集通知の発送
・計算書類の間接開示

計算書類の開示期間

株主総会

計算書類の作成と監査

　図 9-1 のように，株式会社はみずから定めた基準日（通常は決算日）から 3ヵ月以内に定時株主総会を開催する。取締役はその 2 週間前までに**株主総会招集通知**を株主に送る必要がある。招集通知には，監査済みの計算書類が株主総会参考書類として，紙ベースで添付される。紙ではなく，会社のウェブサイトに掲載したうえで，そのアドレスを招集通知に記載して株主に知らせる「電子提供制度」と呼ばれる方法を採用してもよい。そのため取締役は，決算日後，所定の期間内に計算書類を作成し，監査役会と会計監査人（公認会計士または監査法人）に計算書類を提出する。

　計算書類を受領した会計監査人は通常 4 週間以内に**監査**を終了し，監査役会と取締役に会計監査報告を提出する。監査役会は，会計監査報告の受領後 1 週間以内に，監査報告を取締役と会計監査人に提出する。会計監査人と監査役会が計算書類を適正だと

認めれば，取締役会の承認を経て，会社の計算書類はその時点で確定する。したがって，これらの書類が株主総会で承認される必要はなく，ただそれを報告すればよい。もし会計監査報告で問題点が指摘されれば，計算書類を確定するため株主総会での承認が必要になる。

招集通知の発送と計算
書類の間接開示

すでに述べたように，取締役は株主総会の2週間前までに株主総会招集通知を株主に送り，招集通知に前記の計算書類等が添付される。それと同時に，計算書類と会計監査報告および事業報告ならびに附属明細書を会社の本店と支店に備え，株主と債権者の請求に応じ閲覧に供しなければならない。株主への計算書類等の送付は直接開示であり，計算書類等の備え置きは間接開示である。このような会計情報の開示を経て株主総会が開催される。

　定時株主総会が終わったら，大会社は遅滞なく貸借対照表と損益計算書またはこれらの要旨を，日刊新聞や自社のウェブサイトで公告しなければならない。ただし，金融商品取引法に従い有価証券報告書を提出する会社は，決算公告が免除される。類似した情報を複数開示させるのは，社会的な無駄だからである。

3 剰余金の配当
●企業のあげた成果を分配する

配当の決定

前節で，株主総会に至るまでの会計報告を確認した。報告される計算書類には損益計算書と株主資本等変動計算書（第10章参照）が含まれる。この情報により，株主への配当について利害関係者間のコンセン

サスがある程度形成される。そのうえで，配当に関する議案が株主総会にかけられ，配当財産の種類や金額が決定される。

　ただし，①監査役会設置会社または指名委員会等設置会社または監査等委員会設置会社が，②同時に会計監査人設置会社でもあり，③取締役の任期が1年を超えず，④定款で剰余金の配当を取締役会が決定する旨を定め，かつ⑤計算書類等の監査で適正意見が付されている場合は，取締役会で剰余金の配当を決めることができる。取締役会による配当の決議は，弾力的で機動性のある配当政策に結びつくであろう。

　また注目すべきは，2006年から施行された会社法により，配当の回数制限が撤廃されたことである。会社法施行以前は，利益の配当が中間配当を含めて年に2回しかできなかった。しかし，分配可能額の範囲内で配当を行う限り，配当の回数を制限する合理的な理由はない。そこで会社法は，株主総会または取締役会の決議により，剰余金の配当をいつでも実施できるようにした。機動的な配当が可能となり，配当政策はますます戦略の様相を呈している。野村ホールディングスは，2006年第1四半期から四半期配当を実施し，それが投資者を引き付け，個人株主数が急増したという（『日経金融新聞』2006年12月14日付）。

配当の支払

　　　　　会社から株主への **配当金** の支払は，通常，次の方法で行われる。まずはじめに会社が，配当金領収書を株主名簿上の株主に送付し，株主は会社の指定した金融機関で，配当金領収書と引換えに現金の支払を受けるのである。たとえ会社の株式を所有しても，株主名簿の名義書換を忘れると，配当金を受け取ることはできない。会社が配当金を支払うとき，一定率により所得税が源泉徴収される。

配当金について企業が採用する方針を **配当政策** という。日本の企業は，これまで「安定配当政策」をとっていた。つまり，1期間の利益額に変動があっても，1株当たりの配当額を一定額に維持するのである。日本の上場企業に関する2000年度の配当状況調査によれば，上場企業すべての配当総額は1988年以降3兆円前後に維持され，安定配当政策が採用されていたことを裏づける。事実，減益企業667社の中で減配した企業は77社（11.5％）しかなく，配当を据え置いた企業は408社（61.2％）あった（全国証券取引所協議会「平成12年度企業業績及び配当の状況」2000年9月）。

　ところが近年，業績に連動して配当を決定する企業が増えてきた。これを「配当性向政策」という。利益に対する一定割合を配当する政策である。この結果，上場会社の業績が良好であった2006年3月期は配当総額が前期より17％も増加した（『日本経済新聞』2005年11月27日付）。その後，リーマン・ショックにより2期連続の減配を経たのち，好業績を裏づけに配当が増え続け，2017年度には過去最高の13.5兆円を記録した。その後，コロナ禍で停滞したが，2024年3月期の配当総額は16兆円を超えて過去最高の更新が見込まれている（同2023年12月25日付）。

4 配当制限と債権者保護
●株主と債権者の利害調整

　株式会社の特徴の1つとして，株主の有限責任制度があげられる。これを債権者の側からみれば，債権者の権利は会社の純資産で保証されるだけだ，ということになる。したがって，配当が過

大に行われ，資産がたくさん社外に流出すると，債権者の権利は守られない。そこで会社法は，株主と債権者の利害を調整するために，いくつかの手段を講じてきた。

たとえば2006年から施行された会社法は，剰余金の配当として株主に交付する金銭等の総額が分配可能額を超えることを禁じている。また，剰余金の配当において資本準備金または利益準備金の積立てを求め，資金の内部留保を強制している。以下で，それぞれの内容を説明しよう。

配当における準備金の積立て

株主に配当すれば，会社の資産が社外に流出する。資産の社外流出に歯止めをかけ，社外流出に見合う資産を社内に維持し，もって債権者を保護するため，会社法は配当にあたって資本準備金または利益準備金の設定を求めている。すなわち株式会社は，資本準備金と利益準備金の合計額が資本金の4分の1に達するまで，配当総額の10分の1を資本準備金または利益準備金として積み立てなければならない。

剰余金の配当が資本剰余金から行われた場合は，資本準備金を積み立て，配当が利益剰余金から行われた場合は，**利益準備金**を積み立てる。資本剰余金と利益剰余金の両方を使って配当が行われたときは，要積立額に資本剰余金配当割合（資本剰余金を用いた配当額÷配当総額）を乗じた額をもって資本準備金を積み立て，残った額を利益準備金に積み立てる。

分配可能額の規定

2006年から施行された会社法は，従来の利益配当，中間配当，資本金と法定準備金の減少に伴う払戻し，および自己株式の取得をまとめて「株主に対して交付する金銭等」として扱い，その合計額について

分配可能額 という統一的な財源規制をかけている。会社法施行以前は，各々に共通性があるにもかかわらず，別個の財源規制が設けられていた。

　このように会社法は，剰余金の配当として株主に交付する金銭等の総額が分配可能額を超えることを禁じているが，分配可能額に関する会社法の規定はきわめて複雑である。これを完全に理解するには，会社法第 446 条（剰余金の額）と第 461 条（配当等の制限），および会社計算規則第 156 条から第 158 条における分配可能額の規定に精通しなければならない。しかし本書は入門書であるから，ここでは特に重要と思われる部分を中心として，基本的な事項だけに焦点を当てて解説することにしよう。

　配当金の支払も含めて，株主への会社財産の払戻を規制するため，会社法はいったん **剰余金** の範囲を明らかにしたうえで，これを基礎にして「分配可能額」を規定する。

　配当規制の出発点となる剰余金は，**図 9-2** で示した貸借対照表の網掛け部分の合計額として算定される。「その他資本剰余金」には，自己株式の処分差益や，資本金の減少差益が含まれる。また「その他利益剰余金」は任意積立金と繰越利益剰余金から構成される。通常，配当金の支払財源となるのは繰越利益剰余金であるが，任意積立金はもとより，その他資本剰余金からの配当も可能である。

　なお，剰余金の計算は前期末の貸借対照表から出発するが，会社法により「配当などが効力を発する日現在の金額」として規定されているため，前期末からの変化額があれば加減される。また会社が保有する自己株式は，株主資本から控除する形で記載されるが，剰余金の算定時には減算せず，分配可能額を算定するとき

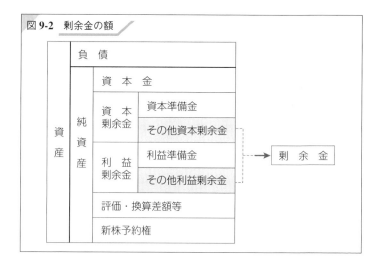

図 9-2　剰余金の額

に減額される。

分配可能額からの控除項目

会社法は，図9-2で示した「剰余金」を基礎として，さらに次の項目を控除した後の金額を「分配可能額」とする。最初に控除されるのは，会社が保有する自己株式の帳簿価額である。このほか次の項目を控除すべきことが，会社計算規則第158条で定められている。

　会社計算規則は第1に，事業年度末の貸借対照表における資産の部に計上したのれんの額の2分の1と繰延資産の合計額（のれん等調整額という）が，資本金と準備金の合計額を超える場合，その超過額を分配可能額から除外することを求めている。つまり，のれん等調整額は状況次第で配当財源とならないのである。この規定は，企業結合により計上されるのれんが巨額になること，およびのれんと繰延資産が換金価値のない擬制的な資産であ

ることに由来する。

　第2に，事業年度末の貸借対照表に計上されたその他有価証券評価差額金と土地再評価差額金が借方残高（つまりマイナス）のとき，その評価差損の額を分配可能額から除外することを求めている。第3に，連結計算書類を作成している株式会社は，子会社の業績不振などにより，事業年度末の連結貸借対照表の株主資本（上記の評価差損とのれん等調整額の控除後）が個別貸借対照表に計上された株主資本（評価差損とのれん等調整額の控除後）を下回る場合，その差額を分配可能額から除外すると定めることができる。

　第4に会社計算規則は，株式会社の純資産額（その他資本剰余金とその他利益剰余金の控除後）が300万円を下回ったとき，その差額を剰余金の分配可能額から除外することを求めている。つまり，純資産額が300万円未満の場合，剰余金があってもこれを株主に配当することはできない。この規制は，最低資本金制度の廃止により，資本金がきわめて少額の株式会社が設立される可能性に対応したものである。つまり，資本金が過小な会社については，純資産額により剰余金の配当規制を行い，もって債権者を保護することを目的にしている。

分配可能額と配当上限
額の計算

具体例で剰余金の分配可能額を計算してみよう。事業年度末の貸借対照表が下記のとおりである場合，剰余金および分配可能額はいくらになるのか。

資産総額 1,000 万円

　のれんの額の2分の1と繰延資産の合計額が 100 万円

負債総額 310 万円

> 純資産額 690 万円
>
> 　資本金 280 万円，資本準備金 5 万円，利益準備金 15 万円，
>
> 　任意積立金 200 万円，繰越利益剰余金 100 万円，
>
> 　土地再評価差額金 85 万円，
>
> 　その他有価証券評価差額金 30 万円
>
> 　自己株式 25 万円

　第 1 に，剰余金を以下のように算定する（単位：万円）。

　　剰余金＝資産 1,000 ＋自己株式 25 －負債 310 －（資本金
　　280 ＋資本準備金 5 ＋利益準備金 15）－土地再評価差額金
　　85 －その他有価証券評価差額金 30 ＝ 300

この金額は，図 9-2 に基づき，［その他資本剰余金 0 ＋その他利
益剰余金（任意積立金 200 ＋繰越利益剰余金 100）＝ 300（万円）］
として計算した金額に等しい。

　第 2 に，分配可能額を計算するため最初に，のれんの額の 2 分
の 1 と繰延資産の合計額（100 万円）が，資本金と資本準備金お
よび利益準備金の合計額（300 万円）を超えていないことを確認
する。設例の場合，超えていないので，のれん等調整額は剰余金
の分配可能額に影響を与えない。したがって，分配可能額は以下
のように計算される（単位：万円）。

　　分配可能額＝（剰余金 300 －自己株式 25）＝ 275

　第 3 に，配当に伴って準備金の積立てを要する場合，その積
立額を控除する。すなわち，資本準備金と利益準備金の合計額が
資本金の 4 分の 1 に達するまでは，配当金の 10 分の 1 を資本準
備金または利益準備金として積み立てなければならない（会社法
第 445 条）ので，その積立額を控除した金額が配当の上限額とな

る。上記の例では，資本金 280 万円に対し準備金は 20 万円であり，配当に際して準備金を積み立てなければならない。したがってこの場合，配当の上限額は分配可能額に 11 分の 10 を乗じた額になり，以下のように計算される。

配当上限額 ＝ $275 \times 10/11 = 250$

中間配当の実施

取締役会を設置した株式会社は，定款で**中間配当**を行う旨を定めていれば，1 事業年度の途中において 1 回に限り，取締役会の決議により剰余金の配当をすることができる。会社法は，これを中間配当と呼ぶ。期末の配当と異なり，中間配当は株主総会の承認を要しない。

しかし，会社法のもとでは，すでに述べたように所定の要件を満たせば，取締役会で剰余金の配当を決定することができる。しかも，配当の回数制限も撤廃された。したがって，会社法の剰余金配当制度において，中間配当に特別な意義があるわけではない。以前から商法に従って中間配当を行っている会社は，それを会社法のもとで継続できるにすぎない。

5 剰余金の処分
●損失処理と積立金の設定

損 失 処 理

決算の結果，当期純利益ではなく当期純損失が計上されることもある。もし繰越利益剰余金があれば，繰越利益剰余金から当期純損失を差し引く。それでも当期純損失を補塡できない場合，会計理論上は，利益剰余金（任意積立金と利益準備金）を取り崩し，それでも損失があれば繰越損失にして次期以降の利益で補塡すべきである。それが

「資本と利益の区別」を保証するからである。

　しかし実務では，繰越損失が巨額で，次期以降の利益で塡補することが難しいと判断されれば，やむを得ず資本剰余金が取り崩される。それでも損失があれば，繰越損失にするか減資の手続きをとることになる。

　損失を次期に繰り越す場合は株主総会の決議を要しないが，利益剰余金や資本剰余金を取り崩して損失を処理する場合は，その議案を株主総会に付議し承認されなければならない。それは，剰余金の配当と同様に，剰余金の処分を意味するからである。

　ただし，取締役会で配当を決議できるための要件（190頁参照）を満たす会社は，**損失処理**も取締役会で決めることができる。

<table>
<tr><td>任意積立金</td></tr>
</table>

会社法は，株式会社が剰余金の処分として**任意積立金**を設定することを認めている。その場合，株主総会の決議を要するが，前記と同じ要件を満たせば，任意積立金の設定を取締役会で決めることができる。

　前節で説明した利益準備金は，会社法の求めに応じて設定された留保利益の項目であるが，任意積立金は，会社が自主的にあるいは契約に基づいて設定した留保利益の項目である。たとえば，事業の拡張に備えるために設定された事業拡張積立金や，配当を安定化するために設けた配当平均積立金などがあり，これらを総称して任意積立金という。

　任意積立金には，上記のように設定目的が定まっている積立金と，目的を定めない別途積立金がある。特定目的の積立金は，その目的を達成したときに取り崩して，繰越利益剰余金に戻し入れる。他方，特定目的をもたない別途積立金を取り崩すには，原則として株主総会の承認を得なければならない。

法人税　　課税所得　　住民税　　事業税　　実効税率　　益金
損金　　課税所得計算　　税効果会計　　永久差異　　一時差異
繰延税金資産　　繰延税金負債　　確定決算主義　　連結納税制
度　　グループ通算制度　　株主総会招集通知　　監査　　配当
金　　配当政策　　利益準備金　　分配可能額　　剰余金　　の
れん等調整額　　中間配当　　損失処理　　任意積立金

演習問題 Exercises

1. 損益計算書の当期純利益と課税所得の関係を述べてみよう。
2. 確定決算主義を説明し，その意義と問題点を指摘してみよう。
3. 会社法が株主と債権者の利害をどのようにして調整している
   のかを，配当に関連させて説明してみよう。

参考文献 Reference

企業の課税所得や税金の計算を体系的に解説したものとして，
次の文献が推奨される。

- 鈴木基史［2023］『やさしい法人税（令和5年度改正）』税務
  経理協会。

法人税法が企業経営に及ぼす影響を経済学的に分析した次の文
献も興味深い。

- 鈴木一水［2013］『税務会計分析——税務計画と税務計算の
  統合』森山書店。

また，株価形成に対する配当情報の影響を実証分析したものと

して，次の文献が推奨される。

● 石川博行［2019］『会社を伸ばす株主還元』中央経済社。

税金を費用の一項目として適切に処理するための会計ルールが，次の会計基準で定められている。

● 企業会計審議会［1998］「税効果会計に係る会計基準」。

● 企業会計基準委員会［2017］『企業会計基準第 27 号：法人税，住民税及び事業税等に関する会計基準』（最終改正 2022 年）。

● 企業会計基準委員会［2018］「企業会計基準第 28 号：『税効果会計に係る会計基準』の一部改正」（最終改正 2021 年）。

他方，会社法の会計を詳しく学習するには，次の文献が役立つ。

● 弥永真生［2022］『コンメンタール 会社計算規則・商法施行規則（第 4 版）』商事法務。

● 郡谷大輔・和久友子編著［2008］『会社法の計算詳解──株式会社の計算書類から組織再編行為まで（第 2 版）』中央経済社。

会計情報の内容と意味

本章のサマリー S U M M A R Y

　財務会計のゴールは財務諸表である。したがって財務会計を総合的に理解するには，財務諸表の体系や内容に関する知識が不可欠である。本章以降で財務諸表の全体について勉強し，一挙にゴールインしよう。

　本章は財務諸表の総論と各論からなる。第1節と第2節が財務諸表の総論である。第1節で財務諸表の体系を確認し，第2節で財務諸表が公開されるチャネルを解説する。

　第3節以降が財務諸表の各論になる。まず，第3節で損益計算書の内容を説明する。損益計算書には，いろいろな利益が表示されるが，それぞれの利益の算定方法と特徴を正しく理解しよう。第4節では，貸借対照表の内容を具体的に説明する。資産・負債・資本（純資産）を身近に感じてほしい。第5節では，2006年の会社法施行により導入された株主資本等変動計算書を示す。そこから剰余金の変動などを読み取ろう。第6節は，附属明細表と注記表の説明である。財務諸表の適切な分析は，注記情報をどの程度理解できるかに依存しているといっても過言ではない。本節では，注記情報のどこに注目すべきかを指摘する。最後に，第7節で2024年4月に変更された期中での財務諸表の公開制度を説明しよう。なお，財務諸表の1つであるキャッシュ・フロー計算書は，第7章で説明したので，ここでは扱わない。また連結財務諸表については，第11章で解説する。

1 財務諸表の体系

財務諸表とは金融商品取引法に従った名称であり，会社法はこれを**計算書類**と呼ぶ。金融商品取引法の財務諸表と会社法における計算書類の体系は，**表10-1**のようになる。ただし連結財務諸表を作成しない企業は，個別財務諸表の1つとしてキャッシュ・フロー計算書（第7章参照）を作成し開示しなければならない。表10-1では，連結財務諸表を作成している企業について，その個別財務諸表と計算書類を比較している。

表10-1からわかるように，会社法の計算書類には個別注記表が含められている。個別注記表とは，重要な会計方針や継続企業の前提に関する注記をまとめて示したものである。金融商品取引法の財務諸表にも同様の情報が注記され，財務諸表の一部分として位置づけられている。

会社法の計算書類と金融商品取引法の財務諸表は，ほぼ一致している。損益計算書は，1営業年度の収益と費用を対応させて企業の経営成績を表示し，貸借対照表は，決算日現在の資産・負債・資本（純資産）の有高を示し企業の財政状態を表す。株主資本等変動計算書は，資本金などの株主資本とその他の純資産項目の期中変動を表示している。附属明細表は，財務諸表の重要項目について，その内容と期中増減を示す。また，計算書類ではないが，会社法で作成開示を求めているものに附属明細書と事業報告がある。事業報告は，会社の事業内容や役員などの情報を，文章と数値を用いて示している。

表 10-1　法定された財務諸表

種類		金融商品取引法の財務諸表	会社法の計算書類
条文		金融商品取引法第 193 条 財務諸表等規則第 1 条	会社法第 435 条第 2 項 会社計算規則第 59 条
共通点	経営成績表示	損益計算書	損益計算書
	財政状態表示	貸借対照表	貸借対照表
	株主資本情報	株主資本等変動計算書	株主資本等変動計算書
	補足情報	附属明細表	個別注記表 （附属明細書, 事業報告）

2 財務諸表の公開
●信頼を形成するディスクロージャー

　財務諸表などを含む企業情報の開示を ディスクロージャー (disclosure) という。ディスクロージャーには，強制されたディスクロージャーと自主的に行われるディスクロージャーとがある。これらすべてのディスクロージャーが，ディスクロージャー制度を形成している。それぞれを以下で説明しよう。

強制されたディスクロージャー

　強制されたディスクロージャーは，①金融商品取引法に従った財務諸表の開示，②会社法に従った計算書類の開示，③証券取引所の規則に従った決算情報の開示の 3 つからなる。

〈金融商品取引法に従った財務諸表の開示〉　1 億円以上の有価証券の募集または売出をする企業は，証券情報や企業情報などから構成される 有価証券届出書 を作成・開示しなければならない。そ

の有価証券が証券取引所に上場された後は，事業年度ごとに**有価証券報告書**を作成・開示する。有価証券届出書と有価証券報告書には財務諸表が記載されている。また 2008 年 4 月から公表が求められてきた四半期財務諸表は，2024 年 4 月から中間財務諸表を公表する制度へ変更されている（第 7 節を参照）。

有価証券報告書は通常「企業の概況」「事業の状況」「設備の状況」「提出会社の状況」「経理の状況」「提出会社の株式事務の概要」および「提出会社に係る参考情報」からなる。「経理の状況」に，連結財務諸表とその会社の個別財務諸表が示されている。

有価証券報告書において以前は親会社の個別財務諸表が重視されていたが，2000 年以降は連結財務諸表（第 11 章参照）が中心的な役割を果たしている。

〈会社法に従った計算書類の開示〉　会社法が求める計算書類の開示は，株式会社の規模などによって異なる。会社法は，資本金 5 億円以上または負債総額 200 億円以上の会社を「大会社」と規定している。資本金 5 億円未満で負債総額 200 億円未満の会社は，いわゆる中小会社とみなされる。

大会社は，計算書類と事業報告，附属明細書，監査報告，および会計監査報告を，株主総会の 2 週間前から 5 年間本店に備え置き，株主と債権者の閲覧に供しなければならない。その支店においても，これらの計算書類等を 3 年間備え置くことが求められている。さらに，発行済み株式数または総議決権の 3%以上を所有する株主には帳簿閲覧権が与えられ，計算書類に限らず帳簿を閲覧することで，株主自身が企業内容を直接把握できるようになっている。

また，株主総会の招集通知を株主に送付するとき，大会社は，

計算書類と事業報告，および監査役と会計監査人の監査報告を添付しなければならない。こうして株主は，会社法に基づき，株主総会に先立って企業の経営成績および財政状態について報告を受け，株主総会に臨むのである。

さらに会社は，株主総会の終了後に遅滞なく，貸借対照表や損益計算書を公告するよう求められている（詳細は第9章参照）。

〈証券取引所の規則に従った決算情報の開示〉　証券取引所は上場会社に対し，取締役会で決算案が承認され次第，ただちに「決算発表」を行って，その概要を報告するよう求めている。そこで各社は，所定の様式で「決算短信」という書類を作成し，証券取引所に提出する。決算短信を資料にして，取引所の記者クラブで決算に関する記者会見が行われ，その内容が翌日の新聞で報道される。決算短信には，売上高や当期純利益などの重要項目について，当期の実績値と次期の予想値が示されている。

有価証券報告書は株主総会の終了後（通常は決算日後90日前後）に開示され，株主総会の招集通知は総会の2週間前（通常は決算日後76日前後）までに郵送されるのに対し，決算短信は決算日後40日前後で公表される。したがって，わが国では最も早い決算情報の開示であり，投資者の注目を集めている。

自主的なディスクロージャー

法律や証券取引所の要請に従ったディスクロージャーは，開示する内容と時期が固定され，弾力性に欠ける。変化の激しい企業環境の下では，企業独自の判断に基づき，投資者の意思決定に有用な情報をタイムリーに開示することが必要となる。なぜなら，情報不足が資本コストの上昇につながり，不利な資金調達を招くおそれがあるからである（須田編著『ディスクロージャーの

戦略と効果』参照）。

　また，有用な情報をタイムリーに開示することで投資者の理解が得られれば，企業と投資者の間に長期的な信頼関係が形成されるかもしれない。ここに自主的ディスクロージャーの意義がある。

　〈オンライン・ディスクロージャー〉　最近，急速に普及しているオンライン・ディスクロージャー（インターネットによる企業の財務情報開示）は，自主的ディスクロージャーの一例である。

　たとえばインターネットで，トヨタ自動車株式会社のホームページ（https://global.toyota/）にアクセスすると，新車情報などと一緒に，「投資家情報」と題した箇所で財務情報が示されている。

　その中の「IR ライブラリ」には，①最新の四半期情報を速報する「決算報告」，②日本の金融庁への届出書類である「有価証券報告書」，③ニューヨーク証券取引所での上場に起因した米国証券取引委員会への英文届出書類である「米国 SEC 提出書類」などが収録されている。

　個々の会社の財務報告を見たければ，グーグルやヤフーなどの検索サイトで，企業名を入力すればよい。容易に各社のウェブサイトへ到達することができ，多くの企業は「投資家情報」とか「投資家の皆様へ」と題する箇所に財務情報を収録しているから，関心のある財務諸表を見つけることができる。重要なのは，このようなオンライン・ディスクロージャーが法律の強制によるものではなく，企業の自主的行動に委ねられているということである。

　〈インベスター・リレーションズ〉　インベスター・リレーションズ（investor relations：IR）も，自主的ディスクロージャーの一環として注目されている。

　IR とは，企業が自社株の投資価値を株主や投資者に訴え，株

Column ⑩　電子開示システム

　コンピュータの爆発的な普及に伴い，財務諸表の作成と開示の仕方が急変している。たとえば，アメリカでは SEC（証券取引委員会）が，有価証券報告書などの提出と縦覧をコンピュータで処理するエドガー・システム（Electronic Data Gathering, Analysis and Retrieval System：EDGAR）を導入した。1996 年 5 月から，すべての国内企業が電子媒体による有価証券報告書の提出を実施している。SEC はインターネットで情報を無料で提供し，投資者は 24 時間，世界中のどこからでもアクセスすることができる（https://www.sec.gov/edgar.shtml）。

　わが国でも，金融審議会が 1999 年 12 月に「ディスクロージャー制度の電子化について」を公表し，電子開示システムを導入するため 2000 年 5 月に当時の証券取引法が改正された。そして，2001 年 6 月 1 日から，電子開示システムを通じて有価証券報告書などを提出することが可能になった。この電子開示システムを EDINET（Electronic Disclosure for Investors' NETwork）と呼ぶ。2001 年 6 月 2 日以降，投資者は，EDINET で提出された有価証券報告書などに，インターネットからアクセスすることができるようになったのである（https://disclosure. edinet-fsa.go.jp）。EDINET による有価証券報告書の提出は，当初任意であったが，2004 年 6 月 1 日からは原則適用になった。わが国でもインターネットから財務諸表を簡単に入手できる環境が整ってきたのである。さらに現在では，EDINET に XBRL（eXtensible Business Reporting Language）を導入し，開示情報をそのまま 2 次加工し，利用性を高めることが可能になっている。

　イギリス，ドイツ，シンガポール，タイでも情報開示の電子化が進んでいる。おそらく近い将来，あらゆる国の企業の会計情報を，いつでも即座に入手できるようになるだろう。証券市場は国という壁を越え，ますます効率的となるに違いない。

主の裾野を広げていく広報活動である。製品価値を消費者に訴える広報活動（PR）と比較すれば理解しやすいであろう。IR活動としては，たとえば証券アナリストを対象にした説明会を開催し，そこで財務諸表や新製品情報ならびに将来の展望などを示したうえで，質疑応答をする。

日本インベスター・リレーションズ協議会（https://www.jira.or.jp/）が2023年に実施した第30回「IR活動の実態調査」によると，回答企業1061社の95%がIR活動を実施しており，そこでは，コーポレートガバナンス・コードへの対応状況の説明や，環境・社会・企業統治に関するESG情報の開示が重視され，これらの非財務情報を財務諸表とともに報告する「統合報告書」の作成企業が44%にも達するという。

他方，企業は英文による財務情報の公開にも力を入れている。その目的は，英語を共通言語とする海外投資家の対日投資を促すことであり，これは日本政府により国家的な課題としても位置づけられている。東京証券取引所の調査によると，英文開示を実施する上場会社の割合は60.4%に達し，プライム市場の会社では決算短信を英文開示する企業が88.8%にも及ぶが，有価証券報告書の英文開示割合は20.8%とまだ低く，さらなる改善が望まれている（「英文開示実施状況調査集計レポート」2022年12月）。

3 損益計算書の内容
●どのような活動からいくら稼いだのか

A社の損益計算書　　損益計算書は，1営業年度のすべての収益と費用を対応させて企業の経営成績を

示すものである。

　ここでは，Ａ社が会社法に基づいて作成する損益計算書（210頁【資料】参照）を例にして，損益計算書の内容を説明する。ポイントは，①損益計算書に示される各種利益がどのようにして算定されるのか，②それぞれの利益にはどのような特徴があるのか，③損益計算書を分析する際の留意事項は何か，ということである。

　損益計算書が，経営成績に関するこれらのポイントについて十分な情報を伝達するためには，１営業年度中に生じた収益と費用を，企業が行う経営活動と関連づけて，発生源泉別に分類する必要がある。そのうえで各種の利益を段階的に計算し表示するのである。図 10-1 はそのように工夫された損益計算書の仕組みを示している。

| 営業利益の計算 |

　企業活動は，①主たる営業活動と，②それに付随する金融活動，および③その他の臨時的活動と事象に大別される。主たる営業活動は，企業の営業循環を構成する仕入・生産活動と販売・回収活動，および営業循環を円滑に遂行するための経営管理活動からなる。

　そのような営業活動の成果が「売上高」であり，その達成のために仕入や生産で投入されたコストが「売上原価」となり，製品の販売と代金回収に要したコストが販売費である。販売費は，経営管理のコストである一般管理費と合算のうえ，「販売費及び一般管理費」として売上高から控除される。その結果が営業利益である。

　営業利益の算定式は次のようになる。Ａ社の損益計算書の数値も，あわせて示した。ただし百万円未満は切り捨てられている。

【資料】A 社の損益計算書

損益計算書

自　平成 *1 年 4 月　1 日
至　平成 *2 年 3 月 31 日

単位：百万円
単位未満切り捨て

区　　　分	金　　額	
Ⅰ　売　上　高		342,450
Ⅱ　売　上　原　価		
1. 製 品 期 首 た な 卸 高	7,320	
2. 当 期 製 品 製 造 原 価	264,318	
合　　　　　　　　　　計	271,639	
3. 製 品 期 末 た な 卸 高	7,764	263,875
売　上　総　利　益		78,575
Ⅲ　販売費及び一般管理費		55,524
営　　業　　利　　益		23,050
Ⅳ　営業外収益		
1. 受　　取　　利　　息	1,372	
2. 有 価 証 券 利 息	244	
3. 受　取　配　当　金	23,909	
4. 為　　替　　差　　益	1,101	
5. 賃　貸　料　収　入	310	
6. 雑　　　収　　　入	2,471	29,409
Ⅴ　営業外費用		
1. 有 価 証 券 評 価 損	284	
2. 為　　替　　差　　損	700	
3. 支　　払　　利　　息	42	
4. 雑　　　損　　　失	174	1,202
経　　常　　利　　益		51,257
Ⅵ　特別利益		
1. 固 定 資 産 売 却 益	703	
2. 貸 倒 引 当 金 戻 入 益	20	
3. そ の 他 の 特 別 利 益	20	743
Ⅶ　特別損失		
1. 固 定 資 産 売 却 損	100	
2. 固 定 資 産 廃 棄 損	25	
3. そ の 他 の 特 別 損 失	153	278
税 引 前 当 期 純 利 益		51,723
法人税，住民税及び事業税	11,218	
法 人 税 等 調 整 額	632	11,851
当　期　純　利　益		39,872

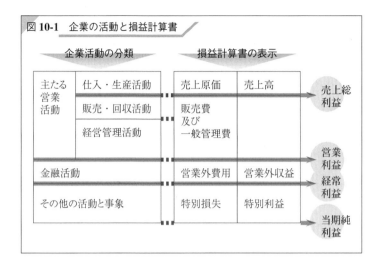

図10-1　企業の活動と損益計算書

企業活動の分類		損益計算書の表示		
主たる営業活動	仕入・生産活動	売上原価	売上高	売上総利益
	販売・回収活動	販売費及び一般管理費		
	経営管理活動			営業利益
金融活動		営業外費用	営業外収益	経常利益
その他の活動と事象		特別損失	特別利益	当期純利益

営業利益＝売上高　－売上原価－販売費及び一般管理費
　23,050　＝　342,450　－　263,875　－　55,524

この営業利益の算定プロセスを具体的に説明しよう。

〈売 上 高〉　　売上高は，値引や返品だけでなく，売上割戻（多額の取引をした得意先に対する代金の一部減額分）を控除した純額で，損益計算書の冒頭に記載する。

〈売上原価〉　　売上原価は，売上高から最初に控除する費用である。売上原価は，販売した財貨の売価と原価という形で，売上高と個別的に対応づけられる場合が多い。

売上高から売上原価を控除した差額を，**売上総利益** または粗利^{あらり}益^{えき}という。当期純利益を増やそうとして各種の費用を削減しても，そもそも売上総利益が少なければ手の打ちようがない。この意味で，売上総利益は「企業の根源的な利益」といえる。

〈販売費及び一般管理費〉　この費用項目は，売上原価以外で，営業活動と経営管理活動に関して発生したすべての費用であり，一括して営業費と呼ばれることもある。販売員の給料，製品の配達費用や広告宣伝費などが販売費であり，総務部や財務部で働く人の給料や本社ビルの減価償却費などが一般管理費となる。

〈営業利益〉　営業利益 は，企業がビジネスの目的とする財貨の生産や販売など，企業の本来の主たる業務から生まれた利益を示す。したがって企業の本来の業務がうまくいっているか否かを判断するには，営業利益をみる必要がある。このように，営業利益は「本業による利益」という性格をもつ。

経常利益の計算　企業が毎期反復して行う正常な活動には，主たる営業活動のほかに，金融活動がある。余剰資金を定期預金や株式で運用して，利子や配当金を受け取ったり，不足資金を銀行から借り入れて利息を支払うなどが，金融活動の中心となる。本業からの営業利益に，金融活動の収益（営業外収益）と費用（営業外費用）を加味して，経常利益は次の計算式に従って算定される。A社の損益計算書の数値（単位：百万円）もあわせて示した。

経常利益＝営業利益＋営業外収益−営業外費用
51,257 ＝ 23,050　 ＋ 29,409　　 − 1,202

この経常利益の算定プロセスを具体的に説明しよう。

〈営業外収益〉　余剰資金のある企業は，それを株式や大口定期預金などに運用して収益を得ようとする。得られた受取利息や受取配当金などの金融収益は，損益計算書に営業外収益として記載される。

〈営業外費用〉　多くの日本企業は，1960年代の高度成長期に銀行借入で必要資金を調達してきたため，伝統的に借入金が多い。借入金に対する支払利息は，損益計算書に営業外費用として記載される。本業から営業利益が出ても，その多くが支払利息で消されてしまえば赤字になるため，経営者は本来の営業活動だけでなく，営業外費用の管理にも細心の注意を払っている。借入金のほかに社債に支払われる利息，手形を割り引いた場合の手形売却損，有価証券の売却から生じる損失も，営業外費用である。A社の支払利息は非常に少なく，財政状態の良さを反映している。

〈経常利益〉　本業の成果と継続的な金融活動の成果をあわせて示す **経常利益** は，毎期反復して行われる活動の成果であるから，「企業の経常的な収益力を示す利益」として重要な情報となる。

アナリストや機関投資家は投資意思決定において，経常利益の期間比較や企業間比較を忘れない。ジャーナリズムが最も大きく扱うのも経常利益である。それだけに，経営者は経常利益の維持に腐心し，時には，会計手続を変更して経常利益の底上げを行う場合がある。ジャーナリズムではこれを決算対策と呼ぶ。重要な会計手続の変更は，財務諸表と計算書類において「重要な会計方針」の箇所で注記されるので，このような決算対策に注意して経常利益を分析することが重要である。

当期純利益の計算

経常利益は，当期の経営成績を評価し，将来の経営成績を予測するために重要な数値である。しかしそれは，当期中に獲得された分配可能な利益の金額を知りたいという株主の要求を満たすものではない。分配可能な期間利益は，経常利益だけでなく，臨時的・偶発的に生じた損益や，利益に応じて企業に負担が求められる税金も考慮に入

れて算定される。それが **当期純利益** である。

　当期純利益の計算式は次のようになる。A社の損益計算書の数値もあわせて示した（単位：百万円）。

> 当期純利益 ＝ 経常利益 ＋ 特別利益 － 特別損失 － 法人税等
> 　39,872 ＝ 51,257 　＋ 743 　　－ 278 　　－ 11,851

　この当期純利益の算定プロセスを具体的に説明しよう。

　〈特別利益〉　　たとえば土地などの固定資産売却益のように，経常的に発生することはなく，臨時的・偶発的に生じるタイプの利益は，特別利益として損益計算書に計上する。

　〈特別損失〉　　同じく，経常的に発生することはなく，臨時的・偶発的に生じるタイプの損失は，特別損失として損益計算書に計上する。たとえば，自然災害による損失や工場閉鎖などに伴う固定資産廃棄損，およびリストラに伴う割増退職金がある。

　〈法人税等〉　　企業が支払う法人税・住民税・事業税は「法人税，住民税及び事業税」または「法人税等」として，損益計算書の最後で控除される。法人税等については第9章で説明した。法人税等の控除前の利益を「税引前当期純利益」と呼び，控除後の利益が当期純利益となる。

　第9章で説明した税効果会計の考え方に立つとき，企業が納税した金額に前払分や未払分があると判断される額は「法人税等調整額」として，法人税等に加減される。A社は112億円の納税額に，未払額と考えられる6億円を加算して，118億円の税金費用を計上している。この結果，税引前の利益517億円からこの税金費用を控除した残額399億円が当期純利益である。

　〈当期純利益〉　　当期純利益は，売上高を中心とした当期中のす

べての収益から，利子や税金も含めたすべての費用・損失を控除して算定されるから，株主に帰属する最終的なもうけを示す。これが株主に配当として分配されたり，利益剰余金として企業内に留保されたりする。したがって当期純利益は「分配可能な期間利益」という性格をもつ。

包 括 利 益 当期純利益のほかに，連結ベースの利益計算にだけ表示される項目として，「包括利益」という利益の概念がある。**図10-2**は包括利益が必要とされる理由を例示している。

第2章の図2-2で説明したように，当期純利益は［収益－費用］として計算されるだけでなく，［期末資本－期首資本］としても計算結果は一致する。図10-2でも，純資産直入が行われていない期末貸借対照表で考える場合，［収益400－費用380＝当期純利益20］および［期末資本120－期首資本100＝当期純利益20］として，両方の計算結果の一致を確認することができる。

しかし，第7章で説明したように，企業が保有する「その他有価証券」は決算日に時価評価が求められ，時価評価差額は損益計算書に計上されることなく，貸借対照表に直接計上される。これが純資産直入法であり，図10-2はこの時価評価差額を30として例示している（計算例の単純化のため税効果会計は考えない）。

純資産直入が行われた期末貸借対照表に基づけば［期末資本150－期首資本100＝利益50］となり，この金額は損益計算書の当期純利益とは，もはや一致しない。この不一致に調整を加えて，2つの計算法の一致を回復させる役割を担うのが**包括利益**の概念である。

包括利益は，損益計算書で算定された実現利益20と，未実現

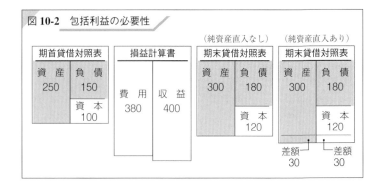

図10-2　包括利益の必要性

				（純資産直入なし）		（純資産直入あり）	
期首貸借対照表		損益計算書		期末貸借対照表		期末貸借対照表	
資　産	負　債	費用	収益	資　産	負　債	資　産	負　債
250	150	380	400	300	180	300	180
	資　本				資　本		資　本
	100				120		120

差額 30　　差額 30

の時価評価差額30の両方を，包括して計算されるので，この名前で呼ばれる。また未実現の評価差額は，包括利益のうち，当期純利益には含まれない金額であることから，「その他の包括利益」とも呼ばれる。すなわち［当期純利益20＋その他の包括利益30＝包括利益50］であり，この金額は［期末資本150－期首資本100］として算定する資本の増殖分としての利益額とも一致している。

　このようにして，当期中に資本が増殖した理由を十分に説明できるようにするには，企業の利益計算の書類に，当期純利益だけでなく，包括利益もあわせて表示する必要がある。そこで，個別企業ではなく企業集団について作成され，主として投資者が投資意思決定に利用する連結財務諸表では，第11章で説明する方法で，包括利益の金額が財務諸表に表示される。

　しかし配当制限の遵守の確認や課税所得の計算の基礎となるのは，個々の企業別の財務諸表であり，そこでは当期純利益が中心的な役割を果たしている。したがって企業別の損益計算書は，当期純利益の表示をもって完結しており，包括利益の表示は必要と

されない。このようにして，個々の企業別（単体）の財務諸表と，企業集団全体に関する連結財務諸表で，会計上の取扱いが異なる状況を **連単分離** という。

4 貸借対照表の内容

●どのような**財政状態**なのか

A社の貸借対照表

貸借対照表は，決算日現在の資産・負債・資本（純資産）の有高を示し，財政状態を表すものである。ここでは，A社が会社法に基づいて作成する貸借対照表（219頁【資料】参照）の内容を説明する。

資産と負債と資本（純資産）には，「資産＝負債＋資本」という関係がある。A社の例でも，資産（610,135百万円）＝負債（102,680百万円）＋資本（507,455百万円）となっている。これを貸借対照表の基本等式という。なお，2006年の会社法施行以後は，資本に代えて純資産という語が用いられている。2000年以降，貸借対照表には，株主が払い込んだ資本のほかに有価証券評価差額金などの項目が「資本の部」に表示されるようになり，それらの合計額を示すのに資本という用語が適当ではなくなったからである。このため以下の説明でも，株主資本と純資産という用語を区別して解説する。

貸借対照表の負債と純資産の部は資金の調達源泉などを示し，資産の部は調達された資金の運用形態を表している。簡単にいえば，資金をどこから調達して何に使っているか，を示すのが貸借対照表である。

　貸借対照表における資産は，次のように
3つに分類される。A社の貸借対照表の
数値も合わせて示した（単位：百万円）。この仕組みを理解するに
は，まず流動資産と固定資産の分類基準を知る必要がある。

> 資産　　＝流動資産＋固定資産＋繰延資産
>
> 610,135 = 337,291 ＋ 272,844 ＋ 0

〈流動資産と固定資産の分類基準〉　　かつては **1 年基準** が基本であ
った。つまり，決算日の翌日から起算して 1 年以内に入金の期
限が到来する資産を，**流動資産** とするのである。しかし 1 年基
準では，資産の分類が不適切になる場合がある。

ウィスキーのメーカーを考えてみよう。このメーカーにとって
ウィスキーは販売対象物であるから，固定資産にはなりえない。
しかし販売するまでに「寝かす」期間が必要であり，12 年も寝
かしてから販売されるウィスキーがある。1 年基準に従えば，こ
のウィスキーは固定資産に分類されてしまう。

このような不都合を是正するために考えられたのが，**正常営業
循環期間の基準** である。これは，企業の本来の営業過程である
「現金→商品・製品→売上債権→現金」というサイクルの中にあ
る資産を流動資産に分類する基準である。したがって，半年寝
かすウィスキーも 12 年寝かすウィスキーも，同様に流動資産に
分類される。

この正常営業循環期間の基準を最初に適用し，それを補足する
形で 1 年基準を適用する。したがって上記のサイクル外の項目
については，1 年以内に換金ないし消費されるか否かにより，流
動資産と固定資産に分類されることになる。

【資料】A 社の貸借対照表

貸借対照表

（平成 *2 年 3 月 31 日）

（単位：百万円 単位未満切り捨て）

科目	金額	科目	金額
資産の部		**負債の部**	
I 流動資産		**I 流動負債**	
1. 現金及び預金	106,396	1. 買掛金	63,317
2. 受取手形	2,031	2. 未払金	26,439
3. 売掛金	85,741	3. 未払費用	5,038
4. 有価証券	53,052	4. 未払法人税等	5,013
5. 製品	7,764	5. 前受金	7
6. 半製品	4,488	6. 預り金	1,273
7. 原材料	2,923	7. 役員賞与引当金	107
8. 仕掛品	5,404		
9. 貯蔵品	1,873	流動負債合計	101,196
10. 前払費用	110		
11. 前払年金費用	312		
12. 未収金	40,361		
13. 関係会社短期貸付金	17,480		
14. その他	9,378		
15. 貸倒引当金	△ 29		
流動資産合計	337,291		
		II 固定負債	
II 固定資産		1. 退職給付引当金	500
(1) 有形固定資産		2. 役員退職慰労引当金	483
1. 建物	45,190	3. 長期借入金	500
減価償却累計額	△ 23,597	固定負債合計	1,483
2. 構築物	2,060	負債合計	102,680
減価償却累計額	△ 1,370		
3. 機械及び装置	82,289		
減価償却累計額	△ 73,503	**純資産の部**	
4. 車両及び運搬具	17	**I 株主資本**	
減価償却累計額	△ 11	**(1) 資本金**	86,969
5. 工具器具及び備品	9,720	**(2) 資本剰余金**	
減価償却累計額	△ 8,306	資本準備金	97,253
6. 土地	44,529	資本剰余金合計	97,253
7. 建設仮勘定	7,164	**(3) 利益剰余金**	
有形固定資産合計	84,180	1. 利益準備金	2,464
		2. 任意積立金	
(2) 無形固定資産		研究開発積立金	1,500
1. のれん	2	海外投資等損失準備金	20
2. 特許権	865	別途積立金	281,600
3. 商標権	1	3. 繰越利益剰余金	55,114
4. その他	24	利益剰余金合計	340,698
無形固定資産合計	893	**(4) 自己株式**	△ 20,241
		株主資本合計	504,680
(3) 投資その他の資産			
1. 投資有価証券	79,370	**II 評価・換算差額等**	
2. 関係会社株式	58,955	その他有価証券評価差額金	2,775
3. 従業員長期貸付金	7	評価・換算差額等合計	2,775
4. 関係会社長期貸付金	43,710		
5. 更正債権等	2		
6. 長期前払費用	77		
7. 繰延税金資産	5,238		
8. その他	666		
9. 貸倒引当金	△ 257		
投資その他の資産合計	187,771		
固定資産合計	272,844	純資産合計	507,455
資産合計	610,135	負債純資産合計	610,135

〈流動資産〉　一般に流動資産を中分類して貸借対照表に示すことはない（後に述べるように固定資産は3つに分類される）。しかし学習上は，次のように3分類した方が理解しやすいであろう。

- 当座資産……………現金，預金，売掛金，受取手形，売買目的の有価証券や1年内満期の債券
- 棚卸資産……………商品，製品，半製品，原材料，仕掛品，貯蔵品
- その他の流動資産…前払費用，未収収益など

　当座資産 は相対的に換金性の高い資産であり，当座の支払に充当される。そのため当座資産は，買掛金や支払手形などの流動負債と比較され，企業の短期的な債務支払能力の分析に用いられる。

　商品などの **棚卸資産** の有高は，営業活動の好不調を敏感に反映する。営業活動が好調であれば，在庫が減り，一般に棚卸資産は減少する。他方，景気が悪化し営業活動が不調になれば，在庫は増え，一般に棚卸資産は増加する。棚卸資産の増加は保管費などのコストの増加に結びつくので，経営者は棚卸資産回転率（第12章参照）に注意し，維持すべき棚卸資産のレベルを適切に決定しなければならない。

　〈固定資産〉　**固定資産** は，有形固定資産，無形固定資産，および投資その他の資産に3分類される。第6章で，それぞれの項目を説明した。A社の有形固定資産は842億円，無形固定資産は9億円，投資その他の資産は1878億円である。投資その他の資産が，固定資産の中で大きな割合を占めている。

　〈繰延資産〉　創立費，開業費，開発費，株式交付費，社債発行費の5項目は，その支出の効果が将来にわたって発現すると期待されるため，貸借対照表に **繰延資産** として計上し，後の期間で

償却することが認められている。

　注意すべきは，繰延資産の計上が強制ではなく許容されている，ということである。したがって，上記の項目を支出時に一括費用計上するか，繰延資産として貸借対照表に計上するかは，企業の選択に委ねられている。一般に，高い収益力と良好な財政状態にある企業ほど支出時に一括費用計上し，繰延資産として貸借対照表に計上しない傾向がある。貸借対照表を裏側からみれば，繰延資産が急増している企業は注意を要する，ということになる。A社は繰延資産を計上していない。

┌─────────────┐
│　**負債の項目**　│
└─────────────┘
　貸借対照表における負債も，資産と同じく流動と固定の２つに分類される。A社の数値を合わせて示した（単位：百万円）。

┌─────────────────────────────────────┐
│　負債　　＝流動負債＋固定負債　　　　　　　　│
│　102,680 ＝ 101,196 ＋ 1,483　　　　　　　│
└─────────────────────────────────────┘

　負債項目における流動・固定の分類基準は，資産項目で採用された基準と同じものでなければならない。したがって，正常営業循環期間の基準をまず適用し，それを補足する形で１年基準を適用する。つまり正常営業循環過程にある債務（たとえば棚卸資産の取得に伴う買掛金や支払手形）は，すべて流動負債とされる。営業外の債務（借入金など）については，１年基準がとられる。

　〈流動負債〉　　一般に **流動負債** を中分類して貸借対照表に示すことはない。ここでは学習の便宜上，次のように分類した。

流動負債	●営業債務	買掛金，支払手形など
	●営業外債務	未払金，短期借入金
	●その他の流動負債	経過勘定…前受収益，未払費用 引当金……修繕引当金，賞与引当金など

　営業債務については，第4章で買入債務として説明した。営業外債務としての流動負債は，商品売買取引以外の取引から生じた債務である。短期借入金がその代表的項目である。

　流動負債の中には法律上の債務でないものも含まれる。それは，修繕引当金などの負債性引当金である。通常1年以内に使用される見込みのものは，流動負債として貸借対照表に記載される。

〈固定負債〉　固定負債の代表的項目は長期借入金と社債および退職給付引当金である。借入金と社債については第3章で説明し，退職給付引当金については第4章で述べた。通常1年を超えて使用される見込みの引当金は，固定負債として貸借対照表に記載される。

　　　　純資産の項目

　　　　貸借対照表における純資産は，次のように大きく3つに分類される。A社の貸借対照表の数値も合わせて示した（単位：百万円）。

$$純資産＝株主資本（資本金＋資本剰余金＋利益剰余金－自己株式）＋評価・換算差額等＋株式引受権・新株予約権$$
$$507,455 ＝ (86,969 ＋ 97,253 ＋ 340,698 － 20,241) ＋ 2,775 ＋ 0$$

　株主資本は株主持分（stockholders' equity）ともいわれる。株主資本を構成する3つの項目のうち，**資本金**と**資本剰余金**につい

ては第3章で説明し，**利益剰余金**（利益準備金＋その他利益剰余金）については第9章で述べた。

　A社の株主資本のセクションでは，利益剰余金の占める割合が最も大きい。利益剰余金は，利益準備金と任意積立金および繰越利益剰余金からなるが，A社の場合，任意積立金が2831億円あり，資本金の額を大幅に上回っている点が特徴的である。分配可能な剰余金を多くもっていることがわかる。

　第9章で示した分配可能額の範囲内であれば，株式会社は自己株式を取得し保有することができる。取得した自己株式は，消却や転売あるいはストック・オプションに充当することができる。もし自己株式を期末に保有していれば，それを株主資本の部に控除項目として記載する。A社は202億円の自己株式を保有している。

　評価・換算差額等のセクションに示される評価差額金には，土地再評価差額金やその他有価証券評価差額金がある。A社は28億円のその他有価証券評価差額金を計上した。

　A社は発行していないが，もし**株式引受権**や**新株予約権**を発行すれば，その金額が純資産の部の中で区分して記載される。

5　株主資本等変動計算書の内容
●株主資本の変動などを伝える

株主資本等変動計算書 の位置づけ

会社法も金融商品取引法も，損益計算書や貸借対照表と並ぶ第3の財務諸表として，**株主資本等変動計算書**の作成と報告を求めている。この書面の目的は，企業会計基準第6号「株主

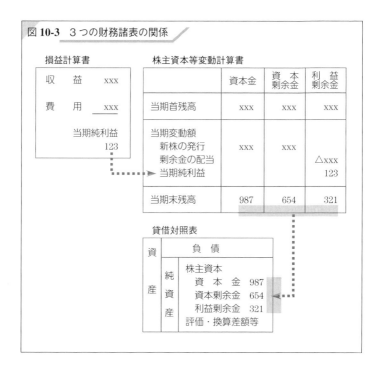

図 10-3　3 つの財務諸表の関係

損益計算書

収　益	xxx
費　用	xxx
当期純利益	123

株主資本等変動計算書

	資本金	資　本剰余金	利　益剰余金
当期首残高	xxx	xxx	xxx
当期変動額　新株の発行　剰余金の配当　当期純利益	xxx	xxx	△xxx 123
当期末残高	987	654	321

貸借対照表

資産	負　債
	純資産　株主資本　　資　本　金　987　　資本剰余金　654　　利益剰余金　321　評価・換算差額等

資本等変動計算書に関する会計基準」が示すとおり，貸借対照表の純資産の部の 1 会計期間の変動について，株主に帰属する部分（株主資本）を中心にその変動事由を報告することにある。

　図 10-3 は，株主資本等変動計算書と，損益計算書および貸借対照表の関係を示している。損益計算書で算定された当期純利益は，利益剰余金の期中増加高として株主資本等変動計算書に引き継がれる。そして株主資本等変動計算書で導出された各項目の期末残高は，貸借対照表の純資産の部に引き継がれる。

　226 頁の資料が示すとおり，株主資本等変動計算書の区分は，貸借対照表における純資産の部の表示区分に従っており，大きく

①株主資本，②評価・換算差額等（連結財務諸表では「その他の包括利益累計額」），③株式引受権，④新株予約権に分割され，この合計が純資産の合計額となる。そしてそれぞれの内訳項目ごとに，当期首残高と当期変動額および当期末残高が示される。

A社の株主資本等変動計算書（226頁【資料】参照）によれば，①の当期末残高は5047億円であり，②の当期末残高は28億円，そして③と④はなく，したがってA社における純資産の期末残高合計は5075億円となる。

これだけの情報ならば，貸借対照表を用いるだけで十分であろう。株主資本等変動計算書の意義は，各々の項目について当期変動額と事由を把握できる点にある。以下で各々のセクションについて検討しよう。

株主資本には，資本金・資本剰余金・利益剰余金・自己株式という4つの内訳項目がある。

このうち資本金や資本剰余金を増加させる代表的な取引は，新株式の発行による払込金の受入である。このとき通常は，受入額の半分を資本金とし，残り半分を資本準備金（資本剰余金の内訳項目）の増加として記録する。A社では当期にそのような取引がなかったので，資本金も資本剰余金も増加していない。

利益剰余金は，毎期反復的に繰り返される次の2つの取引により，定期的に変動する。①当期純利益または当期純損失の計上と，②剰余金の配当や処分（たとえば任意積立金の設定）がそれである。これらにより変化するのは，利益剰余金のうちの「繰越利益剰余金」であるが，A社については次のとおりである。

[資料] A社の株主資本等変動計算書（平成*1年4月1日～平成*2年3月31日）

| | 株主資本 | | | | | | | 評価・換算差額等 | 純資産 |
| | 資本金 | 資本剰余金 | 利益剰余金 | | | 自己株式 | 株主資本合計 | その他有価証券評価差額金 | 合計 |
		資本準備金	利益準備金	任意積立金	繰越利益剰余金				
当期首残高	86,969	97,253	2,464	277,615	30,887	△301	494,890	2,566	497,456
当期変動額									
剰余金の配当					△10,142		△10,142		△10,142
当期純利益					39,872		39,872		39,872
任意積立金の設定				5,506	△5,506				
自己株式の取得						△19,940	△19,940		△19,940
当期変動額（純額）								209	209
当期変動額合計				5,506	24,224	△19,940	9,790	209	9,999
当期末残高	86,969	97,253	2,464	283,121	55,114	△20,241	504,680	2,775	507,455

(注) 単位未満は切り捨て。

> 繰越利益剰余金の当期変動額＝当期純利益－剰余金の配当－
> 任意積立金の設定
>
> 24,224 ＝ 39,872 － 10,142 － 5,506

　株主資本は，自己株式の取得と処分によっても変動する。A社の場合は次のとおりである。

> 自己株式の当期変動額＝当期取得額－当期処分額
>
> 19,940 ＝ 19,940 － 0

　A社は当期に自己株式を199億円取得し，その残高が期首の3億円から期末の202億円へと急増した。これはA社の株主資本を減少させるから，自己資本純利益率（ROE）の変化を通じて株価に影響を与える可能性が高い。

　これらを総合すれば，A社における株主資本の期中変動は，以下のように示される（単位：百万円）。

> 株主資本の当期変動額＝当期純利益－剰余金の配当－自己株
> 式の取得
>
> 9,790 ＝ 39,872 － 10,142 － 19,940

　A社の株主資本は当期に98億円増加し，期首の4949億円から期末には5047億円に増えた。A社は順調に成長していると判断される。

評価・換算差額等　　このセクションには，その他有価証券評価差額金，土地再評価差額金，繰延ヘッジ損益などが記載される。

　これらの項目は，市場での時価や為替レートの変動によって発

生したものであり，未実現の損益であるという共通の性質をもっている。未実現であるから当期純利益の計算には含まれず，したがって利益剰余金にはならない。また株主が払い込んだ資本でもない。このため株主資本とは区別して記載するのである。

　A社は，その他有価証券評価差額金について，当期に2億円の純増があり，残高は期首の26億円から期末の28億円に増加した。その分，A社の純資産額は増えたのである。

> 株式引受権と新株予約権

株式引受権や新株予約権は，これらの権利を有する者からの権利行使により，会社が自社の株式を交付する可能性があることを表す。株式報酬制度（第4章参照）から生じるのが **株式引受権** であり，新株予約権付社債（第3章）やストック・オプション（第4章）から生じるのが **新株予約権** である。これらの項目は，今はまだ株主ではない者との取引で計上されるため，株主資本には含めず別項目として記載される。

6 附属明細表と個別注記表
●財務諸表分析のポイント

> 附属明細表

附属明細表（書）は，その名称が示すように，損益計算書や貸借対照表などに記載された項目中の重要なものについて，その内訳や増減を詳細に示したものである。したがって，企業を分析するために必要な情報が盛りだくさんである。細かい分析をするアナリストに役立つ情報を伝えるのが，附属明細表なのである。

　財務諸表等規則では，いくつかの項目の明細表が求められてい

るが，連結財務諸表を含む有価証券報告書の公表企業は，個別財務諸表に関して，①有形固定資産等と②引当金の明細書だけを公表すればよい。会社計算規則は，①有形固定資産と無形固定資産，②引当金，③販売費及び一般管理費の明細書を要求している。

財務諸表注記と個別注記表

財務諸表は簡潔でわかりやすい方がよい。しかし会計に通じた投資者やアナリストは，より多くの情報を要求する。財務諸表の明瞭性と豊富な情報量を両立するために用いられる手段が 注記 である。財務諸表に関する重要な情報を，財務諸表とは別に注記すれば，明瞭性を犠牲にせず情報量を増すことができる。

いま開示されている注記項目は，(1)財務諸表作成の基本となる事項，(2)貸借対照表や損益計算書の掲載項目の詳細，(3)セグメント情報，(4)1株当たり利益，および(5)重要な後発事象などである。(1)には，①継続企業の前提，②重要な会計方針，③会計上の見積りが含まれる。①は倒産の可能性が少なからず存在する企業に関する追加情報であり，③は将来の予測に基づく測定に起因して金額に不確実性がある項目に関する情報である。(3)は連結財務諸表で注記されることが多いので，第11章第8節で説明する。

会社計算規則は，これらの注記をまとめた 個別注記表 の作成を求めている。賢明な投資者は，これらの注記情報を最大限に活用するであろう。ここでは(1)の②と(5)を説明しよう。

〈重要な会計方針〉　企業が財務諸表の作成に用いた会計手続きを 会計方針（accounting policy）という。減価償却法として定額法や定率法など複数の方法が認められているように，個々の企業は，いろいろな領域で自社の実態表示に最適な会計方針を選択することができる。したがって，どの会計方針を選択したのかを明

示しなければ，外部者が財務諸表の企業間比較と期間比較を適切に行うことは不可能になる。そこで，減価償却の方法や，有価証券と棚卸資産の評価方法，引当金の計上基準などについて，その企業が採用した会計方針を注記するのである。

いったん選択した会計方針は，毎期継続して適用されなければならない。これを **継続性の原則** という。この原則は，財務諸表の期間比較可能性を確保し，利益操作を防止することに意義がある。ただし，正当な理由があれば，例外的に会計方針の変更が認められる。企業会計基準第 24 号「会社方針の開示，会計上の変更及び誤謬の訂正に関する会計基準」は，2011 年 4 月以後に開始する年度において会計方針を変更した場合には，変更後の会計方針を適用して過去の財務諸表を作り直すことを規定した。そのような作り直しを **財務諸表の遡及処理** という。これは日本の会計基準を国際的な会計基準と合致させるために行われた改正である。

なお，『週刊経営財務』誌（3614 号）の調査では，2023 年 3 月期に 46 社が 48 件の変更を有価証券報告書で注記しており，定率法から定額法への変更事例が 26 件で最多だったという。

〈重要な後発事象〉　決算日後から財務諸表の作成日までに発生した事象の中で，次期以降の経営成績と財政状態に大きな影響を及ぼすものを重要な **後発事象**（subsequent event）という。たとえば，火災や台風による重大な損害，多額の増資や減資，他企業との合併などがそれである。これらの事象が決算日後に発生しても，決算日までの財務諸表には影響はない。しかし将来の業績への影響は重大であるから，利害関係者へ速く情報を伝達するために，後発事象は財務諸表への注記が求められている。

7 期中の財務諸表

| 期中の財務報告 | 前節までは1事業年度全体に関する財務報告を解説してきたが，年度の部分期間 |

を対象として期中に公表される財務諸表もある。証券市場へ公表するための中間財務諸表や四半期財務諸表がそれである。これらの財務諸表は，ともに期中の部分期間に関して作成されることから，**期中財務諸表** と総称される。

　上場会社など金融商品取引法の適用を受ける企業は，2008年から2023年までの間，1事業年度を3ヵ月ごとの期間に区切って作成した **四半期財務諸表** を，金融庁に提出する四半期報告書に含めるとともに，上場する取引所で四半期ごとの決算発表で公表するよう求められてきた。しかし頻繁な財務報告に要する企業の負担を考慮して，2024年4月以降の開始年度から上場企業について，金融商品取引法上の四半期開示義務（第1・第3四半期）を廃止して取引所での決算発表に一本化するとともに，金融商品取引法では期首からの6ヵ月間を対象とした **中間財務諸表** を公表することになった。

| 期中財務諸表の開示 | 中間財務諸表や四半期財務諸表は，貸借対照表と損益計算書およびキャッシュ・ |

フロー計算書から構成され，それぞれの部分期間末日の貸借対照表，および会計年度の期首からその部分期間末日までを累計した期間の損益計算書とキャッシュ・フロー計算書が開示される。また期間比較のために，前年の同じ部分期間末の貸借対照表と，前

年度と同一の部分期間の損益計算書およびキャッシュ・フロー計算書も，対比する形であわせて示される。企業の業績は季節ごとに変動する場合があるので，前年と同一の部分期間と比較することが必要である。

実績主義　　中間や四半期の財務諸表の作成方法に関しては，実績主義および予測主義という2通りの理念がある。実績主義は，部分期間を1つの独立した期間とみなして，年度の財務諸表と同じ会計処理方法を適用することにより，経営成績や財政状態について部分期間ごとの実績を測定しようとする考え方である。

　これに対して予測主義は，部分期間を年度の一構成部分として位置づけ，部分期間の財務データから1年間全体の業績予測が可能なように，費用の繰上げや繰延べを行う考え方である。予測主義のもとでは，売上高に季節変動があれば，それに対応して減価償却費も配分が必要になる。

　日本基準をはじめとして世界の主要な会計基準は，実績主義を採用している。したがって原則的に年度の財務諸表と同じ会計処理で中間や四半期の財務諸表を作成するが，迅速な開示のために，簡便な会計処理によることも認められている。

期中レビュー　　中間や四半期の財務諸表もまた，公認会計士によるチェックが必要とされている。このチェックを 期中レビュー というが，そこでは年度の財務諸表監査よりも簡略化された監査手続が実施され，「不適正なことは発見されなかった」という消極的な形式で結論が表明される。

　上場会社は，期中レビューを受けた中間財務諸表や四半期財務

諸表を，その部分期間末から 45 日以内に開示することが求められている。この制度を通じて投資者は，信頼できる情報をタイムリーに入手できるだけでなく，企業業績の趨勢が期中に生じた場合も，その事実をいち早く知ることができる。

本章で学んだキーワード　　KEYWORD

財務諸表　計算書類　ディスクロージャー　有価証券届出書　有価証券報告書　売上総利益　営業利益　経常利益当期純利益　包括利益　連単分離　１年基準　流動資産正常営業循環期間の基準　当座資産　棚卸資産　固定資産繰延資産　流動負債　固定負債　株主資本　資本金資本剰余金　利益剰余金　評価・換算差額等　株式引受権新株予約権　株主資本等変動計算書　附属明細表　個別注記表　会計方針　継続性の原則　財務諸表の遡及処理後発事象　期中財務諸表　四半期財務諸表　中間財務諸表期中レビュー

演習問題
Exercises

1 売上総利益，営業利益，経常利益，および当期純利益の算定プロセスを示し，それぞれの利益の特徴を述べてみよう。

2 資産と負債の分類基準を述べ，流動資産（負債）と固定資産（負債）の代表的な項目を列挙してみよう。

3 投資者が財務諸表を比較する場合，企業が選択した会計方針はどのような意味をもつのか，を述べてみよう。また，そこでの継続性の原則の役割を示してみよう。

参考文献
Reference

財務諸表の表示や注記については，次の会計基準がある。

- 企業会計基準委員会［2005］「企業会計基準第 5 号：貸借対照表の純資産の部の表示に関する会計基準」（最終改正 2022 年）。
- 企業会計基準委員会［2005］「企業会計基準第 6 号：株主資本等変動計算書に関する会計基準」（最終改正 2022 年）。
- 企業会計基準委員会［2007］「企業会計基準第 12 号：四半期財務諸表に関する会計基準」（最終改正 2020 年）。
- 企業会計基準委員会［2009］「企業会計基準第 24 号：会計方針の開示，会計上の変更及び誤謬の訂正に関する会計基準」（最終改正 2020 年）。
- 企業会計基準委員会［2010］「企業会計基準第 25 号：包括利益の表示に関する会計基準」（最終改正 2022 年）。
- 企業会計基準委員会［2023］「公開草案：中間財務諸表に関する会計基準（案）」。

日本企業が選択した会計方針の分布は次の文献に詳しい。

- 日本公認会計士協会編［2007］『決算開示トレンド——有価証券報告書 300 社の実態分析（平成 19 年版）』中央経済社。

次の文献は日本企業の会計戦略を分析している。

- 須田一幸編著［2004］『ディスクロージャーの戦略と効果』森山書店。
- 須田一幸・山本達司・乙政正太編著［2007］『会計操作——その実態と識別法，株価への影響』ダイヤモンド社。

第11章

企業集団の財務報告

グループ全体を総合した情報

本章のサマリー S U M M A R Y

こんにちの大企業は，多数の企業を支配下に置き，企業集団として経済活動を営んでいる。そのような企業集団全体の業績を測定するために作成されるのが連結財務諸表である。連結財務諸表は，連結貸借対照表・連結損益計算書・連結株主資本等変動計算書，および連結キャッシュ・フロー計算書という4つの書面から構成される。そしてそこには親会社と子会社および関連会社からなる企業集団全体の業績が反映される。

連結貸借対照表は企業集団の財政状態を表す書面であり，親会社と子会社の貸借対照表の同じ項目同士を合計したうえで，親子間の投資と資本を相殺消去し，また親子間の債権と債務を相殺消去して作成する。

連結損益計算書は企業集団の経営成績を表す書面であり，親会社と子会社の損益計算書の同じ項目同士を合計したうえで，親子間の取引を相殺消去し，また未実現利益を消去して作成する。関連会社が達成した純利益のうち，親会社の持株比率に対応する額は，持分法による投資利益として，連結損益計算書に加算する。

このほか多角化した集団の業績を部門ごとに明らかにする目的で，連結財務諸表にはセグメント情報が注記される。

1 連結財務諸表の重要性

●親会社情報だけでは実態をつかめない

現代の企業は，個々の会社として独立に存在するだけでなく，親会社とその支配下にある子会社というかたちで企業集団を形成し，その中で経済活動を営んでいる場合が多い。たとえば販売部門を生産部門から独立させて別会社としたり，新規事業を始めるために子会社を設立したり，また将来の成長が有望な他企業の株式を取得して支配下に従属させている場合がそれである。

これら企業集団を構成する個々の会社は，法律上はそれぞれ別個の実体であるが，経済的・実質的には支配従属関係を通じて，1つの組織体として考えることができる。したがってこのような場合には，企業集団を構成する全部の会社を1つの会計単位として取り扱い，集団全体としての財務諸表を作成することが経済的な事実に合致している。

法律上の個々の会社を会計単位とする財務諸表を **個別財務諸表** というのに対し，企業集団を構成する個々の企業の個別財務諸表を総合して作成される財務諸表を **連結財務諸表** という。連結財務諸表は，個別財務諸表からは得られないような集団全体に関する情報を含んでおり，投資者の意思決定にとって不可欠な情報である。そこで金融商品取引法は，上場会社など，この法律の適用を受ける親会社に対して，連結財務諸表を作成し，有価証券報告書に含めて投資者に公開することを義務づけている。

このようにわが国の連結財務諸表は，これまでもっぱら，証券市場に対する投資意思決定のための情報提供を直接的な目的とし

てきた。他方，会社法は経営者・株主・債権者の間の権利義務関係の調整や確定のために会計を利用しており，法人税法は個々の会社の所得を課税対象としているから，これらの法律のもとでの会計では，あくまで法律上の個々の会社を会計単位とした個別財務諸表が中心とされてきた。

しかし会社法は，金融商品取引法の適用を受けて有価証券報告書を提出する大会社に限り，2003年4月以降に開始する事業年度から，連結財務諸表（会社法はこれを **連結計算書類** と呼んでいる）を作成して監査を受けたうえで，定時株主総会に報告しなければならないこととした。ただし今後も配当規制は，会社が特に選択しない限り，個別貸借対照表に基づいて行われる点に変化はない。

また法人税法も，2022年4月以降の開始年度から，かつての連結納税制度を更新して，**グループ通算制度** へ移行した。これらの制度は，課税所得や納税額の計算を，個別企業ごとではなく企業集団として実施する制度であるが，わが国の場合，グループ通算の企業集団に含めることができるのは100％支配の子会社だけである。したがって，以下で説明するような連結財務諸表を基礎とした制度ではない点に注意を要する。

2 企業集団を構成する会社

●企業集団＝親会社＋子会社＋関連会社

連結財務諸表は，親会社を頂点とする企業集団を1つの組織体とみなして，集団内の個々の企業の財務諸表を総合して作成するものである。ある企業が，親会社を頂点とする企業集団に含められて，連結財務諸表へと組み込まれていくか否かは，その企業が

親会社からの支配や重要な影響を受けているか否かによって決定される。

子　会　社

親会社の支配や重要な影響を受けていると判断され，連結財務諸表へと統合されていく企業には，「子会社」および「関連会社」という2つのタイプの会社がある。

　ここに **子会社** とは，親会社がその会社の株主総会や取締役会などの意思決定機関を支配しているような会社をいう。ある会社が子会社に該当するか否かを判断する基準には，持株基準と支配力基準がある。**持株基準** は，親会社が他の企業の議決権のある株式の過半数を所有していれば，株主総会での議決権行使を通じてその企業の意思決定を支配することができるから，親会社が議決権の過半数を支配している会社だけを子会社とする基準である。

　これに対し **支配力基準** は，親会社が株式の過半数を所有している場合はもちろん，たとえ株式の所有が過半数に達していなくても，財務や経営の方針を実質的に支配していれば，その会社もまた子会社に該当するとみる基準である。たとえば，①親会社との密接な関係により，親会社の議決権行使に同調してくれる協力的な株主が存在し，合算すれば議決権の過半数に到達する場合がそれである。また，②親会社から派遣した役員が取締役会の過半数を占めていたり，③他の会社の財務や営業の方針を決定づけるような契約が存在すれば，事実として親会社の支配が及ぶことになる。

　持株基準は，支配従属関係の存在を形式的に判断するので，客観性の面では優れているが，機械的な判断だけでは企業集団の実態を把握できないという欠陥がある。このため連結財務諸表へと

統合されるべき子会社の範囲を決定するための基準としては，支配力基準が採用されている。

　子会社に対しては，原則として連結の手続きが適用される。これは後で説明するとおり，親会社と子会社の財務諸表の全体について，同じ項目同士の金額を合算したうえで，若干の修正を加えて総合し，集団全体の財務諸表を導くための手続きである。ただし重要性が乏しい小規模な子会社には，連結の手続きを適用しなくてもよい。そのような子会社を非連結子会社という。

| 関連会社 |

他方，**関連会社** とは，親会社が単独で（または子会社と協力して），他の会社の財務および営業の方針に対して重要な影響を与えることができる場合の，相手会社をいう。そのような影響力の源泉は，出資・人事・資金・技術・取引などの関係であるが，基本は議決権のある株式の保有である。このため議決権付き株式の20％以上50％以下を所有している相手会社に対しては，重要な影響を与えることができるとみなされ，そのような相手企業は関連会社とされる。しかし株式の所有割合が20％に満たなくても，実質的に重要な影響が及んでいる相手企業もまた関連会社であるとみなされる。

　関連会社の資産・負債には親会社の支配が及ばないため，関連会社の財務諸表が親会社の財務諸表と合算されることはなく，「持分法」という会計処理方法が適用される。これは関連会社の獲得した利益のうち，親会社の持株比率に見合う額だけを，企業集団の利益とみなして連結財務諸表に含める方法である。また子会社のうち，小規模であるなどの理由で連結決算の手続きが適用されなかった非連結子会社に対しても，持分法を適用することになっている。

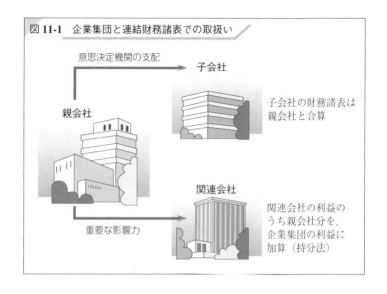

図 11-1　企業集団と連結財務諸表での取扱い

意思決定機関の支配　→　子会社

親会社

子会社の財務諸表は
親会社と合算

関連会社

重要な影響力　→

関連会社の利益の
うち親会社分を，
企業集団の利益に
加算（持分法）

　図 11-1 は，企業集団を構成する会社と，それらの経営実態が連結財務諸表に反映されるプロセスを要約して示したものである。企業集団の中には，それを構成する会社の数が非常に多いものがあり，そこでは連結財務諸表を作成するのに莫大な作業が必要となる。たとえば 2023 年 3 月期決算で子会社数が最多の日本企業はソニーグループであり，連結子会社は 1597 社，持分法を適用した関連会社は 141 社にも達している。

　連結財務諸表は，連結貸借対照表・連結損益計算書・連結株主資本等変動計算書および連結キャッシュ・フロー計算書という 4 つの書面を中心とし，これに若干の補足的な資料を含めて構成されている。以下では連結貸借対照表と連結損益計算書を中心に取り上げて，その作成と見方の要点を解説する。キャッシュ・フロー計算書については，第 7 章で説明した。

3 連結貸借対照表

●親子間の出資と債権・債務は除去する

連結貸借対照表 は，企業集団全体としてみた場合の資金調達の源泉と，調達された資金が各種の資産に投下されている実態を対比して示すことにより，企業集団の財政状態を表す書面である。この連結貸借対照表は，親会社と連結子会社の個別貸借対照表を基礎として，①同じ項目同士の金額を合算するとともに，②集団内部での取引から生じている項目を相殺消去して作成する。この②こそが，作成の要点である。**図11-2** はそのような作成プロセスの概要を図示している。

親会社と子会社を別々に考える場合は，資産・負債・資本の項目であっても，親会社と子会社を一括して考えた場合には，企業集団の内部での財貨や資金の単なる振替によって生じた項目にすぎず，資産・負債・資本とは認められないものがある。そのような項目は，連結決算の過程で相殺消去する。

相殺消去が必要な項目には，次の2つのタイプがある。第1は親会社と子会社の間の **債権と債務の相殺消去** である。図11-2では，親会社から子会社への掛売上の結果として，親会社の貸借対照表には子会社に対する売掛金が記載され，子会社の貸借対照表には親会社に対する買掛金が記載されている。しかしこの売掛金は，企業集団が外部の第三者に対して売上代金の支払を要求できる法律上の権利を表したものではないから，企業集団にとっての資産には該当しない。同じ理由で，この買掛金も企業集団の立場からみた場合には負債に該当しない。したがってこれらの項目は，

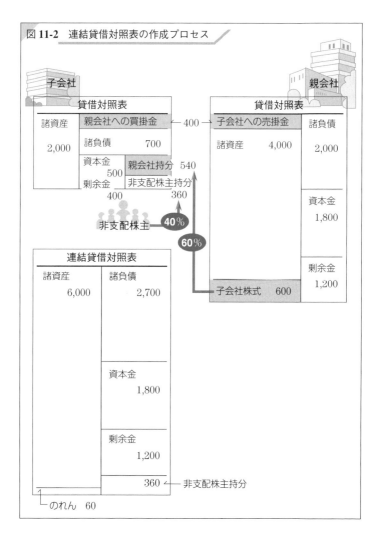

図11-2 連結貸借対照表の作成プロセス

連結決算の過程で相殺消去しなければならない。

　同様の項目としては，親会社と子会社の間での貸付金と借入金，未払金と未収金，投資社債と負債としての社債などがある。

相殺消去が必要な第2の項目は，親会社から子会社への出資に関連するものである。親会社の貸借対照表には，子会社への出資額が子会社株式として固定資産の区分に記載されている。他方，子会社では親会社からの出資額を，親会社以外の株主からの出資額と合算のうえ，株主資本として記載している。

　図11-2では，その合計額が900であり，うち60％は親会社の持分とされ，残りの40％は親会社以外の株主の持分として，区分のうえ図示されている。親会社が支配株主であるから，親会社以外の持分360は **非支配株主持分** と呼ばれる。連結財務諸表は親会社の立場から作成されるが，非支配株主持分は親会社以外から提供された資金額を示すから，自己資本には該当しない。しかし返済を要しないから負債でもない。このため非支配株主持分は純資産の部で株主資本とは区分して表示する。

　他方，子会社の純資産のうちの親会社持分540は，親会社からの出資という企業集団内部での資金の振替によって生じたものであるから，親会社の貸借対照表に記載された子会社株式600と相殺消去しなければならない。この作業を，**投資と資本の相殺消去** という。この設例では，親会社が子会社の純資産のうち540を支配するのに600の支出を行っているから，相殺の差額が60だけ生じる。

　これは子会社の営業を支配する権利を得る目的で，親会社が余分に支払った額であるから，**のれん** という名称で，連結貸借対照表の資産の1項目として記載する。のれんは，20年以内の所定の年数にわたり規則的な方法で償却し，償却額は連結損益計算書に連結決算上の費用として掲載する。逆に，支配する純資産額より支払額の方が少なければ，割安での取得による利益と考えて，

差額は連結損益計算書に特別利益として計上する。

　なお在外子会社の外貨表示の貸借対照表を，連結のために日本円に換算しなおした場合に生じる差額は，**為替換算調整勘定** という名前で，連結貸借対照表の純資産の部に含めて記載される。このようにして連結貸借対照表には，個別財務諸表にけっして現れることのない「非支配株主持分」および「為替換算調整勘定」という項目が登場することになる。

連結損益計算書
●親子間の取引と未実現利益は除去する

　連結損益計算書 は，企業集団全体が 1 年間の活動により，どのような源泉からいくらの純利益を獲得したかを示す書面である。連結損益計算書は，親会社と連結子会社の個別損益計算書を基礎として，①同じ項目同士の金額を合算するとともに，②集団内部での取引から生じている項目を相殺消去して作成する。**図 11-3** がその作成プロセスの概要を図示している。

　ここでは，親会社が単価 100 円で仕入れた商品 10 個のうち 9 個を，単価 150 円で子会社へ引き渡し，子会社がこのうち 7 個を単価 180 円で集団外部へ販売するという取引を仮定している。連結貸借対照表と同様に，連結損益計算書を作成する場合にも，企業集団内部での財貨や資金の単なる振替によって生じたにすぎない項目や金額は，連結決算の過程で相殺消去しなければならない。そのような相殺消去が必要な項目には，次の 2 つのタイプがある。

　第 1 は親会社と子会社の間の **内部取引の相殺消去** である。図

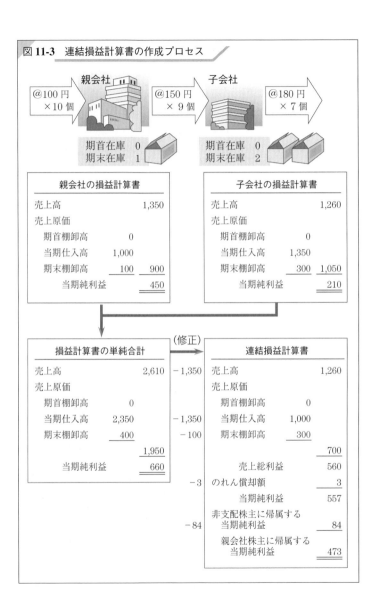

図 11-3　連結損益計算書の作成プロセス

親会社
@100円 ×10個

@150円 ×9個

子会社

@180円 ×7個

期首在庫　0
期末在庫　1

期首在庫　0
期末在庫　2

親会社の損益計算書		
売上高		1,350
売上原価		
期首棚卸高	0	
当期仕入高	1,000	
期末棚卸高	100	900
当期純利益		450

子会社の損益計算書		
売上高		1,260
売上原価		
期首棚卸高	0	
当期仕入高	1,350	
期末棚卸高	300	1,050
当期純利益		210

損益計算書の単純合計		
売上高		2,610
売上原価		
期首棚卸高	0	
当期仕入高	2,350	
期末棚卸高	400	
		1,950
当期純利益		660

(修正)

－1,350

－1,350

－100

－3

－84

連結損益計算書		
売上高		1,260
売上原価		
期首棚卸高	0	
当期仕入高	1,000	
期末棚卸高	300	
		700
売上総利益		560
のれん償却額		3
当期純利益		557
非支配株主に帰属する　当期純利益		84
親会社株主に帰属する　当期純利益		473

Column ⑪ 　連結財務諸表の実例

次頁に掲載したのは，江崎グリコ株式会社の連結財務諸表のデータを筆者が要約したものである。この要約データには，主要な勘定科目のみが表示されている。ここには転載していないが，親会社の当期純利益が 12,553 百万円の黒字であるのに対し，連結決算では親会社株主に帰属する当期純利益が 8,099 百万円にとどまっているから，連結子会社や関連会社が計上した損失によって，企業集団全体としてみた業績が引き下げられていることがわかる。

11-3 では，親会社から子会社への売上の結果として，親会社の損益計算書には子会社への売上高 1350 が記載され，子会社の損益計算書には親会社からの仕入高 1350 が記載されているが，この 2 項目が相殺消去すべき集団内部での取引高である。子会社が親会社に配当金を支払った場合は，親会社の損益計算書に受取配当金が営業外収益の区分に計上されているから，これについても消去が必要になる。

　第 2 の作業は，期末在庫などに含まれる **未実現利益の消去** である。図 11-3 の設例では，子会社の期末在庫が 1 個当たり 150 円で評価されているが，これはもともと親会社が 1 個当たり 100 円で仕入れたものに 50 円の内部利益を加算して，子会社へ引き渡したものである。したがって企業集団全体の観点からみれば，50 円の利益はまだ実現していないから，これを子会社の期末在庫の評価額から除去しておかなければならない。この結果，子会社の期末在庫は ［(帳簿価額 150 円 − 未実現利益 50 円)×2 個 = 200 円］ として評価したうえ，親会社の期末在庫 100 円と合算し

連結貸借対照表

（単位：百万円）

	前期末 2021.12.31	当期末 2022.12.31
資産の部		
現金及び預金	102,026	91,705
受取手形及び売掛金	42,898	45,372
有価証券	219	226
棚卸資産	28,154	32,845
その他の流動資産	5,329	8,020
流動資産合計	178,626	178,168
有形固定資産	101,080	110,038
無形固定資産	15,967	21,682
投資その他の資産	61,071	59,168
固定資産合計	178,118	190,888
資産合計	356,745	369,056
負債の部		
流動負債	72,150	79,875
固定負債	43,416	44,421
負債合計	115,567	124,296
純資産の部		
株主資本	223,470	221,046
その他の包括利益累計額	17,320	23,245
非支配株主持分	386	468
純資産合計	241,177	244,760
負債純資産合計	356,745	369,056

連結損益計算書

（単位：百万円）

	前期 2021.1.1~2021.12.31	当期 2022.1.1~2022.12.31
売上高	338,571	303,921
売上原価	180,537	193,172
売上総利益	158,033	110,749
販売費及び一般管理費	138,726	97,903
営業利益	19,307	12,845
営業外収益	3,935	3,500
営業外費用	1,534	2,699
経常利益	21,708	13,646
特別利益	918	3,519
特別損失	1,820	3,229
税金等調整前当期純利益	20,806	13,936
法人税、住民税及び事業税	7,082	5,955
法人税等調整額	157	△176
当期純利益	13,567	8,156
非支配株主に帰属する当期純利益	48	56
親会社株主に帰属する当期純利益	13,519	8,099

連結キャッシュ・フロー計算書

（単位：百万円）

	前期 2021.1.1~2021.12.31	当期 2022.1.1~2022.12.31
営業活動によるキャッシュ・フロー	28,651	16,802
投資活動によるキャッシュ・フロー	△29,194	△20,140
財務活動によるキャッシュ・フロー	△4,859	△10,284
現金及び現金同等物の増減額	2,986	△9,546

※1 各表とも、記載金額は、表示金額未満を四捨五入の本表示。
※2 主要な勘定科目のみの本表示。

て，合計300円で連結損益計算書に記載されるのである。なお，子会社の期末在庫から除去される未実現利益が，連結貸借対照表の棚卸資産の評価額からも除去されることはいうまでもない。

このようにして作成する連結損益計算書には，次のような連結決算の項目が登場する。①非支配株主利益，②連結上ののれん償却額，③持分法による投資利益がそれである。このうち①と②が，図11-3に掲載されている。

①の **非支配株主利益** は，子会社が獲得した利益のうち，非支配株主に帰属する部分である。連結損益計算書は，親会社と子会社の損益計算書を同じ項目同士を合算して作成するから，当期純利益も合算される。しかし子会社の当期純利益210のうち，非支配株主の持株比率に相当する額（210×0.4 = 84）は非支配株主に帰属するため，親会社の利益とはならない。したがって企業集団全体の当期純利益から，「非支配株主に帰属する当期純利益」を控除した残額が，「親会社株主に帰属する当期純利益」である。

②の **のれん償却額** は，連結貸借対照表の作成に際して生じたのれんの当期分の償却額であり，会社の合併時にも同じ名前の項目が個別損益計算書に登場する（図11-5参照）。図11-3では，図11-2で生じた60ののれんを20年で均等償却するものとして，当期に3の償却額を計上している。

③の **持分法による投資利益** は，連結されなかった子会社や関連会社が獲得した利益のうち親会社の持株比率に見合う額を，企業集団の利益として連結損益計算書に計上するための項目である。これについては次の節で説明する。

5 持分法による投資利益

●関連会社の業績を反映させる方法

　子会社の業績は，各社の財務諸表項目の金額を親会社の項目と合算のうえ必要な調整を加えるという，連結決算の手続きを通じて，連結財務諸表の中に反映されていく。これに対し，関連会社と非連結子会社の業績は，**持分法** と呼ばれる会計処理方法を通じて，連結財務諸表に反映される。連結決算の手続きが子会社の財務諸表を丸ごと親会社と合算するのに対し，持分法は関連会社などの業績を反映した純資産の変化額のうち，親会社の持分額だけを利益や損失として連結損益計算書に計上する方法である。

　たとえば親会社が関連会社の株式の30％を1000万円で取得したとすれば，親会社の貸借対照表には関連会社株式が1000万円の評価額で固定資産の区分に計上されているはずである。その関連会社が当期に2000万円の純利益を獲得すれば，その30％に相当する600万円は親会社の持分である。このため持分法では，親会社の貸借対照表に計上されている関連会社株式について，その価値が600万円だけ増加したものと考えて，その評価額を1600万円まで引き上げるのである。それと同時に，この600万円は連結損益計算書において「持分法による投資利益」として連結利益の計算に加算する。

　逆に，関連会社に当期純損失が生じた場合は，関連会社株式の評価減と「持分法による投資損失」の計上を行うことになる。また関連会社が配当を支払えば，純資産額が減少するから，関連会社株式をその分だけ評価減するとともに，これを親会社の損益計

算書に計上された受取配当金と相殺する。

このようにして持分法が適用された関連会社と非連結子会社の業績は，連結損益計算書の「持分法による投資損益」という項目に集約され，集団全体の利益計算に含まれていくのである。

6 連結包括利益計算書
●国際会計基準との統合のために

貸借対照表の資本や純資産が当期中に増殖した理由を財務諸表で十分に説明するには，利益計算において当期純利益とあわせて包括利益も測定表示することが不可欠であることは，すでに第**10**章で説明したとおりである（図10-2参照）。特に投資意思決定で利用される連結財務諸表では，連結貸借対照表と連結上の利益計算の関係が，包括利益の表示を通じて的確に伝達されることが重要である。

このような役割を担って，国際会計基準では連結財務諸表に企業集団全体の包括利益が表示されている。そこで企業会計基準第25号「包括利益の表示に関する会計基準」は，2010年4月以降に開始する年度の連結財務諸表から，当期純利益の情報とあわせて包括利益の情報を表示すべきこととした。

図**11-4**は，包括利益を表示する連結財務諸表の様式例である。連結損益計算書とは別に「連結包括利益計算書」を作成する2計算書方式と，両者を結合して「連結損益及び包括利益計算書」を作成する1計算書方式の2通りが認められている。

包括利益は，当期純利益に「その他の包括利益」を加算して導出され，親会社株主に帰属する額と非支配株主に帰属する額とい

図 11-4　連結ベースの包括利益の表示様式

2計算書方式

連結損益計算書

売 上 高	xx,xxx
諸 費 用	xx,xxx
当期純利益	1,000
非支配株主に帰属する当期純利益	100
親会社株主に帰属する当期純利益	900

連結包括利益計算書

当期純利益	1,000
その他の包括利益	
その他有価証券評価差額金	600
繰延ヘッジ損益	50
為替換算調整勘定	△150
その他の包括利益合計	500
包括利益	1,500
(内訳)	
親会社株主に係る包括利益	1,300
非支配株主に係る包括利益	200

1計算書方式

連結損益及び包括利益計算書

売 上 高	xx,xxx
諸 費 用	xx,xxx
当期純利益	1,000
(内訳)	
親会社株主に帰属する当期純利益	900
非支配株主に帰属する当期純利益	100
その他の包括利益	
その他有価証券評価差額金	600
繰延ヘッジ損益	50
為替換算調整勘定	△150
その他の包括利益合計	500
包括利益	1,500
(内訳)	
親会社株主に係る包括利益	1,300
非支配株主に係る包括利益	200

う内訳も明示される。その他の包括利益に属する代表的な項目としては，①その他有価証券評価差額金（その他有価証券の時価評価差額で純資産直入された金額），②繰延ヘッジ損益（ヘッジ目的で利用されたデリバティブの時価評価損益のうち，ヘッジ対象資産の損失が計上されるまで繰り延べられた金額），③為替換算調整勘定（在外

子会社への投下資本から為替変動によって生じた換算差額）などがある。

7 連結株主資本等変動計算書
●純資産の内訳項目の増減を報告する書類

連結株主資本等変動計算書は，連結貸借対照表の純資産の部を構成する項目について，期首残高から期中の増減を経て期末残高に至るプロセスを表示するために作成する書面である。

この計算書の位置づけや記載項目については，すでに第10章で説明した（図10-3参照）。企業別の計算書と連結での計算書の相違点は次の3つである。企業別計算書では，株主資本，評価・換算差額等，株式引受権，新株予約権という4つの大区分が設けられるのに対し，連結株主資本等変動計算書では，①第2区分の評価・換算差額等が「その他の包括利益累計額」という項目名で記載されること，②連結では第5の大区分として「非支配株主持分」という区分が設けられること，③連結財務諸表は通常は配当制限には用いないため，資本剰余金と利益剰余金について，その詳細な内訳区分が必要とされないことである。

連結株主資本等変動計算書の作成に際して重要な考慮事項は，子会社が支払った配当金の取扱いである。子会社による配当金の支払は，子会社の利益剰余金を減少させるので，非支配株主持分の評価を低下させる要因となる。またその配当金の多くは，株主である親会社に分配されて受取配当金として記録されている。しかしこれは企業集団の内部での金銭の振替にすぎないから，相殺消去しなければならない。

8 セグメント情報

●多角化した集団の業種別報告

　連結財務諸表に含めるべき子会社は親会社による支配の有無によって判定されるから，親会社とは事業内容が著しく相違する会社が含まれることもある。たとえば電鉄会社を頂点とする企業集団は，その中に百貨店・ホテル・不動産など，親会社と所属業種が著しく異なる子会社をもっている。これらの子会社も，事業内容が親会社と異質であることを理由として，連結対象から除かれることはない。しかし異質な事業を営む子会社の財務諸表を合算すると，企業集団の財務内容に関する判断について誤解が生じるおそれもある。

　そこで連結財務諸表の作成に際しては，そのような誤解を防止するとともに，多角化した事業内容に関する詳細な情報を提供するために，企業集団全体の数値を，事業の種類別などに区分した情報を追加することになっている。このように1つの会計主体をいくつかの部門に分割し，各部門別に作成された会計の情報を **セグメント情報** という。

　表11-1 は，2023年3月期決算におけるホンダのセグメント情報の一部を加工のうえ要約したものである。事業の種類別セグメント情報は，①オートバイなどの二輪車部門，②乗用車やトラックなどの四輪車部門，③金融や保険のサービス部門，および，④汎用製品などを含むその他部門に区分して記載されている。また所在地別セグメント情報は，日本，北米，ヨーロッパ，アジアに分割して示されている。

表11-1 ホンダのセグメント情報

(単位：億円)

事業種類別		二輪車	四輪車	金　融	その他
	売　上　高	29,090	105,935	29,541	4,511
	営 業 利 益	4,887	△ 166	2,859	228
	資　　　産	15,805	100,825	111,970	4,802
	営業利益÷資産	30.9%	△ 0.2%	2.6%	4.7%
所在地別		日　本	北　米	欧　州	アジア
	売　上　高	23,545	76,189	6,027	33,933
	営 業 利 益	64	5,011	267	3,391
	資　　　産	53,180	129,838	5,975	38,039
	営業利益÷資産	0.1%	3.9%	4.5%	8.9%

　事業の種類別セグメント情報について，投下資産額から何％の利益が得られているかという尺度で業績を比較すると，二輪車の業績が好調であることがわかる。また世界の地域別の業績を観察すれば，アジアでの利益率が目立って高いことがわかる。

　なお企業会計基準第17号「セグメント情報の開示に関する会計基準」が2010年4月から適用されたことにより，セグメント情報の作成は **マネジメント・アプローチ** という方式に変更された。この結果，報告の対象となるセグメントの区分は，経営者が意思決定や業績評価のために設定している企業の構成単位を基礎として，企業ごとに決定されている。また経営者が区分集計している項目が，セグメント別に開示すべき情報項目となった。これにより財務諸表の利用者が，経営者の視点で企業を理解できるようになることが期待されている。

9 会社の合併

●法的にも1つの組織になる

　これまでに説明した連結財務諸表は，法律上はあくまで別々の会社として独立している親会社と子会社を，その経済的な実態からみて1つの集団とみなして作成するものである。しかしこれとは別に，ある会社が別の会社を自己の内部に取り込んで，法律上も1つの会社になってしまうような場合がある。その典型例が会社の **合併** である。

　ある会社が別の会社を買収して，1つの会社になる取引の会計処理には，パーチェス法と持分プーリング法という2通りの方法がある。**パーチェス法** は，弱い側の会社が強い会社に買収されて，弱い側の会社の株主が支配を失うタイプの合併に適した方法である。これに対し，両社の株主が合併後の会社でほぼ対等に支配を維持するタイプの合併には，これまで **持分プーリング法** が適用されてきた。しかしそのような日本の考え方は，国際的な会計基準と相違するため，企業会計基準第21号「企業結合に関する会計基準」は，会社の合併をパーチェス法で会計処理すべきこととした。その手順は次のとおりである。

　合併により株主が支配を失う側の会社（被取得企業）の資産と負債は，時価で評価して，他方の会社（取得企業）に引き継がれる。その取得原価としては，引き継がれた純資産の時価と，引き渡した支払対価のうち，より高い信頼性をもって測定できる方が採用される。したがって上場会社が自社株を対価とする合併では，その株価に基づく金額が取得原価となる。

図 11-5　合併の会計処理

被取得企業の貸借対照表		合併で増加する金額	
資産　100 （時価　150）	負債　　60 （時価　　70） 資本金　40	資産　150 のれん　20	負債　　70 資本金　100

　引き継いだ純資産の時価よりも，その取得原価が大きければ，その差額は被取得企業の超過収益力に対して対価が支払われたことを意味するから，これを のれん として資産計上する。逆に，引き継いだ純資産額より支払った対価が少なければ，割安での取得と考えて，差額は特別利益に計上される。

　たとえば図 11-5 の貸借対照表で示される会社を合併するに際し，その対価として時価 1 万円の自社株 100 株を発行し，発行価額をすべて資本金とした場合，取得企業がこの合併で増加させる貸借対照表の項目と金額は，図示したとおりである。

　なお，このようにして合併で生じたのれんも，連結で生じたのれん（第 3 節参照）も，日本の会計基準のもとでは，その本質である超過収益力が持続すると期待される期間（最長 20 年）にわたって，規則的な方法で減価償却しなければならない。これに対し国際会計基準やアメリカ基準では，耐用年数の見積りが困難なことを理由に，減価償却を行わず，価値の喪失分を減損処理（第 6 章第 6 節参照）することになっている

本章で学んだキーワード **KEYWORD**

個別財務諸表　　連結財務諸表　　連結計算書類　　グループ
通算制度　　子会社　　持株基準　　支配力基準　　関連会社
連結貸借対照表　　債権と債務の相殺消去　　非支配株主持分
投資と資本の相殺消去　　のれん　　為替換算調整勘定　　連
結損益計算書　　内部取引の相殺消去　　未実現利益の消去
非支配株主利益　　のれん償却額　　持分法による投資利益
持分法　　連結株主資本等変動計算書　　セグメント情報
マネジメント・アプローチ　　合併　　パーチェス法　　持分
プーリング法

演習問題
Exercises

1　連結財務諸表の対象となる企業集団は，どのような会社に
よって構成されているだろうか。また，それらの会社の業績は，
どのような手続きを経て連結財務諸表に反映されるだろうか。

2　連結財務諸表に特有の項目で，個別財務諸表にはけっして記
載されることがないものを4項目あげて，それぞれの内容を説
明してみよう。

3　親会社に比べ，子会社や関連会社の経営成績および財政状態
が著しく良好である場合，または逆に著しく劣っている場合，
その事実は連結財務諸表のどの箇所にどのようなかたちで表れ
てくるかを考えてみよう。

参考文献

Reference

　連結財務諸表とセグメント情報の作成ルールは，次の会計基準で定められている。

- ◉企業会計基準委員会［2008］「企業会計基準第22号：連結財務諸表に関する会計基準」（最終改正2020年）。
- ◉企業会計基準委員会［2008］「企業会計基準第16号：持分法に関する会計基準」（最終改正2015年）。
- ◉企業会計基準委員会［2008］「企業会計基準第17号：セグメント情報等の開示に関する会計基準」（最終改正2020年）。

　連結財務諸表の作成方法を解説した多数の文献のうち，わかりやすく説明されたものとして次の書物が推奨される。

- ◉広瀬義州編著［2012］『連結会計入門（第6版）』中央経済社。

　会社の合併や分割を組織再編というが，その会計処理の仕方は次の会計基準で定められている。

- ◉企業会計基準委員会［2008］「企業会計基準第21号：企業結合に関する会計基準」（最終改正2022年）。
- ◉企業会計基準委員会［2005］「企業会計基準第7号：事業分離等に関する会計基準」（最終改正2019年）。

第12章

財務諸表による経営分析

会計情報の利用法

本章のサマリー SUMMARY

　財務諸表を用いて経営分析を行う場合に，着目すべき企業の二大特性は「収益性」と「安全性」である。

　収益性は，投下資本に対して達成された利益の比率を表す資本利益率で測定する。これには企業全体の観点からみた総資本事業利益率と，株主の観点からみた自己資本純利益率という代表的な尺度がある。

　資本利益率は，さらに売上高利益率と資本回転率に分解し，過年度や同業他社と比較する。売上高利益率に差異をもたらした原因は，百分率損益計算書を作成して調査する。資本回転率に差異をもたらした原因は，主要な資産別に回転率を計算して調査する。一般に重視すべき資産は，売上債権・棚卸資産・有形固定資産・手元流動性の4項目である。

　企業の安全性は，貸借対照表から得られる流動比率や負債比率などで判断される場合が多いが，損益計算書に基づくインタレスト・カバレッジ・レシオも有力な尺度となる。また業績変動の程度を左右する要因として，固定費・変動費という費用構造があり，この影響度は損益分岐点比率で把握することができる。損益分岐点が高いと売上高のわずかな減少でも利益が激減して，最終的には企業の安全性が脅かされる。

1 分析の視点

　前章までは，会計の利益計算の仕組みや会計処理の原則など，主として財務諸表の作成プロセスについて解説した。本章では，そのようにして作成された財務諸表の利用方法を説明する。会社法や金融商品取引法に基づく財務諸表は，企業の株式や債券を売買する投資者，および融資を行う債権者が利用することを前提としている。したがって本章でも，彼らが行う証券投資や融資の意思決定の視点から，財務諸表分析の基礎知識を解説する。

　さて，投資者が証券投資を行う目的は，保有資金を安全かつ有利に運用して，より多くの投資利益を獲得することである。しかし「ハイリスク・ハイリターン」の関係としてよく知られているように，高い投資利益率の獲得には高いリスク負担が必要であり，リスクを嫌って低水準のリスクしか負担しなければ，得られるリターンも小さくなってしまう。したがって証券投資に際しては，投資リターンとリスク水準の釣り合いが重要になってくるから，その両方を考慮に入れて，意思決定が行われなければならない。

　そのような証券投資のリターンとリスクを規定しているのが，企業自体の **ファンダメンタルズ**（基礎的諸条件）であり，中でも「収益性」と「安全性」が重要となる。そこで本章では，財務諸表分析の基本的な方法と注意事項を簡単に述べたうえで，企業の収益性と安全性を分析するための手法を解説する。

2 分析の方法と注意事項

●比較対象を何に求めるか

> 時系列分析とクロスセ
> クション分析

財務諸表は，企業の活動を計数的に測定して要約したものである。測定結果は，たとえば当期損益が赤字か黒字か，債務超過か否かなど，測定された数字自体が重要な意味をもつことがないわけではない。しかし測定結果は一般に，別のなんらかの測定結果と比較することによって，よりいっそう適切な解釈をすることができる。たとえば当社の当期の売上高は，前期と比較していかに増減したか，同業他社に比べてどうかなどの比較がそれである。

そのような比較対象を何に求めるかにより，財務分析の方法は次の3つに大別される。第1の比較対象は，理論値ないし目標値である。たとえば相対的に短期間に返済すべき流動負債に対比した場合の，同じく短期間に現金化される流動資産の倍率は，流動比率と呼ばれ，これが少なくとも1.0を超えなければならないとか，できれば2.0以上であれば万全といわれることがある。この1.0とか2.0とかが理論値ないし目標値である。

第2は，分析対象企業の当期の数値を過年度の数値と比較する手法である。この方法は，**時系列分析**とか期間相互比較などと呼ばれている。時系列分析を行う場合は，過年度と比べた当期の業績変化が，その企業特有の要因によるだけでなく，景気変動や産業構造変化などの一般経済情勢の変化の影響を受けていることにも注意しなければならない。

第3の方法は，同時点における他企業との比較であり，**クロス セクション**（cross-section）**分析** ないし企業間比較などと呼ばれている。前述の時系列分析が，一般経済情勢の変化などの外部環境要因の影響を大きく受けるのに対し，同一時点で比較を行うクロスセクション分析では，外部環境要因が企業間でほぼ同一であるから，その影響が捨象されたものとして，比較結果を解釈することができる。

　以下で解説する財務比率の中には，所属業種を越えても企業間で比較することに十分な意味があるものもあるが，一般には業種ごとに固有の特徴があるため，有意義な解釈を行うためには，その企業の所属業界の平均値や同業他社の数値を比較対象として選択しなければならない。

会計方針に関する注意事項

財務諸表分析の結果は，すべて比率などの数値で表されるため，きわめて客観的かつ信頼性が高いという印象を与えがちである。しかし企業分析の資料として財務諸表が用いられるため，固有の限界があることにも注意を要する。

　〈会計処理方法の企業間差異〉　現行の会計制度のもとでは，いくつかの事象について，複数の会計処理方法が是認され，企業はその一定枠の中から自社が採用する方法を自由に選択できることになっている。このため2つの企業の間で，同一の事象が生じた場合でも，採用する会計処理方法が異なれば，財務諸表には異なった数値となって集計されてくる。したがって，企業間で会計処理方法に差異が存在する場合には，その差異による影響を考慮に入れない限り，財務比率を単純に比較しても，正しい判断はできない。

企業間で会計処理方法に差異があるか否かは,「重要な会計方針」の注記を比較すればわかる。注記された会計方針の中には,利益が控え目に算出されるという意味で保守的な方法と,逆に利益捻出的な方法がある。したがって,企業が実際に採用した会計処理方法が,どの程度,利益捻出的または利益圧縮的であるかを知ったうえで,財務比率の比較や解釈を行うことが重要である。

　〈会計処理方法の変更〉　会計処理方法の多様性と並んで,財務比率分析の有効性を阻害するもう1つの要因は,いったん選択された会計処理方法が,正当な理由で変更される余地が残されていることである。これまで,会計処理方法の変更時には,変更の事実と理由,および利益に対する影響額を「重要な会計方針」の箇所で記述しなければならないことになっていた。たとえば,前期まで先入先出法で売上原価を計算してきた企業が,当期から総平均法に変更した場合には,従来の方法を当期も適用したときの結果と比べて,利益がいくら増加したかが示された。

　したがって財務諸表分析に先立って,まず会計処理方法の変更の有無を確認する必要があった。そして変更があれば影響額の記載を利用して,変更がなかったと仮定した場合の結果を示すように財務諸表を修正したうえで,修正後の財務諸表を用いて分析を行わなければならなかった。

　これに関連した最近の重要な制度変更は,2011年4月以後の開始年度で会計方針を変更した場合には,当期の財務諸表と並べて提供される過去の財務諸表に対して,変更後の会計方針を適用し,過去の財務諸表を作り直さなければならなくなったことである。したがって企業がこの規定に従って過去の財務諸表を作り直せば,財務諸表の利用者の手間は省けることになる。

3 収益性の分析

> 資本利益率──ROA
> と ROE

財務諸表を用いて企業を分析する場合の最も重要な視点は，その企業の **収益性** である。収益性の分析には，資本利益率が用いられる。すなわち投下された「資本」から，どれだけ多くの「利益」が生み出されたかをみるために，［利益 ÷ 資本］という計算を行い，資本の利用効率を測定するのである。

この計算に用いられる分母の資本および分子の利益にはさまざまな種類があるので，資本と利益の組合せに際しては，算定しようとする比率の目的に留意するとともに，分母と分子が理論的にみて首尾一貫性を保つように配慮が行われなければならない。一般によく利用され，かつ理論的にも適切な組合せは，次のとおりである。

（資本概念）　　　　（利益概念）

総資本　　───　　事業利益

自己資本　───　　当期純利益

〈総資本事業利益率〉　　企業が使用する資本は，自己資本と他人資本からなる。しかし資本の利用者としての企業の立場からすれば，自己資本と他人資本を区別することは無意味であり，自己資本と他人資本を合計した総資本の利益率こそが重要である。企業の使用する総資本は，具体的には資産の形態で運用されており，［総資産＝総資本］であることから，この **総資本事業利益率** は「総資産利益率」とも呼ばれ，rate of return on asset の頭文字をとっ

て ROA と表記される。

　総資本事業利益率の算定には，分子として経常利益が用いられることがある。しかし分母の資本が他人資本を含むのに対し，経常利益は他人資本に対する報酬たる支払利息を控除した後の利益であるから，経常利益は総資本とは対応しない。総資本と理論的に首尾一貫する利益概念は，支払利息などの金融費用控除前の「事業利益」である。

　事業利益は，損益計算書の「営業利益」に，受取利息・配当金や有価証券利息などの金融収益を加算することによって算定される。すなわち総資本は，営業活動と金融活動の両方に投下されており，営業活動からは営業利益が生み出され，また金融活動からは受取利息・配当金などの金融収益が得られるので，これらの合計を総資本と対比することによって，分子と分母の首尾一貫性が確保されるのである。

$$総資本事業利益率 = \frac{営業利益 + 受取利息・配当金等}{期首・期末平均の使用総資本}$$

　なおこの計算にあたり，分母には，当期中の平均的な金額を得るために，期首と期末の平均値を用いるのが合理的である。

　〈自己資本純利益率〉　上述の総資本の利益率は，資本を利用する企業の観点からの収益性の尺度である。これに対し出資者たる株主の観点からの収益性は，株主に帰属する資本部分と，そこから生み出された利益を対比することによって測定される。株主に帰属する資本部分は，貸借対照表に「株主資本」として表示され，株主の持分という意味で自己資本またはエクイティ（equity）と呼ばれる。「その他の包括利益累計額（評価・換算差額等）」があれば，それも自己資本に含める。そして自己資本（エクイティ）

に対比して計算された利益率が **自己資本純利益率** であり，rate of return on equity という英語名の頭文字をとって，しばしば ROE と表現されている。

　自己資本に対比されるべき利益概念は，当期純利益である。当期純利益は，他人資本に対する報酬としての支払利息等を控除し，株主が負担すべき特別損益項目をも加算・減算し，さらに税金も控除して計算されているから，最終的に株主に帰属する当期の利益額を表しているのである。なお連結の場合は「親会社株主に帰属する当期純利益」を用いることになる。

　　自己資本純利益率＝当期純利益÷期首・期末平均の自己資本

ROA と ROE の関係
──財務レバレッジの
影響

　企業の観点から計算した総資本事業利益率（ROA）と，株主の観点から計算した自己資本純利益率（ROE）は，どのような関係にあるのだろうか。両者の関係を分析するために，次の設例を検討しよう。

　今，800 の他人資本と 200 の自己資本からなる企業を仮定する。この企業の営業利益は景気変動により，**表 12-1** のように 100，60，40 と変化するが，他人資本への報酬である負債利子率は，契約により 6% に固定されているものとする。このときこの企業の ROA と ROE は表 12-1 のように算定される。

　表の数値から次の事実が明らかである。まず平常のケースのように，ROA が負債利子率と等しいときは，ROE もまた ROA と同じになるが，ROA が負債利子率を上回る好況時には ROA より ROE の方が大きくなる反面，逆に不況時に ROA が負債利子率を下回って低下すると，ROE は ROA よりも小さくなってしまうこ

表 12-1　負債が自己資本純利益率に及ぼす影響

（自己資本 200, 他人資本 800, 負債利子率 6%を仮定）

	営業利益	支払利息	純利益	ROA	ROE
好 況	100	48	52	10%	26%
平 常	60	48	12	6%	6%
不 況	40	48	▲ 8	·4%	▲ 4%

とがわかる。すなわち，他人資本に分配される固定的な支払利息の存在によって，景気変動に起因する ROA の変化が増幅され，ROE の変化率がよりいっそう大きくなっているのである。また表には示されていないが，そのような増幅作用は，資本構成に占める他人資本の割合が大きいほど，顕著に現れることも容易に理解できるであろう。

　この増幅作用は，あたかも「てこ」（lever）の作用に類似することから，「**財務レバレッジ**」（financial leverage）と呼ばれている。財務レバレッジの影響は，プラス側とマイナス側の両方に作用しうる。特に，ROA が負債利子率を下回るとき，ROE が著しく引き下げられてしばしばマイナスになってしまうことに注意しなければならない。企業の安全性を判断する場合に，他人資本の割合が注目されるのは，このためである。

資本利益率の分解——
売上高利益率と資本回
_転率_

分析対象とする企業の年度について，各種の資本利益率が算定されると，次にそれが過年度の数値や同業他社または業界平均値と比較して，各比率の良否が判定される。その場合に，過年度ないし他企業の資本利益率と比べて，当該企業のその期の

Column ⑫　企業の利益業績と株価

　財務諸表で示される企業の業績は，実際に株価に反映されているのだろうか。下の図 A は，この疑問に答えるために，損益計算書の経常利益額が前年に比べて増益になった企業グループと，逆に減益になった企業グループに分けて，平均的な株価動向を調査した結果である。この図から，増益企業は株価が市場平均を上回って上昇し，逆に減益企業の株価は市場平均に比べて相対的に低下していることがわかる。

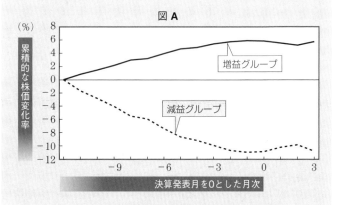

図 A

（出所）　桜井久勝［1991］『会計利益情報の有用性』千倉書房，193 頁。

　ただし図をよくみると，利益業績と首尾一貫した株価の動きの大部分は，利益が実際に発表されるまでに終わってしまっている。それでは実績利益の発表は無意味なのだろうか。図 B は，会社の決算発表に対する株式市場の反応をみるため，決算発表が新聞で報道される日の前後の各日の株価変化率を調査した結果である。この図から，株価が会社の決算報道に顕著に反応していることがわかる。したがって会社の実績利益の多くは，事前に予想されて株価に織り込まれているが，予想外の部分については発表時に最終的な株価の反応が生じるといえる。

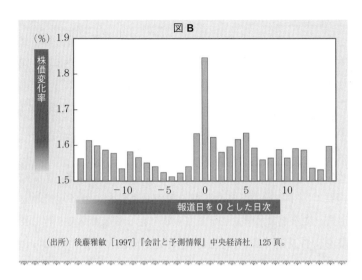

（出所）後藤雅敏［1997］『会計と予測情報』中央経済社，125頁。

資本利益率が良好または劣悪になっている理由を明らかにするには，資本利益率を次のようにして売上高利益率と資本回転率に分解するのが便利である。

　　資本利益率＝売上高利益率 × 資本回転率

$$\frac{利\ \ 益}{資\ \ 本} = \frac{利\ \ 益}{売上高} \times \frac{売上高}{資\ \ 本}$$

　たとえば商企業は，投下資本を利用して仕入れた商品に利ざやを加算して売り上げ，その代金で再び商品を仕入れて販売するという循環的な営業取引を反復している。したがってこの企業の利益は，加算される利ざやの大きさと，その営業循環を年に何回繰り返すことができるかにかかっていることになる。このうち利ざやの大きさを示すのが **売上高利益率** であり，営業循環の回数を示すのが **資本回転率** である。このように考えれば，資本利益率を上のように分解することの意味が，おのずと明らかになるであ

ろう。

このようにして資本利益率の差異の原因が売上高利益率と資本回転率に分解して検討されると，次に売上高利益率と資本回転率を構成する諸要因が，さらに詳しく追跡される。

売上高利益率の分析

売上高利益率の良否の原因については，損益計算書に表示された情報を詳細に検討することによって，よりいっそう分析を促進することができる。そのために最も広く用いられるのは**百分率損益計算書**，すなわち損益計算書に計上された収益・費用および利益の各項目の大きさを，売上高に対する％として表現した一覧表である。特に製造業を営む企業では，損益計算書の売上原価の計算に含められた当期製品製造原価について，その内訳を記載した製造原価明細書を入手できれば，材料費・労務費・経費の各項目の金額についても，当期の売上高に対する％として把握しておく必要がある。

このような百分率損益計算書を，同業他社や自社の過年度分と比較することにより，売上高利益率の良否や変化の原因が，どの収益・費用の項目に起因しているかを，よりいっそう明確に識別することができる。

資本回転率の分析

売上高利益率と並んで，資本利益率を決定するもう１つの要因は，資本回転率である。資本回転率の時系列的な変化や，他企業と比較した場合の差異については，投下資本の具体的な運用形態としての資産のうち重要な項目に着目して，それらの原因が詳細に検討されなければならない。

どの資産項目が重要であるかは，企業の所属業種によって異なるが，財務分析で一般に重視すべき資産項目は，①売掛金・

受取手形などの売上債権，②原材料・仕掛品・製品などの棚卸資産，③建物や機械装置などの有形固定資産，および，④現金預金と有価証券を合計した手元流動性である。したがって資本回転率は，これらの資産回転率として分析されることになる。

〈売上債権の回転〉　資本回転率が［売上高 ÷ 資本］として計算されるのと同様に，各資産の回転状況を分析するには，資産の種類別に［売上高 ÷ 各資産の残高］という計算を行えばよい。売上債権について，次式の計算をすれば，売上債権が平均的にみて1年間に何回ほど新しいものに置き換わっているかを示す **売上債権回転率** が得られる。

$$\text{売上債権回転率} = \frac{\text{売上高}}{\text{受取手形・売掛金の期首・期末平均}}$$

なお1年365日を，売上債権回転率で割算すれば，売上債権の残高が回収されるまでに平均的に何日を要するかを表す **売上債権回転期間** が算定される。

売上債権回転期間 ＝ 365 日 ÷ 売上債権回転率

売上債権の回転率が低かったり，回転期間が長ければ，販売代金の回収が遅れていると判断される。また不良債権が発生している可能性もある。

〈棚卸資産の回転〉　製造業においても商業においても，棚卸資産は売上債権と並ぶ重要な資産である。棚卸資産には，製品・商品・原材料・仕掛品・貯蔵品が含まれるから，これらの合計の期首・期末平均残高を分母とし，売上高を分子として割算すると，**棚卸資産回転率** が計算される。また売上債権の場合と同様に，1年の日数たる 365 日を回転率で割ることにより，**棚卸資産回転期間** が求められる。

$$棚卸資産回転率 = 売上高 \div 棚卸資産の期首・期末平均$$

$$棚卸資産回転期間 = 365 日 \div 棚卸資産回転率$$

このようにして算定した棚卸資産の回転率が低かったり，回転期間が長ければ，それは在庫の保有が多すぎると判断される。また一部が不良在庫として滞留している可能性もあるから，詳しい調査が必要になる。

〈有形固定資産の回転〉　製造業では，有形固定資産もまたウェイトの高い項目であるから，売上高と関連づけて **有形固定資産回転率** を計算する。

$$有形固定資産回転率 = 売上高 \div 有形固定資産の期首・$$
$$期末平均$$

この比率も，一般的には高い方が望ましい。しかし単純に高ければ高いほど常に良好であるとは限らない。たとえば，有望な製品の生産設備に多額の資金投下を行ったときには，回転率は一時的に低下する。その反面，必要な設備投資を延期すれば回転率は上昇するのである。したがって，当期の回転率の向上が必ずしも将来の収益性の向上に結びつくとは限らないから，固定資産回転率の評価に際しては，将来の展望も踏まえて，特に慎重な判断が必要である。

〈手元流動性〉　流動資産の現金預金と有価証券を合計して算出される手元流動性は，企業が即座に支払うことができる金額を表す。次節で説明する安全性の面からは，この金額が大きいほど望ましいが，大きすぎると資金の利用効率が悪いことになる。手元流動性が多いか少ないかは，次式で算定される **手元流動性比率** によって判定する。

$$\text{手元流動性比率} = \frac{\text{現金預金・有価証券の期首・期末平均}}{\text{年間売上高} \div 12\,\text{ヵ月}}$$

　したがってこの比率は，年間を通して平均した場合に，企業が何ヵ月分の売上高に相当する資金をもっているかを表すことになり，比率が高すぎると手持ちの資金が本来の営業活動には有効活用されていないと評価される。なお，この計算式は売上債権回転率などの計算式とは，分子・分母が逆になっている点に注意を要する。

4 安全性の分析

●企業倒産の兆候をつかむ

安全性の意義と位置づけ

　投資者の視点で財務諸表分析を行う場合に，収益性と並ぶもう1つの重要なポイントは，「**安全性**」である。ここに安全性とは，企業の財務構造や資金繰りが健全であり，債務不履行などのかたちで倒産に陥る危険がないことをいう。

　ある企業が，資本利益率の分析の結果，非常に収益性が高いと判断されたとしても，経済環境が変化すれば資金繰りが逼迫して，倒産する場合がある。たとえば企業が設備投資の大部分を借入金によって賄っていれば，低金利時代には前節で述べた財務レバレッジの効果により高収益を達成できるが，高金利時代が到来すればレバレッジ効果が逆に作用して，このようなことが生じるおそれがある。したがって財務分析では，収益性だけでなく安全性をも視野に入れて，企業を評価しなければならない。

企業が倒産する典型的なパターンは，債
務の返済期限が到来したときに，それを
返済するための十分な資産を持ち合わ
せていなかったり，必要資金を調達できないため，債務不履行に
陥ることである。したがって安全性の分析は，返済を要する債務
としての負債の残高に着目し，返済に充当しうる資産の金額との
比較や，使用総資本に占める負債の相対的な大きさの検討から開
始される。この目的で用いられるのは貸借対照表である。

　貸借対照表を利用して企業の財務構造を分析するための指標
は，いずれも古くから利用されてきた長い歴史を有するが，そ
れらは図 12-1 のような 3 つのパターンに大別することができる。
すなわち，①調達された他人資本のうち早期に返済を要するもの
と，それに充当しうる流動的な資産の関係，②調達された総資本
の内訳として，他人資本と自己資本の関係，および，③固定的な
資産に投下されている資金額と，その資金の調達源泉としての長
期的な資本の関係がそれである。

　〈流動比率と当座比率〉　　企業の短期的な債務返済能力を表す指
標は，次式で算出される流動比率と当座比率である。

　　　流動比率＝流動資産 ÷ 流動負債

　　　当座比率＝当座資産 ÷ 流動負債

　流動比率は，1 年ないし通常の営業循環の中で返済すべき負債
に対し，1 年ないし通常の営業循環内に現金化して負債の返済に
充当できる資産の倍率を表す。しかしこの比率には，分子の流
動資産に，ただちには換金できない棚卸資産が含まれていると
いう問題がある。そこで，換金性のきわめて高い当座資産（現金
預金そのもの，受取手形，売掛金，有価証券の 4 項目の合計）だけを，

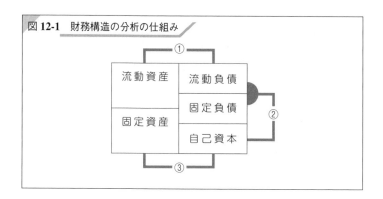

図 12-1 財務構造の分析の仕組み

① 流動資産 — 流動負債
固定資産 — 固定負債・自己資本 ②
③

流動負債と対比したのが **当座比率** である。

　債務返済能力の観点からは，これらの比率が高いほど望ましいが，流動比率については 100％を超えていることが一応の目安とされている。

　〈負債比率と自己資本比率〉　流動比率が企業の短期的な安全性を評価するのに対し，次式で計算される **負債比率** と **自己資本比率** は，長期的な観点から他人資本の安全性を評価するための指標である。

　　　　負債比率＝他人資本（負債）÷ 自己資本

　　　　自己資本比率＝自己資本 ÷ 使用総資本

　この計算に用いる自己資本は，純資産のうち，株主資本とその他の包括利益累計額（個別財務諸表では評価・換算差額等）を合計して算定され，非支配株主持分と新株予約権は固定負債の計算に含められる。

　これらの比率の背後には，企業の資産が返済に充当されるとき，他人資本の返済に優先順位が与えられていることから，自己資本の割合が大きいほど，他人資本の返済がよりいっそう保証されて，

安全性が増すという考え方がある。したがって負債比率は低いほどよく，逆に自己資本比率は高いほどよいことになる。

　計算された比率を評価する場合，たとえ他人資本に相当する金額の資産を喪失したとしても，なおかつ他人資本と同額の資産が保持されるという意味で，負債比率については100％，自己資本比率については50％が一応の目安になる。

〈固定比率と固定長期適合率〉　　長期的な観点から企業の財務構造を分析する場合に着目すべきもう1つの関係は，長期的な源泉から調達されている資金と，その資金の投下先としての固定的な資産の関係である。ここに長期的な資金調達源泉とは自己資本や固定負債をいう。自己資本は，返済の必要のないいわば永久的な資金であり，また固定負債は返済期限の長い資金である。したがって固定資産や繰延資産となって長期的に拘束される資金額は，できれば自己資本の範囲内にあることが望ましい。たとえそれが無理であるとしても，長期投資の金額は，少なくとも自己資本と固定負債の合計額より小さくなければならない。さもなければ流動負債として短期に返済すべき資金が，固定資産に投下されていることになり，資金繰りが不安定になるからである。

　固定資産と長期資金の関係は，次式が示すように，固定資産の金額を長期資金で割算し，その結果が小さいほど望ましいとして評価されるが，100％が一応の目安とされている。

　　　　固定比率　＝（固定資産＋繰延資産）÷自己資本
　　　　固定長期適合率　＝（固定資産＋繰延資産）÷（自己資本＋固定負債）

貸借対照表から導出される上述の指標
は，長年にわたって利用され続けて現在
まで生き残っているという歴史が示す
ように，安全性を評価するための有効な指標ではあるが，限界も
ある。

　第1に，企業の債務返済能力を評価するうえで，収入・支出と
いうフロー項目の大きさやタイミングが決定的に重要であるにも
かかわらず，それが考慮されていない。第2に，現実の企業が経
営活動の結果として獲得する収益によって，利息を支払ったり債
務の返済を行うにもかかわらず，特定時点で保有する資産を処分
して負債の支払に充当するかのごとくに計算が行われている点も
問題である。

　したがって企業の安全性は，貸借対照表に現れた財務構造のみ
ならず，収益・費用および収入・支出などのフロー項目とも関連
づけて総合的に評価しなければならない。その場合に利用可能な
情報源泉は，損益計算書とキャッシュ・フロー計算書である。

　損益計算書からは，企業が利益の中から利子を支払う能力を評
価するための **インタレスト・カバレッジ・レシオ** という指標が得
られる。これは借入金の返済能力を評価する場合に，まず利息が
期日どおりに支払われることが先決問題であり，利息を支払うの
に十分な利益が獲得されているか否かを判断するために，利益の
金額を利息の金額で割って計算される比率である。

　インタレスト・カバレッジ・レシオ

$$= \frac{営業利益 + 受取利息・配当金等}{支払利息・割引料等}$$

この比率が高いほど望ましいことはいうまでもない。万一こ

れが 1.0 を下回ると，本業の利益と金融投資の利益を合計しても，金利をカバーできないことになるから，企業は財務的な困難に直面することになる。

他方，キャッシュ・フロー計算書については，営業活動・投資活動・財務活動という 3 区分のうち，営業活動によるキャッシュ・フローの収支尻が収入超過になっていることを確認する必要がある。この区分は企業が営む本業の収支を表すから，ここが支出超過であれば，その事業はいずれ破綻することになる。

次の投資活動の区分は，企業が生産設備の更新や拡大をはかるため，支出超過となるのが一般的である。しかし問題は，その支出超過額が他のどのような資金源泉によってカバーされているかである。営業活動の収入超過分でカバーされていることが最も望ましいが，さもなければ財務活動の区分に記載された資金調達で賄われているはずである。

財務活動の収入については，それが自己資本と他人資本のいずれで調達されたものかが重要である。もし借入金や社債などの他人資本で多額の資金が調達されていれば，いずれ支払期日が到来し，資金繰りを圧迫して安全性を脅かす可能性があるから，十分な注意が必要とされる。

損益分岐点の分析

〈損益分岐点の意義と計算〉　損益分岐点の分析は，変動費と固定費という企業の費用構造に着目し，それが利益の安定性に及ぼす影響の観点から，安全性を評価するのに役立つ。

一般に企業の利益は，売上高の増減に伴って変動し，売上高が少なければ損失が計上される可能性が高くなる。このように利益が出るか，それとも損失が計上されるかの分かれ目となる売上高

のことを，**損益分岐点** の売上高という。損益分岐点が高い企業ほど，それを上回る，よりいっそう大きな売上高を達成しなければ利益を得ることができず，もし実際の売上高が損益分岐点を下回ると，損失の計上に陥ってしまい，その極限においては企業の存続を危うくするのである。したがって，企業の安全性を評価する1つの手段として，損益分岐点となる売上高を知ることが不可欠になる。

個々の企業の損益分岐点を知るには，まずその企業の費用を変動費と固定費に分解する必要がある。ここに **変動費** とは，生産量や販売量など企業の操業度の変化に比例して増減する費用であり，たとえば原材料費・出来高払賃金・工場電力料・販売手数料などがこれに該当する。他方，**固定費** は，操業度が変化しても，それに伴って変化することなく，毎期一定額ずつ発生する費用をいう。人件費一般・減価償却費・不動産賃借料・保険料・固定資産税などは固定費である。

図 12-2 は，固定費と変動費よりなる費用構造を図示したものであり，横軸には売上高で表した操業度がとられている。そして費用の合計は，操業度とは無関係に生じる固定費に，操業度と比例して増加する変動費を加えるかたちで描写されている。今，固定費を 12 億円とし，売上高の増加に伴う変動費の増加率（変動費率という）を 0.6 とすると，費用総額 (Y) と売上高 (X) の関係は，次の式で表される。図ではこの数式が太い直線で描かれている。

費用＝固定費＋変動費率 × 売上高

$Y = 12$ 億円 $+ 0.6\,X$

図にはまた，売上高の動向が点線で示されているが，この点線と上記の直線との交点が損益分岐点である。すなわちこの交点の

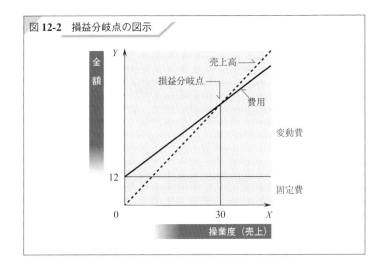

図 12-2　損益分岐点の図示

左側では費用が売上高を上回っているから損失が生じ，右側では売上高の方が費用より大きいから利益が生じていて，まさに交点の売上高が利益と損失の分かれ目になっているのである。

　損益分岐点の売上高を算定するには，次のようにすればよい。損益分岐点は，売上高 (X) が費用 (Y) と等しくなる点であるから，上記の直線式の左辺に［売上高 X ＝費用 Y］を代入して，X を求めるのである。

　　　$X = 12$ 億円 $+ 0.6X$　　これを解いて　　$X = 30$ 億円

　実際の売上高（たとえば 40 億円）からみた場合の，損益分岐点の売上高 30 億円の位置を示す指標が **損益分岐点比率** である。

　　　　損益分岐点比率＝分岐点の売上高 ÷ 実際の売上高

　　　　　　　　　　　＝ 30 億円 ÷40 億円＝ 75％

　この 75％という数値は，損益分岐点が実際の売上高の 75％に位置しており，現在の売上高が 25％減少したときに，この企業

表 12-2　費用構造が利益に及ぼす影響

	売上高	費用	利益
ケース A	50	42	8
	45　（− 10%）	39	6　（− 25%）
ケース B	35	33	2
	31.5（− 10%）	30.9	0.6（− 70%）

（注）　費用の金額は［12億円 + 0.6 × 売上高］として計算。

は損益分岐点に達して利益がゼロになってしまうこと，換言すれ
ばそれまでに現在の売上高はまだ25%の余裕があることを意味
するものである。

〈営業レバレッジと安全性〉　　実際の売上高が損益分岐点よりかな
り上にある場合は，売上高の減少が利益に及ぼす影響は相対的に
小さいが，実際の売上高が損益分岐点の近くまで低下してきてい
る場合は，売上高の減少が利益に重大な影響を及ぼすことになる。

　このことは上記の設例企業の損益分岐点が30億円であるのに
対し，実際の売上高が50億円から10%低下して45億円になっ
た場合（ケース A）と，35億円から同じく10%だけ低下して31.5
億円になった場合（ケース B）で，利益の減少率を比較すれば
明らかである。表 12-2 に示されているとおり，売上高の10%の
減少に伴う利益の減少率は，ケース A では25%［= (6 − 8) ÷
8］であるが，ケース B では70%［= (0.6 − 2) ÷ 2］にも達して
いる。これは企業の費用構造として，売上高が減少してもその発
生額が減少しない固定費が存在しているためである。

　前節の収益性分析でROAとROEの関係を説明した際に，借入
金などの他人資本へ支払われる利子の存在により，ROAの変動

が増幅されて ROE がよりいっそう大きく変動することを述べた。企業の費用構造の中の固定費からもまた，これとちょうど同様の作用が生じ，売上高のわずかな減少が増幅されて利益が激減するのである。他人資本の存在が資本利益率の変化を増幅させる作用を財務レバレッジと呼ぶのに対し，固定費が及ぼす上述の影響を**営業レバレッジ**（operating leverage）という。

営業レバレッジの影響は，上の計算例が示すように，実際の売上高が損益分岐点の近くまで低下している場合に特に大きく現れることになる。したがってそのような場合には，売上高の減少時に安全性についての十分な注意が必要である。

本章で学んだキーワード ━━ KEYWORD

ファンダメンタルズ　時系列分析　クロスセクション分析
収益性　総資本事業利益率（ROA）　自己資本純利益率
（ROE）　財務レバレッジ　売上高利益率　資本回転率
百分率損益計算書　売上債権回転率　売上債権回転期間
棚卸資産回転率　棚卸資産回転期間　有形固定資産回転率
手元流動性比率　安全性　流動比率　当座比率　負債比
率　自己資本比率　固定比率　固定長期適合率　インタ
レスト・カバレッジ・レシオ　損益分岐点　変動費　固定
費　損益分岐点比率　営業レバレッジ

演習問題
Exercises

① 第 10 章で例示した A 社の損益計算書（210頁）と貸借対照表（219頁）を用いて，収益性と安全性を分析してみよう。

2　第 11 章で例示した江崎グリコ㈱の連結財務諸表（247 頁）を用いて，同社の収益性と安全性を分析してみよう。

3　売上高が少し減少した場合でも，その影響を増幅して純利益を大きく減少させることになる要因として，営業レバレッジと財務レバレッジがある。これらの要因の影響の仕方を説明してみよう。

参考文献 Reference

次の文献は，財務諸表の見方の説明に始まり，比率分析の基礎と応用を包括した体系的な解説書である。

◉桜井久勝 [2024]『財務諸表分析（第 9 版）』中央経済社。

財務諸表分析を基礎として，かなり高度な企業価値評価にも言及した専門書として，次の文献にもぜひチャレンジしてみたい。

◉伊藤邦雄 [2014]『新・企業価値評価』日本経済新聞出版社。

◉桜井久勝編著 [2010]『企業価値評価の実証分析——モデルと会計情報の有用性検証』中央経済社。

◉桜井久勝・音川和久編著 [2013]『会計情報のファンダメンタル分析』中央経済社。

◉K. G. パレプほか（斎藤静樹監訳）[2001]『企業分析入門（第 2 版）』東京大学出版会。

◉S. H. ペンマン（荒田映子ほか訳）[2018]『アナリストのための財務諸表分析とバリュエーション』有斐閣。

●あ 行

IAS（国際会計基準）　2, 171-173

IFRS（国際財務報告基準）　172

アカウンタビリティ（会計責任）　9

アカロフ（G. A. Akerlof）　13

圧縮記帳　116, 117

後入先出法　92-95

粗利益　211

R＆D活動　→研究開発活動

ROE（自己資本純利益率）　227, 264-266

ROA（総資本事業利益率）　264-266

安全性　25, 260, 273

　――の分析　273, 274

安定配当政策　191

委員会設置会社　9

ESG情報　19, 208

意思決定会計　5

井尻雄士　28

1計算書方式　250

一時差異　184

1取引基準　160

1年基準　218, 222

一般原則　36

一般に認められた会計原則　37

移動平均法　95, 97

インカム・ゲイン　137

インタレスト・カバレッジ・レシオ　277

インベスター・リレーションズ（IR）　206

受取手形　100, 101

裏書譲渡　102

売上原価　75, 82, 91, 92, 209, 211

売上債権　100, 103

　――の回転　271

売上債権回転期間　271

売上債権回転率　271

売上総利益　211

売上高　86, 88, 209

売上高利益率　269, 270

売掛金　101, 102

永久差異　184

営業外債務　222

営業外収益　212

営業外費用　212, 213

営業活動　24, 147, 212

　――の会計　25

営業債務　222

営業収益　88
営業循環　68, 86, 87
営業費　212
営業利益　211, 212
　──の計算　209
営業レバレッジ　282
英文開示　208
営利組織　3
益　金　181, 182
益金算入項目　182
益金不算入項目　182
エクイティ　265
EDINET　207
エドガー・システム　207
オプション取引　151, 154
親会社　238, 239, 241

●か　行

買入債務　73
買掛金　73
外貨建取引　158
外貨建取引等会計処理基準　161, 168
外貨建ての資金調達　164
外貨建ての資産運用　165
開業費　53, 54
会　計　2, 3
　──の国際化　2
　──の種類　3
　──の政治化　2
　──の電子化　2
会計監査人　188
会計監査人設置会社　190
会計監査報告　188, 205
会計基準　35, 36
会計上の見積り　230

会計処理方法の企業間差異　262
会計処理方法の変更　263
会計責任（アカウンタビリティ）　9
会計ビッグバン　2
外形標準課税　180
会計報告　187
会計方針　229
　重要な──　214, 229, 263
会社計算規則　10, 36, 194, 229
会社法　6, 8, 10, 52, 53, 141, 187, 192, 193, 197, 202–205, 209, 237
　──に従った計算書類の開示　203, 204
　──による会計　4, 8
回収可能価額　125
回収基準　88
開発費　128
外部報告会計　4
確定決算主義　11, 18, 185
額面株式　51
掛仕入　73
貸　方　29
貸倒引当金　81, 103, 104
貸付業務　15
貸付金　136
課税所得　18, 179
課税所得計算　10, 11, 18, 181–185
合　併　255
株　式　51, 56, 57
　──の発行　51
株式会社　48–51, 223
　──の設立　50, 51

株式交付費　59

株式引受権　82, 223, 228

株式報酬制度　82

株　主　11, 52

　──と債権者の利害調整　8

株主資本　24-26, 82, 195, 222,
　　223, 225, 228, 243, 252, 265

株主資本等変動計算書　187,
　　189, 202, 223-225

株主資本等変動計算書に関する会
　　計基準　224

株主資本利益率（ROE）　→自己
　　資本純利益率

株主総会　8, 9, 52, 187, 188, 205

株主総会招集通知　188, 189,
　　204

株主に対して交付する金銭等
　　193

株主持分　222

貨幣・非貨幣法　163, 164

借入金　56, 57, 213

借　方　29

為替換算差損　162

為替換算調整勘定　244

為替感応度　166

為替決済差損　162

為替差益　160, 162, 166

為替差損　160, 162, 166

為替予約　167, 168

為替リスク　150, 151

為替レート　160

　──の適用区分　163

　──の変動　160

　決算時の──（CR）　163

　歴史的な──（HR）　163

環境会計情報　19

監　査　9, 15, 188

監査証明　7

監査等委員会設置会社　9

監査報告　188, 205

監査法人　7, 10, 188

監査役会　188

監査役会設置会社　187, 190

換　算　158, 159

　決算時点での──　161

勘　定　30

完成工事未収入金　101

間接開示　189

間接金融　7

間接税　179

間接的対応　41

間接法　148

官庁会計　3

管理会計　5

関連会社　238-240

関連会社株式　141

期間損益計算　33, 35

期間的対応　41

機関投資家　14

期間（相互）比較　12, 261

期間費用の把握　40

企業会計　3, 4

企業会計基準　7, 36

企業会計基準委員会　2, 36

企業会計原則　7, 36, 100

企業会計審議会　36

企業活動の国際化　158, 168

企業間比較　12, 262

企業結合　255

企業集団　236-238, 240

企業統括指針　20

企業の社会的責任（CSR）　5, 19

企業の諸形態　48

企業の設立　50

企業の利益業績と株価　268

期首仕掛品棚卸高　75

期中財務諸表　231

期中レビュー　232

期末仕掛品棚卸高　75

キャッシュ・フロー計算書
　　137, 146-148, 202, 231, 278

　　——の区分表示　147

　　——の作成と表示方法　148

キャピタル・ゲイン　137, 138

強制的評価減　142

業績管理会計　5

業績連動型報酬制度　17

銀　行　11, 15, 16

　　——の債権管理　16

　　——の審査能力　16

金融活動　212

金融資産　136, 137, 144

金融商品取引法　4, 7, 8, 10, 36,
　　140, 189, 202, 231, 236, 237,
　　260

　　——に従った財務諸表の開示
　　203

　　——に基づくディスクロー
　　ジャー制度　76, 147

　　——による会計　7

金融派生商品　150

金利スワップ　154

金利リスク　150, 151

国と地方自治体　11, 19

組合企業　48, 50

繰上償還　61

繰越損失　197

繰越利益剰余金　187, 193, 223,

227

繰延資産　54, 55, 128, 129, 133,
　　194, 220

繰延税金資産　184

繰延税金負債　184

繰延ヘッジ損益　228

グループ通算制度　186, 237

クロスセクション分析　262

経営者と株主の利害調整　8

経営成績　27

計算書類　10, 187, 188, 202,
　　204, 205

　　——の開示　187

経常利益　213, 214

継続企業の前提　230

継続記録法　91-93

継続性の原則　100, 230

経　費　75

KPI（重要業績評価指標）　86

決算整理　31

決算短信　205

決算発表　205, 231

決算日レート法　163, 164, 169,
　　170

原価計算　73, 74

　　——の手続き　74

原価計算基準　74

減価償却　43, 114, 115, 118

　　——の実務　123

　　——の方法　118, 123, 124

減価償却費　119, 120, 123, 131

減価償却累計額　120, 131

研究開発活動　127, 130

研究開発費　126-128, 130

研究開発費等に係る会計基準
　　128

現　金　139
現金及び預金　136, 139
現金主義会計　37
現金同等物　147
原材料　68
減　資　198
源泉所得税　77, 78
減損会計　125, 146
減損損失　125
減損の兆候　125
公会計　3, 4
鉱業権　114
公　告　189
合資会社　48–50
工事進行基準　87, 88
合同会社　48–50
公認会計士　7, 10, 188
後発事象　230
　重要な——　229, 230
公募増資　59
合名会社　48–50
小売棚卸法　99
子会社　236–239
子会社株式　136, 141
国際会計基準（IAS）　2, 171–173
国際会計基準審議会　2, 172
国際財務報告基準（IFRS）　172
国　税　20, 178
個人企業　48, 50
固定資産　112, 218, 220
　——の減損会計　125
　——の種類　113
固定資産税　178
固定資産廃棄損　214
固定長期適合率　276

固定費　74, 279
固定比率　276
固定負債　222
個別財務諸表　236, 237
個別貸借対照表　237
個別注記表　202, 229
個別的対応　41
個別法　93
コーポレートガバナンス・コード　21
コマーシャル・ペーパー　57, 222

●さ　行

在外子会社　169, 170
　——の財務諸表の換算　169
在外支店　168, 169
　——の財務諸表の換算　168
債権者　11
債権と債務の相殺消去　241
財産法　33, 35, 41
最終仕入原価法　93, 96, 98
財政状態　25
財務会計　4–6, 13, 24, 27
　——と課税所得計算を分離する
　　システム　185
　——に対する法的規制　6
　——の概念フレームワーク　36
　——の基準　36
　——のシステム　24
　——の役割　11
財務活動　148
財務上の特約　15
財務情報　20
財務諸表　4, 7, 12, 14–17, 20,

202
──の作成と開示　6
──の遡及処理　230
──の利用者　11, 20
財務諸表注記　229
財務諸表等規則　7, 36, 102, 228
財務諸表分析　260
財務分析の方法　261
財務レバレッジ　267
材料費　74
先入先出法　92-95
先物取引　152
サステナビリティ情報　19
三式簿記　28
残存価額　118
残高試算表　31, 32
残高証明書　51, 140
仕　入　68
仕入値引　69, 70
仕入割引　70
仕入割戻　69, 70
CSR（企業の社会的責任）　5, 19
仕掛品　69
時価基準　42, 43
時価の算定に関する会計基準
　　145
時価発行増資　59
事業税　20, 178-181
事業報告　202, 205
事業用資産　144
事業利益　265
資金調達　56
資金調達活動　24
──の会計　24
資金投下活動　24
──の会計　25

資金の概念　147
時系列分析　263
自己株式　141, 223, 227
自己資本　24, 56, 265
自己資本純利益率（ROE）　227,
　　264-266
自己資本比率　275, 276
資　産　25, 144, 217
──の概念　55
──の評価基準　42
資産除去債務　117
試算表　31
資産評価の基本原則　41
市場リスク　150
実現基準　38, 87, 88
実現原則　39
実効税率　180
執行役　9
実際原価計算　74
実績主義　232
実地棚卸　92, 105
実用新案権　130
支配力基準　238, 239
支払手形　73
四半期開示義務　232
四半期財務諸表　204, 231, 232
──の開示　231, 232
資　本　24, 217
──と利益の区別　197
資本回転率　269-271
資本金　52-54, 59, 222, 225
資本準備金　52, 53, 192
資本剰余金　192, 222, 225, 252
資本剰余金配当割合　192
資本利益率　264, 269, 270
──の分解　269

指名委員会等設置会社　9

社会責任会計　19

社会保険料　77, 78

借地権　114

社　債　15, 56, 57, 59, 222

社債権者　11, 14, 15

社債発行費　61

収　益　29, 37

　──と益金の差異　182

収益性　260, 264

　──の分析　264

収益認識　88

従業員　11, 17

従業員預り金　78

修正国際基準　173

修繕引当金　81

収入支出額基準　39

住民税　20, 178, 179

重要業績評価指標（KPI）　86

授権資本制度　51

酒　税　178, 179

受託責任　9

出資金　141

出資払込金保管証書　51

取得企業　255

取得原価　69–72

取得原価基準　42, 43

純資産　145, 195, 202, 217, 222,
　243

純資産直入法　145, 216

純実現可能価額　71, 72

使用価値　125

使用権資産　123

償却原価法　61, 143

償却資産　114

償却率　121

証券監督者国際機構　171

証券投資者　11

証券取引所の規則に従った決算情
　報の開示　203, 205

証書借入　57

少数株主持分　→非支配株主持分

少数株主利益　→非支配株主に帰
　属する当期純利益

消費基準　38

消費経済会計　3

消費税　70, 178, 179

商標権　114

商　品　68, 69

商　法　8

　──による会計　8

正味売却価額　71, 106, 125

賞　与　78

剰余金　8, 190, 193, 195, 223,
　227

賞与引当金　78, 79, 81

賞与引当金繰入額　79

所得金額　181

所得税　178, 179

仕　訳　29–31

仕訳帳　29, 30

新株発行　58, 59

　──による増資　56, 58

　株主割当による──　58

　第三者割当による──　58

　募集による──　59

新株予約権　62, 63, 82, 223,
　228, 252

新株予約権付社債　59, 60, 62,
　228

　──の発行　62

人件費　77, 82

真実性の原則　36
スチュワードシップ・コード　14
ストック・オプション　80, 82, 223, 228
スワップ取引　151, 154
成果配分制度　17
税　金　20, 178
　　——の種類　178
　　財産にかかる——　178
　　消費にかかる——　178
　　所得にかかる——　178
税金費用　179, 187
税効果会計　183, 184, 215
税効果額　183, 184
税込方式　70
生産高比例法　118, 122
正常営業循環期間の基準　219, 222
製造原価明細書　76
制度会計　4
税抜方式　70
税引前当期純利益　179, 215
製　品　68
製品保証引当金　81
セグメント情報　229, 253
　　事業の種類別——　253
　　所在地別——　254
設備投資　123, 126
総資本事業利益率（ROA）　264–266
　　——と自己資本純利益率の関係　266
相続税　178
総平均法　93, 96
贈与税　178

創立費　53
遡及処理　231
属性法　→テンポラル法
その他資本剰余金　193
その他の包括利益　216
その他の包括利益累計額　252
その他の流動資産　102, 220
その他の流動負債　222
その他有価証券　141, 144
その他有価証券評価差額金　145, 195, 223, 228
その他利益剰余金　193
損益計算　26, 33, 35, 37
　　——の基本原則　37
損益計算書　4, 9, 26, 27, 32, 148, 179, 180, 187, 189, 202, 205, 208–210, 212, 214, 215, 231, 277
　　企業の活動と——　211
損益計算書原則　36
損益分岐点　279–281
　　——の売上高　279
損益分岐点比率　280
損益法　33, 35, 41
損　金　181, 182, 185
　　——算入項目　182
　　——不算入項目　182
損失処理　198

●た　行

大会社　204
貸借対照表　4, 8, 9, 25, 26, 32, 187, 202, 205, 217, 224, 231, 274
貸借対照表原則　36
退職一時金　78, 79

退職給付引当金　80, 81, 222

退職給付費用　80

退職金　79

退職年金　78

代表取締役　8

耐用年数　118

タックス・マネジメント　178

棚　卸　35

棚卸減耗費　105, 108

棚卸資産　68, 69, 105, 220, 271

　──の回転　271

棚卸資産回転期間　271

棚卸資産回転率　220, 271, 272

棚卸評価損　106, 108

他人資本　24, 56

短期借入金　57, 222

地域住民　11, 18, 19

知的財産　129

地方税　19, 178

中間財務諸表　204, 231

中間配当　197

注　記　229

中小会社　204

長期借入金　57, 222

直接開示　189

直接金融　7

直接原価計算　74

直接税　179

直接的対応　41

直接法　148

直線法　→定額法

貯蔵品　69

賃金給料　77

低価基準　107

定額法　119, 120, 123

定　款　50, 51

定期棚卸法　92, 93

逓減残高法　→定率法

定時償還　61

ディスクロージャー　13, 203

　オンライン・──　206, 208

　強制された──　203

　金融商品取引法に基づく──
　　76, 146

　自主的──　203, 205, 208

定率法　118, 120, 121, 123

手　形　101

手形借入　57

手形割引　102

手元流動性　136, 272

手元流動性比率　272, 273

デリバティブ　150

　──の種類　151

転換社債　59, 60, 62

　──の発行　62

転　記　30, 31

電子開示システム　207

電子記録債権　102

電子提供制度　188

テンポラル法　163, 164, 168–
　170

投　機　153

当期純損失　197

当期純利益　179, 187, 214–217,
　250

　──の計算　214

当期製品製造原価　75

当期総製造費用　75

統合報告書　208

当座資産　136, 220

当座比率　274, 275

当座預金　139, 140

投資活動　148

投資者　7

投資収益（リターン）　12

投資その他の資産　113, 115,
　　220

投資と資本の相殺消去　243

投資有価証券　115, 136

特定目的の積立金　198

特別損失　214

特別利益　214

土地再評価差額金　195

途中償還　61

特許権　114, 129−131, 133

トライアングル体制　6

取替原価　71

取締役　9, 188

取締役会　8

取　引　27

●な　行

内部取引の相殺消去　244

内部報告会計　5

2計算書方式　250

2取引基準　160, 161

日本インベスター・リレーション
　　ズ協議会　208

任意積立金　193, 198, 227

のれん　114, 194, 243, 256

のれん償却額　248

のれん等調整額　194

●は　行

売価還元法　93, 99

配　当　177, 187, 190, 192, 227
　　──の回数制限　190
　　取締役会による──の決議
　　190

配当規制　193

配当金　190, 191, 252
　　──の支払　190
　　子会社の──　252

配当金額収書　190

配当上限額　197

配当性向政策　191

配当政策　191

パーチェス法　255

パチョーリ（Luca Pacioli）　28

発行可能株式数　51

発生基準　38

発生原則　38

発生主義会計　38, 41

払出商品原価　91, 92

払出数量　92

払出単価　92

半製品　68

販売基準　87

販売費　211

販売費及び一般管理費　82, 128,
　　133, 209, 212

非営利会計　3

非営利組織（NPO）　3

引当金　81, 223

非財務情報　20, 208

非支配株主に帰属する当期純利益
　　250, 253

非支配株主持分　243, 244, 252

非支配株主利益　248

被取得企業　255

非償却資産　114, 115

百分率損益計算書　270

費　用　29, 37

評　価　41

評価・換算差額等　223, 227,
　　252, 265
評価差額金　223
評価性引当金　81
費用収益対応の原則　39-41
　　——による費用の認識　40
費用・収益の測定基準　39
費用・収益の認識基準　37
標準原価計算　74
費用性資産　43
費用と損金の差異　182
費用配分の原則　43
非連結子会社　239
ファンダメンタルズ　260
ファンダメンタル分析　12
複式簿記　27, 28
負　債　24, 217, 221
負債性引当金　81, 222
負債比率　275, 276
附属明細書　187, 202
附属明細表　202, 228
普通株式　52
普通社債　60
　　——の償還　60
　　——の発行　60
不良債権　16, 100, 103, 105, 271
不渡手形　101
分配可能額　8, 193-196
　　——からの控除項目　194
平均原価法　95
ヘッジ　153
別途積立金　198
変動費　74, 279
包括利益　215, 216, 250
法人3税　179
　　——の税額　181

法人税　10, 19, 178, 179
法人税額　181
法人税等　214
法人税等調整額　184, 215
法人税法　6, 10, 182, 183, 185
　　——と財務会計　10
法定実効税率　181
法定資本　53
法定福利費　77

●ま　行

マネジメント・アプローチ
　　254
満期償還　61
満期保有目的の債券　141
未実現利益の消去　246
未収金　101
未償却残高　120, 122, 123, 133
未払金　73
無額面株式　51
無形固定資産　113-115, 133,
　　220
無限責任　49
名義書換　190
持合い株式　141
持株基準　238
持分プーリング法　255
持分法　239, 249
　　——による投資損益　250
　　——による投資利益　248
元　帳　30
モニター　14
モニタリング　12

●や　行

役員賞与　79

役員賞与引当金　79
有価証券　136, 140, 141
　──の期末評価　142
　──の時価評価　142
　──の取得価額　142
　──の取得方法　142
　売買目的の──　141, 143
有価証券届出書　7, 203, 204
有価証券報告書　7, 189, 204, 205
有形固定資産　113, 114, 131, 220
　──の回転　272
　──の減価償却費　132
　──の取得原価　115, 116, 131
有形固定資産回転率　272
有限責任（制度）　8, 49, 191
融資決定　16
優先株式　52
用役潜在力　55
預　金　136, 139, 140
予測主義　232

●ら　行

利　益　180
　──と課税所得計算の関係　183
利益準備金　52, 192, 197
利益剰余金　197, 223, 225, 252
利益操作　94
利害調整　8
リース　123

リース負債　123
流動資産　112, 218, 220
　──と固定資産の分類基準　218
流動比率　274, 275
流動・非流動法　163, 164
流動負債　221, 222
歴史的原価基準　42
劣後株式　52
レモンの市場　13
連結株主資本等変動計算書　240, 252
連結キャッシュ・フロー計算書　240
連結計算書類　237
連結財務諸表　202, 204, 236-238, 246, 249, 250, 253
　国際基準に準拠した──　172, 173
連結損益及び包括利益計算書　250
連結損益計算書　240, 244-246, 248-250
連結貸借対照表　240, 241, 244, 248, 252
連結納税制度　186, 237
連結包括利益計算書　250
連単分離　217
労働組合　17
労務費　75, 82

●わ　行

割増退職金　214

【有斐閣アルマ】

財務会計・入門〔第17版〕
—— 企業活動を描き出す会計情報とその活用法

Introduction to Financial Accounting, 17th ed.

1998 年 9 月 30 日　初　版第 1 刷発行	2014 年 3 月 10 日　第 9 版第 1 刷発行
2000 年 7 月 20 日　新　版第 1 刷発行	2015 年 3 月 5 日　第 10 版第 1 刷発行
2003 年 3 月 30 日　第 3 版第 1 刷発行	2016 年 3 月 10 日　第 10 版補訂第 1 刷発行
2004 年 11 月 5 日　第 3 版補訂第 1 刷発行	2017 年 3 月 10 日　第 11 版第 1 刷発行
2006 年 4 月 15 日　第 4 版第 1 刷発行	2018 年 3 月 10 日　第 12 版第 1 刷発行
2007 年 4 月 15 日　第 4 版補訂第 1 刷発行	2019 年 3 月 15 日　第 12 版補訂第 1 刷発行
2008 年 3 月 31 日　第 5 版第 1 刷発行	2020 年 3 月 10 日　第 13 版第 1 刷発行
2009 年 3 月 20 日　第 6 版第 1 刷発行	2021 年 3 月 25 日　第 14 版第 1 刷発行
2010 年 3 月 20 日　第 7 版第 1 刷発行	2022 年 3 月 20 日　第 15 版第 1 刷発行
2011 年 3 月 30 日　第 8 版第 1 刷発行	2023 年 3 月 10 日　第 16 版第 1 刷発行
2012 年 3 月 10 日　第 8 版補訂第 1 刷発行	2024 年 3 月 20 日　第 17 版第 1 刷発行
2013 年 3 月 5 日　第 8 版 2 訂第 1 刷発行	

著　者	桜井久勝，須田一幸
発行者	江草貞治
発行所	株式会社有斐閣
	〒101-0051 東京都千代田区神田神保町 2-17
	https://www.yuhikaku.co.jp/
装　丁	デザイン集合ゼブラ＋坂井哲也
組　版	田中あゆみ
印　刷	大日本法令印刷株式会社
製　本	牧製本印刷株式会社
装丁印刷	株式会社亨有堂印刷所

落丁・乱丁本はお取替えいたします。定価はカバーに表示してあります。
©2024, Hisakatsu Sakurai, Noriko Suda.
Printed in Japan. ISBN 978-4-641-22231-1

本書のコピー，スキャン，デジタル化等の無断複製は著作権法上での例外を除き禁じられています。本書を代行業者等の第三者に依頼してスキャンやデジタル化することは，たとえ個人や家庭内の利用でも著作権法違反です。

JCOPY　本書の無断複写（コピー）は，著作権法上での例外を除き，禁じられています。複写される場合は，そのつど事前に，（一社）出版者著作権管理機構（電話 03-5244-5088，FAX 03-5244-5089，e-mail:info@jcopy.or.jp）の許諾を得てください。